堪舆家说，无为州地脉起于西北，逶迤东南，开城是龙兴之地。

地理角度看，开城山环西北、水聚东南，是鱼米之乡。

方志家称赞，开城多簪缨世族、阀阅之家。

文化学者认为，开城是进士之乡、将军故里。

商家分析，开城交通便利，物产丰富，是投资热土。

开城人说，开城是开放之城，有开拓之举，多开明之士……

千年古镇 山水濡城

无为市开城镇人民政府 /编
戴启文 /执笔

中国政法大学出版社
2021 · 北京

序

家乡开城，“一山立江湖”。秀美的都督山，右倚长江，左拥巢湖，既为两大流域的分界线，也是两大流域的连接点。孔子说：“智者乐水，仁者乐山。”我们开城人，居山水之间，具仁智之性。仁对社会，智接自然：以山之稳重与敦厚，为人处世，待人接物，建构良好的社会秩序；以水之灵动与隽秀，探索自然，发现规律，进而造福人类。

开城地区，在文化发展脉系上，具有特殊性。国家“大一统”时期，处于中原正统文化的直接影响之下；方国蜂起、南北分立阶段，又处于多种文化的交融、汇合地。史前时代，属于东南文化区域；三代之时，则直接接受中原文化；春秋战国，兼受东吴、西楚文化的双重影响；南北朝时期，又以南迁中原文化为主，同时吸收北方少数民族文化的精华；而在汉唐明清等“大一统”王朝时期，则多属于中原文化的核心区域。方正稳健的正统文化，培育了开城社会根正路直的文化基因；多重文化的交融汇聚，又使得开城社会采众家之优长，集多方之精粹，始终保持着社会进步与文化发展的活力。

正统文化与区域文化的多重滋润与养护，使得开城人既有忠孝正直、诚信敦厚的品格与性情，也具有开拓探索、创新发明的勇气与智慧。整体而言，开城社会，以中原正统文化为根基，适度接受区域文化的熏染。纵览开城历史，我们看到，开城山水之间，成长起一大批忠于国家、忠于民族、“以天下为己任”的仁人志士，激荡着金戈铁马、指点江山的豪气，也哺育出众多才思敏捷、技艺精湛的能工巧匠，展示出认识自然、征服自然、精雕细刻、为民造福的灵秀。

据本书考证，“开城”之“开”，含义多端。我想，不论何种解释最符合历史事实，我们开城先人所具有的开放包容、豁达大度，乃至于内生的力量自信与文化自信，作为珍贵的祖先遗产，应该为我们开城后人永远承续。

作者启文，熟悉历史考证，擅长田野调查；在本书写作中，坚持论从史出的原则，辅之以飘逸飞舞的想象力，并通过优美流畅的文字，将家乡开城的发展演变，上溯自新石器，下展至新世纪，既从宏观上透视恢弘磅礴的历史大势，也从微观处刻画精致细微的人物事件，给我们提供了一部关于千年开城的小百科全书。

中国政法大学教授　朱勇

2020年10月于北京

目录

四千年前，是谁把三把石斧丢弃在六家店？三千年前，是谁把煮谷的陶鬲埋在牛王岗？二千年前，小童岗的编钟为谁陪葬？一千年前，西都圩围湖造田的土埂隐在什么地方？

我们的这些寻找，不只是回望前人留下的脚印，更是为了启迪后人关注未来路边美丽的风景。

卷一

历史溯源

建置述要

开城建置沿革

开城地域位于丘陵山地向平原过渡的地带，原始社会末期为淮夷部落所建方国和南下东夷所建方国的领地。尧、舜、禹三代及夏朝，开城属于古巢国。

殷商时期，开城属于南巢方国。这时的南巢是相对于中原王朝为中心的方位词，不是专指现在的巢湖市。六店村刘老自然村牛王岗遗址俗称“神墩”，是商周文化遗址。该遗址附近发现过绳纹陶罐残片和夹砂红鬲足，并出土三件磨制的扁平石斧，说明牛王岗一带新石器时期就有古人类氏族活动。

↑开城出土的石斧，是新石器时期古人类使用的劳动工具

春秋战国时期，开城地域交替为吴国和楚国占据。公元前611年左右的舒庸曾经占据开城地域，它拥有春秋战国时期著名城邑——驾邑。

秦王嬴政二十四年，即公元前223年，秦灭楚，置襄安县，开城地域属于襄安县管辖。

汉高祖元年，即公元前206年，置襄安县，县治位于现在襄安镇的白鹤村、百子村（百子村曾经属于古开城乡）、开城镇大同村一带；汉高祖十一年，即公元前196年，置临湖县，县治位于现在蜀山镇百胜社区的临壁村，管辖范围包括开城镇六店、都督村以及蜀山镇和庐江县东南的广大区域。这个时期，开城镇地域分别属于襄安县和临湖县管辖。

↑西周双耳三足索纹铜鼎

东汉时期，开城地域分属襄安县和临湖县管辖。

三国时期，魏吴在无为地域展开拉锯战，对峙时间较长，开城地域先后分属孙吴的庐江郡、曹魏的庐江郡管辖。部分时间，开城地域属于东吴濡须督管辖。

西晋恢复襄安县和临湖县，开城地域再次分属襄安县和临湖县管辖。东晋咸和九年，即公元334年，在现在巢湖市南约20里侨置南谯郡，开城地域属南谯郡的山桑县管辖。晋太元中，在今无为市西北侨置扶阳县，开城地域属于扶阳县管辖。

南北朝时期，开城地域大部分时间归南朝管辖。

隋朝初年，开城地域属于蕲县管辖。隋开皇三年，即公元583年，改蕲县为襄安县，县治位于现在的巢湖市市区，开城地域属于襄安县管辖。

↑西周双耳三足龙虎纹铜鼎

唐武德二年，即公元619年，盘踞江淮的杜伏威降唐。武德三年，即公元620年，设巢州，州治襄安，位于现在的巢湖市市区；在无为地域设开城县，开城县治位于现在开城镇，管辖地域大约包括现在的开城镇、襄安镇、赫店镇、泉塘镇、十里墩镇、无城镇等广大区域。四年后，废巢州及开城县，将其并入襄安县，改襄安县为巢县，设开城乡，属于巢县管辖。

《安徽省志·建置沿革志》记载："开城县遗址：位于今无城镇西16公里的开城镇。唐武德三年（620年)，设开城县，属巢州（治今巢湖市区）。七年，废开城县，并入襄安县（今巢湖市，含今无为市）。现为建制镇，故址位于永安河中游河西，今名西古街，为商业街。"

北宋初年，设有开城乡，归巢县管辖，管理地域包括现在开城、严桥、红庙和泉塘、赫店的部分地区。太平兴国三年，即公元978年，置无为军，辖巢县、庐江。当时的开城乡，归巢县管辖。熙宁三年，即公元1070年，析巢县和庐江县6个乡置无为县。开城乡成为无为县最古老的乡镇之一。

↑汉代三足龙首柄铜鐎斗

南宋，开城乡属于无为县管辖。

元、明时期，开城乡属于无为州管辖。吴元年，即公元1367年之后，无为州有8个乡，其中的开城乡下辖4个里，又称四图。

清朝中前期，无为州有8个乡，开城乡是其中之一；后把开城乡四图改为四汛，即开一汛、开二汛、开三汛、开四汛。泉塘镇海桥村有"海桥高石十丐碑"，碑文说，"我开一汛侯兆圩向属低洼之区"，说明那里当年为开一汛。

清光绪年间，分无为州为东乡、南乡、西乡、北乡，西乡坐落开城桥；乡之下，设20个汛，开城桥汛是其中之一。

民国元年，即公元1912年，废州为县，开城乡属于无为县管辖。民国十八年，即公元1929年，全县分9个区，开城区是其中之一；9个区下设42个汛，开城桥汛是其中之一。

民国二十一年，即公元1932年，实行保甲制，8至15户为甲，8至15甲为保。无为县设9个区一个直属镇，第六区驻开城桥，辖153个保。

民国二十五年，即公元1936年，实行区、乡（镇）、保、甲制，无为县分4个区69个乡（镇）792个保。第四区驻开城桥，下辖15个乡169个保，管辖范围包括现在的开城镇、红庙镇、严桥镇，以及石涧镇、赫店镇、泉塘镇、无城镇的部分区域。具体是：开城桥乡11个保，六峰乡12个保，尚礼乡14个保，严家桥乡9个保，凉亭乡13个保，亲农乡11个保，南岳乡12个保，赫显乡9个保，恍城乡10个保，石涧埠乡10个保，老东庙乡10个保，井城坛乡12个保，黄雒河乡11个保，泗洲乡12个保，仓头乡13个保。

民国三十二年，即公元1943年，皖江行署在县境设立无为县政府，开城是5个区之一。1949年7月，无为、临江、湖东、无南四个县级民主政权合并为无为县政府，下辖9个区和一个直属镇，开城区是其中之一。当时的开城区下辖12个乡镇，包括新民乡、红庙乡、羊山乡、汪圣乡、牌平乡、苏太乡、赫店乡、留桥乡、观音乡、百子乡、周林乡、开城乡。

↑1950年后，古开城乡地域划为开城区、严桥区和尚礼区。尚礼区包括上李岗、六家店、独山和宝山等地

1950年9月，全县调整为15个区130个乡镇，当时的开城区辖开城（镇）和牌平、留桥、羊山、汪

圣、赫店、观音、苏太8个乡；1951年1月，撤销牌平乡、羊山乡、苏太乡，增设苏塘、阮井、练墩、神墩、里河、龙太、先锋、观庙8个乡；1951年6月，撤销龙太乡、观庙乡，增设赵渡、平安、宏林、羊庙、马场、大熟6个乡；1952年1月，撤销大熟乡，恢复龙太乡，增设二埠、邵岗、马墩、大同4个乡，开城区共辖21个乡镇。

1952年8月，无为全县调整为22个区。开城区的平安、赫店、宏林、二埠、邵岗、留桥、阮井7个乡，划归新设立的红庙区管辖；开城区的观音、里河、赵渡3个乡，划归虹桥区管辖。

1955年12月，无为全县22个区撤并为12个区，开城区管辖开城镇和先锋、大同、龙太、马墩、神墩、苏塘、汪圣、马场、羊庙、练墩、六店、六峰、洪桥、独山、宗发、保胜、新利、开南、民主、宝山、红庙、平安、赫店、宏林、二埠、邵岗、林庙、留桥、阮井共30个乡镇。1956年撤并乡镇，开城区管辖开城、羊山、宏林、赫店、苏塘、汪圣、开南、宗发、先锋、独山10个乡。

1958年10月，开城地域短暂出现几个具有时代特色的新公社，开城区原先锋乡、羊山乡和开城镇的部分，新组建“火箭公社”；原开城区的宗发、独山、开南和开城镇的部分地区，新组建“曙光公社”；原开城区的赫店、宏林、苏塘公社，新组建“五一公社”。

1961年10月，全县划为11个区、2个直属镇，开城区下辖赫店、宝山、羊山、苏塘、西都5个公社。1971年，开城区下辖羊山、宏林、赫店、苏塘、先锋、宝山、西都、六店8个公社。

1983年，撤销公社，恢复乡镇，全县设13个区镇，开城区是其中之一。1984年，全县13个区镇，有开城区，区公所驻开城桥。

1992年撤区并乡，原开城区的开城镇、羊山乡、先锋乡合并为新的开城镇；宏林乡、赫店乡、苏塘乡合并为赫店乡（后为赫店镇）；划出的宝山乡，成为泉塘镇的一部分；六店乡、西都乡部分和严桥区的尚礼乡、蜀山镇的关河乡，合并为新的六店乡。1995年，划出原关河乡区域，归百胜乡管辖；划出原尚礼乡区域，归尚礼镇管辖。2004年，撤销尚礼镇，原尚礼乡区域并入六店乡。2005年，撤销六店乡，除原尚礼乡区域并入严桥镇，其余并入开城镇。

半是临湖半襄安

开城镇地形东西长，南北窄，西都圩把东侧的开城集镇和羊山、先锋、大同、龙太一带，与西侧的都督山、毛公山、督兵山一带隔开。这两个岗地区域，在两汉及西晋时期，分属襄安县和临湖县管辖。

汉高祖元年，即公元前206年，置襄安县，县治在现在的襄安镇；汉高祖十一年，即公元前196年，置临湖县，县治在现在蜀山镇百胜社区的临壁村。开城镇西都圩北侧地域，即现在的羊山村、大同村、龙太村一带距离开城集镇比较近的地方，归当时的襄安县管辖。

西都圩以东的开城地域，两汉和西晋归襄安县管辖，有出土文物的关联作为证据。无为地方出土的西周及两汉的青铜器多在南乡和西乡，主要是开城镇的龙太村、大同村和襄安镇的白鹤村、百子村一带，它们的造型和纹饰风格一致。而襄安镇的百子村原属开城区，它是1950年后划归襄安管辖的。

开城镇都督村、六店社区、毛公村和六店村等区域，靠近周家大山，西南与蜀山镇的陡岗村和关河社区隔河相望，西隔周家大山林场，与蜀山镇的百胜社区相邻，两汉和西晋时期归临湖县管辖。1975年出版的《中国历史地图集》关于汉临湖县地界有明确的划定：舒县东，长江之北，襄安县西南。清姚鼐编写的《庐州府志·沿革》认为，庐江“在汉西南为舒县，余为临湖县”。就是说现在庐江县西南汉时为舒县，其余地方都是临湖县的属地。

清光绪《续修庐州府志》“舆地图”标志：汉临湖县界南临竹丝湖、土桥和长江，西隔黄陂湖与舒县交界，北至洪桥、严桥镇的象（相）山，东至开城桥、范家洼与襄安县为邻。临湖县的县治，位于现在蜀山镇百胜社区的临壁自然村，靠近周家大山，与开城镇的都督村和六店村不但距离很近，而且岗地紧密相连，没有河道分隔。综合来看，开城镇西侧地域当年归临湖县管辖。

都督村、六店村等地归临湖县管辖之说，还有人物活动遗迹可以佐证。《后汉书》记载，生于庐江郡临湖县关河的毛义，“少节，家贫，以孝行称。南阳人张奉慕其名，往候之。坐定而府檄适至，以义守令，义奉檄而入，喜动颜色”。

有据可查的是，孝子毛义辞官归隐的地方就是开城镇的毛公山。当年毛义归隐关河，曾经住在毛公山的山洞里读书。后人把毛义隐居的山取名为毛公山，把他居住的洞穴取名毛公洞，把山下的水塘取名为毛公塘，这毛公山、毛公洞、毛公塘，就属于现在开城镇的毛公村。

到了唐朝时期，毛公山已经属于开城乡管辖。清《无为州志》记载：“临湖县治，汉置，晋因之，在州南八十里临壁山下。今为临湖圩。《名胜志》云：汉临湖县在州西南六十里，濡水潜水之交。”临湖县撤销后，留下“临湖圩”地名作为纪念。

需要说明的是：东汉建光元年，即公元121年，汉室贬乐成靖王子刘苌到临湖县，为临湖侯。后来，临湖侯刘苌十三岁的儿子刘宏，在汉恒帝刘志驾崩后被迎入京都洛阳，立为汉灵帝。旧时星象家说开城有龙脉，是出皇帝的地方，可能源于临湖侯刘苌的儿子刘宏做了皇帝的缘故吧。

开城乡四图考

古代的无为州，有“州”“县”“乡”“图”“圩”5个管理层级。嘉庆《无为州志》记载：“开城乡辖四图，在城西四十里。”这里的“图”，又为“汛”，相当于古时的“里”，也就是现在的村级单位。

开城乡的四图分别位于哪里呢？这需要一一考证。

嘉庆《无为州志》记载，“郭巨山距城西南五十里，俗传郭巨获金之处”；“饭箩山距城西南五十里，山形似箩，故名。右二山隶开城乡一图”。《无为州志》又说府君殿“一在开城乡一图都圩南埂”，即现在石山村的府君殿。另外，泉塘镇海桥村“海桥高石十丐碑”，碑文说“我开一汛侯兆圩向属低洼之区”。也就是说，现在的泉塘镇宝山村、郭巨山村、海桥村和开城镇的西都圩部分区域，包括石山村、新胜村一带，明清时期都属于开城乡一图管辖。

开城乡二图位于哪里呢？清《无为州志》记载，“毛公山距城西六十里，山之西属庐江县，东属州”；“豹儿寨山距城西六十里，俗称猪头山”；“狐避山距城西六十里，旧名孤鼻山”；“相山距城西六十里，宋王之道以太师枢密使魏国公退居此山”；“竹子山距城西五十里，山多产竹，潘明王王故垒及墓今尚存”；“独山距城西五十里，山旁有明王庙”。

清《无为州志》记载：“右六山皆隶开城乡二图。”清《无为州志》又记载，东岳庙“一在开城乡二图”，祠山殿“一在开城乡二图白石山”。这样看来，开城乡二图包括现在的六店村、都督村、毛公村以及原尚礼镇划入严桥镇的部分，包括严桥镇的象山村、走马村一带。

开城乡四图呢？清《无为州志》记载：“朝喜山距城北四十里，遇旱，朝有云气，是日必雨。闻昔有寇至，土人陈氏虚旌旗以退之，故又名谎陈山，隶开城乡四图。”这说明，现在的严桥镇牌楼村一带属于开城乡的四图。清《无为州志》还介绍，银瓶（屏）山、白石山、轩车山、吕泉山（龙骨山）、岩台山、曹家山、阳山（羊山）属于开城乡四图。

史志书籍没有标注开城乡三图有什么山脉。开城乡三图位于什么地方呢？先锋村王家大墩，王氏宗祠祖宗牌位有“濡须开三一世祖”字样。“濡须”是指无为地域，“开三”应该是开城乡三图的意思。如果用排除法，先确认开城乡的范围，再确认开城乡四图中三个图的位置，剩下的那些地方应该就是开城乡三图，即现在开城镇的先锋、大同、龙太一带，还有赫店镇平安、曹王、汪邵、宏林、二埠以及红庙镇的部分地区。

通过山岗的坐落，判断开城乡四图的大致位置，并不准确。要想准确考证古代开城乡四图的具体范围，最好的办法是通过圩口来确定。

史志书籍记载，开城乡“一图西都圩、侯兆圩、童家圩、孙家圩、永胜圩、黄龙圩、潘家圩、方家圩、董家圩、叶家圩、宝胜圩、胡家圩、花桥圩”。西都圩是无为著名的万亩圩口之一；永胜圩，又称雍食圩或永食圩，位于开城镇石山村、新胜村；童家圩、孙家圩现在属于泉塘镇，与开城一河之隔，即1949年后的宝山公社一带；胡家圩、潘家圩和花桥圩，位于现在的六店社区高王村和蜀山镇花桥村之间；叶家圩，现属保胜村。这样看来，开城乡一图大致范围应该是南到泉塘镇的郭巨山，西到接近六店社区，东到开城桥一带。

开城乡二图古有“张纪圩、大丰圩、石牛圩、冯家圩、横冈圩、纪家圩、新兴圩、湖塘圩、沙塘圩、石桥圩、万家圩、新圩”。因为并圩，部分圩口已经消失，但大丰圩、湖塘圩、新兴圩、兴（新）圩依然存在，它们位于严桥镇尚礼社区附近，其中纪家圩现属严桥镇明堂行政村，湖塘圩位于严桥镇湖塘村。结合上文用山岗坐落侧证乡图位置得出的结论，开城乡二图应该包括都督村、六店村和严桥镇尚礼、象山、走马附近的村子。

以山岗坐落侧证，我们没有找到开城乡三图的具体位置。关于开城乡三图的圩口，志书记载清楚，它包括“大骆圩、小骆圩、双胜圩、长城圩、大熟圩”。大骆圩、小骆圩、双胜圩和长城圩位于练墩村、山堖村、羊山村和开城社区周边，双胜圩、大熟圩、小满圩位于先锋村、龙太村和大同村。据此分析，开城乡三图应该包括练墩村、山堖村、先锋村、幸福村、羊山村和赫店镇的汪郜、宏林、二埠、赫店社区一带，以及现在红庙镇的部分区域。

史志书籍对开城乡四图的圩口也有记载，它们是新塘圩、戈家圩、野圩、西圩和尖角圩。新塘圩位于现在的红庙镇；戈家圩，即俗语中的锅盖圩，位于红庙镇。结合以山岗坐落侧证开城乡四图的方法，可以清楚地看出开城乡四图包括现在严桥镇东部、中部、红庙镇徐岗和开城镇羊山一带的部分区域。

关于开城乡四图位置和范围的考证，本书只是抛砖引玉，期待专家和有识之士指正。

说说天保乡

清《无为州志》记载："高祖武德三年，析巢州地，置开城、扶阳两县。开城县治，即今开城镇，而乡则即其故界也。扶阳县，治在州境西北的天保乡。天保旧属无为，明初改隶巢县，故不在州五乡之列。"也就是说，南宋时无为县包括天保乡，明初天保乡改属巢县，所以清朝修撰的《无为州志》没有把天保乡列为无为州管辖，也没有记录天保乡的历史资料。

先看天保乡得名。《诗经·小雅·天保》记载：

> 天保定尔，亦孔之固。俾尔单厚，何福不除？
> 俾尔多益，以莫不庶。天保定尔，俾尔戬谷。
> 罄无不宜，受天百禄。降尔遐福，维日不足。
> 天保定尔，以莫不兴。如山如阜，如冈如陵，
> 如川之方至，以莫不增……

这是周代召公祝贺宣王亲政的诗。《毛诗序》记载："《天保》，下报上也。君能下下以成其政，臣能归美以报其上焉。""天保定尔"的意思是上天保佑你安定哟，让宣王消除疑虑，树立建功立业的信心，表达的是作为宣王的抚养人、老师及臣子的召公，对新王的热情鼓励及殷切期望。天保乡得名的文化源头在此。

关于天保乡的直接得名，有这样一个故事：唐武德初年，巢州太守乘船沿巢湖岸巡视南巢，看到沿岸冈峦起伏，松涛阵阵，再看看船下湖水波光粼粼，不由地吟唱起《天保》这首诗，然后情不自禁地感叹："真是天保之地也！"于是南巢有了"天保乡"这个地名。

天保乡设立于唐朝武德三年，即公元620年，当时可能归扶阳县管辖。武德七年，即公元624年，扶阳县撤销，归巢县管辖。当然，无论是置县撤县，还是撤县为州，或者改州为国（唐太宗贞观十二年，即公元638年，湖州人钱九陇做了巢国公，巢州又变回巢国），天保乡还是天保乡。关于天保乡划归巢县，《巢县志》记载：“明洪武初，改庐州路为府，无为州领巢县隶焉。编户一十七里，后又拨无为州西北乡一带，增置三里，共二十里。”这里说的“无为州西北乡一带”划给巢县，应该就是天保乡。

天保乡又被人写成“天宝乡”“添保乡”。关于得名的来历，有多种说法：一是北齐天保元年，即公元550年，现在的无为市和巢湖市地域入北齐；北齐天保三年，即公元552年，庐江郡改属合州。有人认为，天保乡可能于北齐天保年间设置。二是认为天保乡当为“天宝乡”，为唐玄宗时期设置。三是被讹写。“天宝乡”“添宝乡”是谐音错写，便如开城镇的毛义洞讹成“猫子洞”、宋时开城乡的相山（现在属严桥镇）讹为“向山”“象山”一样。四是避讳的需要。明清两代避讳，不避个人，但避年号。清朝开国太祖努尔哈赤年号“天命”，清太宗皇太极年号“天聪”。所以康熙《巢县志》

↓ 都督山一景

为了避开“天”字，把“天保”写作“添保”。

其实，明朝已经有人把天保乡写成“添宝乡”。明正统六年（公元1441年）九月，巢县添宝乡（现在庐江县盛桥镇金城村）农民姜礼捐谷赈济灾民。明英宗朱祁镇下圣旨表彰，并谕州县为其树碑，规定以后凡自愿捐赠三四百担以上者，皆树碑立传，免其杂差役二至三年，授予“义民”称号。对此，《巢县志·人物·义民》有记载。明朝的圣旨明确把天保乡写成“添宝乡”，现存的圣旨石碑碑文如下：

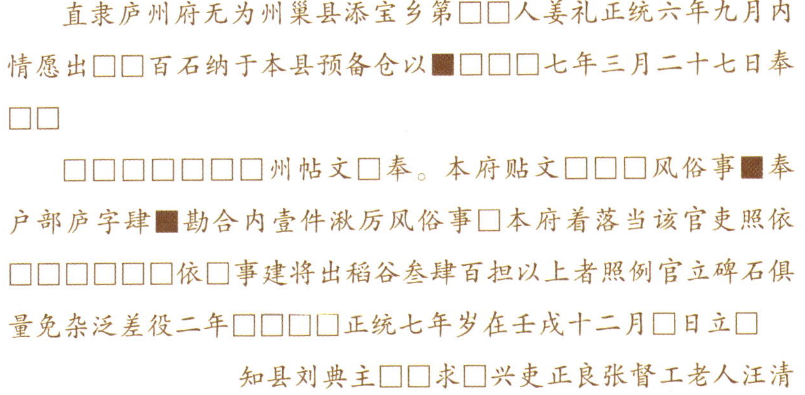
直隶庐州府无为州巢县添宝乡第□□人姜礼正统六年九月内情愿出□□百石纳于本县预备仓以■□□□七年三月二十七日奉□□

□□□□□□□□州帖文□奉。本府贴文□□□风俗事■奉户部庐字肆■勘合内壹件湫厉风俗事□本府着落当该官吏照依□□□□□□□依□事建将出稻谷叁肆百担以上者照例官立碑石俱量免杂泛差役二年□□□□正统七年岁在壬戌十二月□日立□

知县刘典主□□求□兴吏正良张督工老人汪清

当然，《无为州志》和《巢县志》《庐江县志》，以及其他族谱、史料里的天保乡、添保乡、添宝乡和天宝乡，说的是同一个地方。

天保乡的管辖范围有多大呢？民国时期，天保乡不再存续。抗战期间，无为县西北和巢县西南的区划被打乱，原天保乡地域成立了湖东县，下辖关河区、槐林区等，后来关河区划归无为县管辖。查阅现在巢湖市的行政区划，找不到天保乡的管辖范围。

再看民间史料。明崇祯八年，即公元1635年，徽商吴潢到十字河也就是巢湖市槐林镇买房，留下契约。此契为：“立满足收领约人吴潢，今凭中收到朱名下原置庐州府巢县天保乡十字河铺屋一所，契内该股价银一百五十两整……恐后无凭，立此满足收领存照。其屋内旧竹帘柴块，当日已付朱宅收讫。”说明巢湖市槐林镇曾经属于天保乡。

无为哪些地方属于天保乡的管辖范围呢？可以通过《无为州志》和《巢县志》相关地域山脉的记录侧证。先看《无为州志》，“毛公山距城六十里，山之西为庐江县，东属州”；“相山距城西六十里，宋王之道以太师枢密使魏国公退居此山”。并说明毛公山和相山“隶开城乡二图”。再看《巢县志》，“毛公山，俗名毛公寨，在添保乡，县南八十里”；“相山在添保乡，县南八十里”。无为州和巢县都说毛公山和相山属于本州县。

其他还有吕泉山（俗名龙骨山）、曹家山、银瓶（屏）山、轩车山、岩台山、白石山等，《无为州志》说它们都坐落于开城乡二图，而康熙《巢县志》则说它们坐落于巢县的添保乡，其中除吕泉山、银瓶（屏）山和岩台山北侧为巢县，南侧为无为州外，其他“三山”都坐落在无为州境内。是当初志书修撰者的错误，还是《无为州志》修撰时的清嘉庆年间，与《巢县志》修撰时的清康熙年间，无为州和巢县之间的区划有调整呢？这需要专家进一步论证。

综合巢湖市、庐江县文史专家的观点，可以确认，南宋时期的天保乡包括巢湖市的槐林、散兵和银屏的部分地区，包括无为市开城镇的都督村、六店村的部分区域，可能还包括周家大山林场和蜀山镇的一部分。庐江县盛桥镇金元、苍头、中杨、金城等村，应该也是天保乡旧地。

需要补充说明的是，现在蜀山镇有天保自然村和天保圩。

变迁故实

吴楚之战与开城

春秋中后期到战国时期，远离中原的吴楚两国都想占领江淮，称霸天下。处于吴楚夹缝中的古无为地域战火连连，于是驾邑、鳌、庸浦、鹊岸、坻箕山等无为地域的古地名出现在《左传》等史册上。而开城地域，则位于吴军北上、楚军南下通道的咽喉位置。

周顷王四年，即公元前615年，楚国的附属国“群舒”反楚。“群舒”反楚，是位于江南的吴国暗中撺掇的结果。楚国为了遏制吴国势力向北蔓延，稳稳占领江淮地域，派令尹（相国）亲自率军平叛。为了消除北上中原争霸天下的后患，楚庄王又率军消灭舒蓼，划定吴国与楚国势力范围的边界线为“滑水”。“滑水”是古河道，可能是现在裕溪河上游的一段，它是后来无为和含山的分界线。

这次吴楚没有正面交锋，开城一带基本还是楚国的天下。

↑春秋时期的铜锛

鲁成公十七年，即公元前574年，生活在无为南长江沿岸的舒庸人引导吴国军队围攻楚国附属国巢国。《春秋》记载，鲁成公十七年（公元前574年），“楚人灭舒庸”。《左传》记载：“舒庸人以楚师之败也，道吴人围巢，伐驾，围厘、虺，遂恃吴而不设备。楚公子橐师袭舒庸，灭之。”开城是古驾邑之地。楚国的令尹得知舒庸倚仗有吴军支援，没有做准备，命令楚军偷袭舒庸。吴军害怕强大的楚军反扑，只得悻悻而退，开城地域重新回到楚国的旗下。

鲁襄公三年，即公元前570年，楚共王派令尹子重倾全国之兵攻打吴国。

兵强马壮的楚军快速跨过长江，一举攻克鸠兹，直逼衡山。之后，子重派遣大将邓廖率领300名身穿组甲的车兵和3000名身穿披练的步兵乘胜追击，自己带着俘虏和财富回楚国庆贺。吴国上下齐心，借助有利的地形，拦腰截击入侵的楚军，俘获楚将邓廖和大部分楚军。吴军乘胜过江，进攻楚国，顺利夺回了驾邑。开城地域再次被吴军占领。关于这场战争，《左传》的记载是：“吴人伐楚，取驾。”又对驾邑作了介绍：“驾，良邑也。”

↑战国时期的青铜剑

周灵王十二年（公元前560年）秋，楚共王病逝，吴乘机发兵侵楚。楚司马子庚、大夫养由基率军迎战，采用诱敌深入的办法吸引吴军冒进，在庸浦（无为南）三面设伏，吴军溃败而逃，公子党被俘。这一仗的战火，烧到现在开城的境内。关于这场战争，《左传》作这样的记载：“养叔曰：‘吴乘我丧，谓我不能师也，必易我而不戒，子为三覆以待我，我请诱之。’子庚从之，战于庸浦，大败吴师，获公子党。”此战，开城是吴楚争夺的主战场。

周灵王二十四年，即公元前548年，吴王诸樊为重新夺取江淮控制权，发兵渡过长江，攻打楚国的巢地。巢城楚军守将牛臣面对吴国大军，知道硬拼不行，于是设“空城计”，打开城门，让楚军不见一兵。待诸樊身先士卒，大摇大摆杀向城内，埋伏在短墙后的牛臣突发一箭，射死诸樊，吴军大乱。埋伏的楚军四面跃起，吴军落荒而逃。楚军保住了巢城。这一仗，吴军经过开城地域。

接着要说的是鹊岸之战。

公元前537年冬天，楚国召集多国部队与吴国决战。起初，多国部队声势浩大，对吴军很有威慑作用。听到吴军出动，楚薳启疆由巢率部迎战，经现在的开城镇地域，进至鹊岸，即现在牛埠镇境内时被吴军击败，连太子禄都被吴军俘虏。之后，吴军被胜利冲昏头脑，忙于犒赏三军，被楚王派出的军队偷袭成功，吴王的弟弟蹶由被楚军擒获。

吴、楚两军各有对方人质在手，双方无法继续再打下去，只好互派使节进行谈判，交换人质。吴军加强防卫，楚军找不出破绽。多国部队进兵“打不赢”，退兵没面子，十分尴尬的楚王只得凭空炫耀武力，在坻箕山举行阅兵式，留沈尹、薳射守巢国，然后撤走。

关于坻箕山，有人说它宋时名踟蹰山，现在名为楚歌岭；有人说踟蹰山和猪头山谐音，它就是开城境内现在的都督山。

鹊岸之战后，野心勃勃的吴王不甘心巢湖流域这片沃土为楚独享，经常派军队前来骚扰。公元前518年，吴、楚属国边境发生女子采桑之争，引发大战。楚平王率舟师到了吴国边境，与越国军队会师于现在的当涂附近，又到达巢县，再返回。吴王见状，追随在楚军的后面，乘其不备，占领楚国的属国巢国。这一仗，经过开城。

有资料显示，春秋战国时期，吴楚在开城及其周边的战争共有十多场。当年，吴军过长江进攻北方的巢国及淮河流域，经常经过开城地域；楚国率领多国部队，由巢国向南渡过长江与吴军作战，也需要经过开城地域。有专家认为，都督山和毛公山之间的峡口，即“虎啸口”，又作“狐狸口”，就是吴楚运兵通道的关隘。

驾邑与开城

远古时期，无为是蛮夷和南下的淮夷交融的地区。商周时期，人类在无为地域留下的足迹渐渐多了起来，现存有20多处古人类生活的遗址，开城就有4处之多，但见于典籍的最早最著名的地名，却是“驾邑”。

“邑”上面的“口”表示疆域，下面的“巴”表示跪着的人，合起来在古代表示封地的意思。商代甲骨文有“作邑”的记载，并称商为“大邑商”，表示商是大城市；《尚书·盘庚》称新迁的都城为“新邑”，意思是新都城。周厉王赐鬲从田“十又三邑”，则是指地方上的小居民点。

春秋时期，江淮一带有许多城邑古国，包括位于今颍上县的慎邑、位于今亳州市的夷邑、位于今芜湖东南的鸠兹邑、位于今南陵县的宣邑、位于今宣州市的爰陵、位于今青阳县的陵阳、位于今潜山县的诶邑、位于今巢湖岸边的巢邑，还有就是位于今无为市境内的驾邑。

↑春秋有孔条形石坠，是饰品

典籍关于驾邑的最早记载，出现在公元前574年的吴楚之战。《左传·成公十七年》记载：“舒庸人以楚师之败也，道吴人围巢，伐驾。”这个“驾”就是驾邑。

楚共王二十一年，即公元前570年，为了报复四年前吴国军队的侵略，楚国派子重率军伐吴，攻克了吴国的附属邑国鸠兹，并到达衡山，即今当涂县境。又派邓廖带领车战兵卒300人、步卒3000人，继续向吴国纵深区域进攻。冒进的楚军遭到吴军伏兵的截击，大部被歼，邓廖被俘，逃回的只有车兵80人、步兵300人。因为信息传递迟缓，子重不知楚军之败，回国后却在太庙庆祝胜利。三天后，吴国人攻打楚国，占领了驾邑。关于这件事，《左传・襄公三年》记录较为详细，并提及驾邑："三日，吴人伐楚，取驾。"这个"驾"就是驾邑。又这样描述："驾，良邑也。"从这段记录来看，驾邑在当时的开发程度是比较高的。

关于驾邑的位置，比较权威的说法有两种：一是认为它在无为市境内；二是认为它位于今安徽省芜湖西，即繁昌县一带。著名学者杨伯俊采认第一种说法，他在《春秋左传词典》中这样注解："驾，楚地。今安徽无为县境。"赵群生著《春秋左传新注》，也认为"驾，楚地，在今安徽无为县"。

驾邑在无为境内的具体地点，又有三种说法。一是在牛埠镇的土桥到铜陵市灰河乡一带；二是无为南的襄安集镇一带；三是古开城乡。

驾邑到底位于今无为市的什么地方呢？历史遗迹早已无存，古代地理书籍也没有具体记载，只能借助现存的史料去推断分析。先看《左传・襄公三年》："吴于是伐巢取驾。"由"伐巢"为目的、"取驾"是战果的情况看，驾邑应该在巢国附近。

再看《左传・成公十七年》记录四年前的一件事："舒庸人以楚师之败也，道吴人围巢，伐驾。"舒庸位于无为市南，原是楚国的属国，暗中与吴来往，他们引导来自江南的吴军围攻位于北方的楚国属国巢国，只可能向北进攻，不可能再向江南的繁昌县一带进攻。从这个角度来看，驾邑应该位于长江以北、巢国以南的地区。舒庸人居住在无为南，即现在十里墩镇和襄安镇一带，他们引导吴军向北边进攻巢国，吴军顺道攻取驾邑。综合分析，驾邑应该位于舒庸与巢国之间，即现在的襄安与巢湖市之间，并且不濒临长江，所以驾邑应该位于古开城乡东北的岗地，即大同村、龙太村地域。

现有的考古资料说明，春秋时期无为十里墩、襄安、牛埠、鹤毛、严桥、红庙、石涧都有人类居住，而以古开城乡比较集中，它们都具有商周文化的共同特征。根据留存的遗址较多，古代人类活动痕迹肯定较多的常识推断，古开城乡一带有古代人类集镇的可能性较大，也就是说驾邑遗址在古开城乡的可能性较大。

说驾邑在开城最有说服力的证据，是2016年在开城镇龙太村许洼自然村发现的一座古墓，该墓出土青铜器20余套，其中青铜器编钟最为珍贵，是无为地域出土的规格最高的礼器。这说明，开城地域生活的古人类文化水平、经济能力相对较高，社会管理比较先进，它可以印证《左传·襄公三年》说的“驾，良邑也”的判定。

再看取名。“驾”的意思是把车套在马身上，使之拉车或农具，驾邑应该位于陆上便于驾车的地方。无为东是古濡须水区域，不适合车驾；南乡的牛埠、洪巷高地面积较小，洪水来临时会被江水阻隔，再南的昆山、鹤毛是大山，不适合车驾。除去上述乡镇，只剩下开城、襄安、赫店、严桥、红庙地域存在驾邑的可能性。

对照海拔高地的面积，可以发现红庙镇岗地多、圩田多，畈田不多；严桥镇山地面积大，但适合古代人类耕种的畈田，即台田面积不大。赫店镇的东南小部分原属古襄安乡，西、北大区域属古开城乡。这样，又排除了三个乡镇是驾邑的可能性，只剩下开城和襄安。

再回到前面说的，即驾邑应该位于舒庸与巢之间，且不濒临长江，这样应该把濒临长江的襄安地域排除。又有专家判断，说罾山是人工挑高的山，是古人类祭祀的地方，况且长江水涨上来，会把罾山与东北的高地分隔开来，罾山及附近的襄安集镇不可能是驾邑。

结合以上观点，专家认为驾邑位于无为西南，它是长江水淹没不了的高地，有面积广大的土地和肥沃的畈田，非常适合人类居住。

综上所述，专家认为春秋时期驾邑的中心区域，位于现在开城镇的大同村、龙太村和襄安镇的百子村一带；还有人说在开城镇的六店社区、都督村一带，它的南面和东面是舒庸人生活的区域，北面是巢国。

寻踪开城县

唐朝初年，占据江淮的杜伏威眼看自己大势已去，于武德二年，即公元619年，请求降唐。武德三年，即公元620年，唐授杜伏威扬州刺史、淮南道安抚使，进封吴王。从此，江淮地域结束了长达几十年的战乱。也就在这一年，即武德三年，唐王朝在无为西设置开城县。

一、“开城”的含义

关于开城县的得名，有多种说法。一是说开城建县之初，有城而无城墙，可以随意进出，故名“开城”。翻阅史料，确实没有见到开城县有城墙、城门的记载，于是许多人对这一说法持认可态度。开城镇政府的宣传材料也说，“开城所在地有城堡但无城门，故称开城”。

有文史专家对这一说法持怀疑态度，他们认为开城首先有一座城，从字面上可以肯定。唐朝时置县取名非常慎重，一般不会因为城池没有城墙就以“开”为名，那分明是民间附会的说法。如果城池没有城墙即以“开”为名，唐朝时许多县城都可以取名开城。他们认为，唐人以“开”表达祥瑞和祝福的意思。

↑ 开城屋檐一角

一些文史专家拿朝鲜的古都开城说事，认为朝鲜的开城曾被称为“冬比忽城”，其内城即皇城，有十三道门。可以说，有城墙和城门。景德王十六年，即公元757年，改为开城郡。在以后政权更迭之下，开城被称开州、开城府。当年朝鲜的开城，有城墙有城门，为什么取名为开城呢？这其中可能有祥瑞和祝福的深意。他们认为清《无为州志》关于“开城”取名的来历，是无根据的猜想。

那么“开城”的得名是什么含义呢?

先从造字法角度分析“开”字。“开”的小篆字形，两边是两扇门，中间一横是门闩，下面是一双手，表示两手打开门闩之意。综合看来，“开”字作动词，含义有多重：本义是启、张，把关闭的门打开，《老子》有“天门开阖”之句；引申为“开放”，如“山寺桃花始盛开”。“开”还有创立、建立，设置、起始的意思，如《海瑞传》“欲开置县”；分割、两半，如对开，十六开本；开拓、开展，如《韩非子》“开地数千里”；放晴，如《醉翁亭记》“若夫日出而林霏开”；开导，教导，如《潜夫论》“移风易俗之本，乃在开其心而正其精”。

丢开沸腾、举行、驾驶、放晴、打开、盛开的意思，有人认为“开城”的“开”应该是分割、两半的意思，即现在的开城集镇坐落在永安河两岸，河东和河西各一半，城镇被永安河分割开来。

有人认为“开城县”的“开”字，有建立、设置、起始的意思。无为地域自春秋始，有驾邑、襄安等地名；东晋及南北朝时期，无为是各方势力争夺的地域，百姓逃走，土地荒芜，不但没有置县，甚至没有城池。“开城”即建立城池、设置城池的意思，这和《海瑞传》里“欲开置县”的意思相同，表示设置开城县，是在巢湖南即原襄安县、临湖县区域开始新建的城池。

还有专家说“开城”的“开”是开拓之意。唐王朝建立之初，盘踞江淮的杜伏威并不归顺。到武德二年，即公元619年，杜伏威看大势已去，这才投降，于是唐王朝开拓出这片新的疆域。第二年，也就是武德三年（公元620年），唐王朝设置开城县，有开拓疆土、新置县府的意思，这和《韩非子》“开地数千里”的“开”意思相当。

另有专家认为，虽然传说开城没有城墙、没有城门，但“开”不是对这一事实的介绍和描摹，不是告诉人们它的局促和无防备，而是描述它开放的胸怀，表现它的主动开放和包容精神。

多种说法到底哪种正确，需要进一步考证。

二、开城县的地域

唐《地理志》记载："庐江郡巢县本襄安，武德三年置巢州，析置开城、扶阳二县。"《一统志》记载："开成（当为'城'）废县在无为州西，唐武德三年置，属巢州。"说明唐武德三年，即公元620年，始设开城县，开城县是析巢州部分区域而设置的。

1999年出版的《安徽省志·建置沿革志》记载，开城县遗址"位于今无城镇西16公里的开城镇。唐武德三年（公元620年），设开城县，属巢州（治今巢湖市）"。这一记载说明当年的开城县遗址位于现在的开城镇，开城县归巢州管辖。

相关史料表明，开城县遗址东、南一直到长江边，唐武德年间无为境内再无县级行政机构，这说明当时开城县管辖的范围不只是现在的开城镇，还包括开城镇以东、以南和以西的广大区域，即泉塘镇、襄安镇、赫店镇、十里墩镇、无城镇。巢湖市的槐林镇、庐江县的盛桥镇也归它管辖。再东、再南的沿江乡镇，如高沟、姚沟、泥汊、福渡、陡沟一带，当时应该还是长江滩涂。

蜀山镇的大部分，以及洪巷镇、昆山镇、鹤毛镇、牛埠镇，它们是宋时置无为县，才正式划归无为管辖，当时被称为南乡和北乡。

唐朝时期，无为大堤没有形成，丰水期的长江水可以经襄安南泉塘镇的低洼地带，直扑现在开城镇的西都圩和长城圩，一直淹没到蜀山镇北花桥附近的黄家山和严桥镇的象山和龙骨山。这些被长江水淹没的地方，当时被人称为西湖梢子，是人们捕鱼的好地方。

那个时候，没有"永安河"之名，开城北的白石山来水缓缓向东南流淌，丰水期，在现在严桥镇境内汇入西湖；枯水期，永安河古河道在两山间流过，在开城东南泉塘镇宝山村一带的滩地汇入长江。也就是说，唐宋时期的永安河古河道是一条季节性的河流。

开城县的人们，大多生活在现在开城镇大同、龙太、羊山，到襄安镇百子、金鸡、白鹤，和赫店镇、无城镇的高地上。这一带至今还遗留着许多畈

↑ 开城出土的宋朝如意形划刻花瓷枕

田，即台田，也就是长江水淹没不了的高地上的农田，其土质多为油沙土，又称香灰土，适合庄稼生长；还有六店村、都督村、毛公村一带的高地，那里有猪头山、毛公山、独山、竹山一带的岗地；还有就是现在泉塘镇的宝山、郭巨山一带的岗地，那里有古村落遗址。

综合看来，开城县三面临水，有山有水。丰水期，长江水淹没现在泉塘镇的临湖河圩、开城镇的西都圩和长城圩、严桥镇的湖塘圩等地域，只有一些畈田、岗地露在水面；这些露出水面的岗地不是孤立的，人们驾驶着小船你来我往。枯水期，长江水退回河槽，原先被江水、湖水淹没的地域露出水面，虽然那里长满杂草，却被人们辟作随潮田。

三、开城县的人文

开城县的县令都有谁呢？找遍典籍和史料，没有找到。根据相关家谱，却可以推测。

泉塘镇《焦氏谱牒》记载：“濡须焦氏祖居陕州，望郡中山，尊焦伯为焦氏始祖。唐时，四尧公赴濡须为官，见此地山清水秀，民风淳朴，气候温和，物产富饶，遂定居于二都黄公扎。”也就是说，祖居陕西的焦尧唐朝时到濡须为官，这濡须是无为地域的古名，就是唐朝时的开城县。焦尧到开城县为官，把家人也迁居到开城。

专家的推测是：唐武德三年（公元620年），开城县的县令名为焦尧。他祖居陕西，北宋无为籍状元焦蹈是他的后代。

天井山里的双泉寺是唐朝时开城县留下的寺庙。清《无为州志》记载，天井山“在开城乡，双泉山麓，控天井、临壁之奇”。《明一统志》记载：“天井山，距城西南九十里，山顶有二泉，左曰青龙，右曰白虎，双泉水四时不竭，故又名双泉山。寺东山石嶙峋，山岩下有天成奇妙的楚云洞，又称观音洞。”东吴赤乌年间，有僧人在双泉山结庐传教，建福源寺。后因魏吴对峙，地遂荒废。

始建于三国时期的福源寺是安徽省佛教祖庭之一。南北朝时期，天井山周边始终为兵家必争之地，战火不断，福源寺在历代兵燹中屡遭洗劫，逐渐衰微。唐贞观二年，即公元628年，重建福源寺，南坡建有普同塔群。唐永徽四年，即公元653年，高僧伏虎禅师重建寺庙，因寺外有双泉胜境而取名“双泉寺”。双泉寺大门有对联“道贯西天，禅依三宝；佛来东土，唐建双泉”，从侧面证明开城县时期文化的繁荣。

↑ 铎是春秋到汉代官府宣布政教法令用的。青铜铎的出土，说明开城地域汉代曾有地方官府的存在

随着开城县一带居民渐渐增多，开城县的寺庙兴盛起来，僧人在现在的都督山上建有岩台寺。当年，高丽王子金乔觉来无为地域修行，他先居住在地王阁，后到岩台寺。传说金乔觉落脚的第一步和第二步，位于现在赫店镇境内，于是那里有了“一步”和“二步”的地名，后来改称头埠和二埠；第三步落脚点，人称“三步”，现在被称为“三十里埠”，位于苏塘路与无六路的交叉口；金乔觉的第四步落到开城的猪头山，传说因为他的脚力太重，压得那神猪直哼哼叫呢。

四、开城县的遗迹

因为年代久远，开城县时期的建筑留下的非常少，即使天井山双泉寺，也是后来重建的。寻找开城县时期的遗迹，如大海捞针，非常困难。

到都督山寻找唐朝时期的石碑遗存，没有找到。冒着春雨，我到天井山寻找唐朝时期留下的石碑，看到的多是明清时期僧人的墓碑。站在双泉寺大门边躲雨，我举目远望，看见历经隋唐、遍阅宋元明清的青檀树静静地立在雨里，我忽然心有所悟。这棵树龄已达1700多年的古树肯定知道，开城县的遗迹被掩在什么地方。

先看双泉寺地名。唐太宗时期，朝廷在双泉寺旧址赐金建福源寺，双泉寺顶梁曾有“唐李世民御建，尉迟恭敬德监造”的涂金大字。

↑滚龙桥

再看双泉寺前的滚龙桥。滚龙桥，又称拱龙桥。细细查看，发现滚龙桥左右各有两片弧形石片立起，成为桥墩；再用两块弧形石片，外径长内径短，搭在桥墩上，形成石拱。这是无为地域现存的最古老的石拱桥，跨度2.52米，宽为1.6米，高为1.3米，它虽然没有后来的平安桥、横步桥结构复杂，但它是开城县时期的建筑。

清《无为州志》记载：“西广德寺在开城乡，唐贞观二年僧守安开建。”西广德寺后改名迎河寺，在开城集镇附近的永安河西侧。又载：“宝林寺在开城乡，有古塔一座。唐垂拱二年僧庆公开建。”现在严桥镇农场村有宝林寺。

唐时岩台寺下面的九丈石，现在是西九华寺下的绝壁。这块不会说话的巨大石头，应该清楚当年开城县怎样繁荣。

开城县的县城在哪里

有人对我说：“先有开城县，后有无为州。”我回答说：“是的，那你说说开城县的县城在哪里？”他想了想，说应该位于开城集镇的河西老街。过了一会儿，他摇摇头，说自己没有想过这个问题。

唐朝时开城县的县城在哪里呢？

有人认为在开城桥。开城桥不是永安河上的桥，它位于永安河东，在开城中心小学对面，建在开城集镇与先锋村双胜圩交界处的一条河道上。它是用暗红色的花岗岩垒出桥墩，再用条状的花岗岩铺成桥面。20世纪70年代，开城桥被拆除。有人告诉我，这座开城桥是开城县时期的标志性建筑。

↑ 开城出土的大唐开元通宝

查阅清《无为州志》，在《无为州全境图》里看到永安河东有几排房子，说明清嘉庆时期那里是个集镇。

推测是美好的，现实是骨感的。如果当年开城县的县城位于现在开城集镇永安河东侧，当时长江汛期几乎每年都可能把它淹没，至少把它淹成孤岛，更别说1954年那样的大水了。而古人选定城池，往往经过严密细致的考察，必须是江河水淹没不到的地方。所以，开城县的县城肯定不在现在开城集镇永安河东侧。

有人认为开城县城位于现在开城集镇永安河的西侧，即河西老街，并以河西老街的许多老建筑作为证据。我原先也认为开城县的县城在河西老街，甚至想寻找县衙门，认为濒临永安河的河西老街入口的地方就是县衙的所在地。后来根据史料分析，觉得自己的推测不正确。

清嘉庆《无为州志》的《无为州全境图》上，开城的永安河西没有房子，说明河西老街的建筑是编修清《无为州志》之后建造的，都是清代建筑。二是明朝初年及以前的唐朝、宋朝和元朝，开城一带有一个巨大的湖泊，并与长江相通，开城老街所在的河东和河西地域，只是湖泊中的几个小岛。当时类似的小岛还有阳山、凤凰山、独山、窑棚岗、竹子山、石山等。如果在某个小岛上建设县城，与外界联系将会十分不方便。

开城老街现存的古建筑，应该是无为大堤筑成后建造的，是长江和开城

↑ 羊山出土的隋青釉龙鋬鸡首壶

区域的湖泊被隔开后建造的，是开城区域的湖泊被围湖造田、开城西北山岭的来水被束进永安河河槽之后建的，是明清时期人们在两山夹一河的永安河码头边建造的。

寻找开城县城，不能按照明清时期开城集镇地貌要素进行寻找。如果硬说唐朝的开城县城位于现在开城集镇一带，可能与关羽战秦琼的故事无异。

有人说开城县城位于羊山。羊山是个面积很大的岗地，出土过隋朝寿州窑制作的鸡首壶，是国家一级文物，它说明隋时羊山一带已经有人居住，并且十分兴盛。但作为县城，羊山的面积小了一点。另外，当时羊山的周围，丰水期是湖泊，四面环水，交通不便，缺少依靠，古人忌讳选定这些地方作为城池。

六店社区的朋友认为，开城县城可能在他们那里。可能性确实存在，但依然只是猜测。

那么开城县城到底在哪里呢？在安徽的古地图里寻找，在开城的石山、新胜、旺盛、练墩寻找，都没有找到。请上海、北京以及安徽的专家帮忙查找，他们对此不关注。转了一圈，问题又回到我手里。

我不得不调整思路，把目光投向自己不太关注的龙太村和大同村。2016年，龙太村出土了战国时期的编钟，说明这一带开发得比较早。到龙太村一带调查，发现小童岗西面是大熟圩，东面是赫店镇的苏塘村，北面是大童岗，南面是范家洼。岗地不高，但1954年的大水淹没不了；圩口不大，那里唐朝时应该濒临湖泊，并与长江相通。关键是，龙太村牛头嘴有地方名为“城门沟”。“城门沟”老地名，说明那一带曾经有过一座城池，据此推测唐朝开城县的县城在龙太村是有可能的。

有人说开城县的县城应该位于现在的大同村。大同村位于襄开路两边，与龙太村相邻，岗地都是台田，即畈田，是江水淹没不了的地域。大同村有“城门自然村”和“城壕自然村”。这“城门”和“城壕”两个地名，足以说明那里曾经有一座城。

来到大同村城壕自然村，发现村民住家的地方比前面的岗地矮二米甚至三米左右。前面的高地大约70亩，农业学大寨时曾经在那里挖出一些青砖小瓦的碎片，还有柴草焚烧的灰烬，可能是古人做饭留下的。我爬上岗地，四处走走，满目是绿油油的庄稼；岗地上虽然高低不平，但落差不大。

城壕自然村有这样一个传说，从前有位母亲让儿子造一座城，西到牛头嘴，东到刘家桥（留桥，赫店镇境内）。中午时分，母亲送来一量子（比水桶小一些的木桶）的饭，加一桶粥。母亲四周看看，埋怨儿子上午没有做成多少事。儿子听到母亲的埋怨，生气地一锹挖下去，挖出一口大水塘，名为“一锹塘”。现在，一锹塘位于城壕自然村的西侧。儿子这一锹，同时挖出一只白兔。那兔子撒腿就跑，儿子跟在后面紧紧追赶。跑着赶着，那兔子跑到无为城一带，儿子就在那里建了一座城。

又传说无为州城的西门，当年建在开城。

这两个传说，用世俗的方式说明开城与无为城建城的先后关系和因果关系，也说明开城县的县城位于这里。

回家翻看无为地图，发现大同村、龙太村一带不但是畈田，还位于永安河与花渡河之间，距离襄安集镇大约20里，距离无为城大约30里；那里出土过汉墓，可能是秦汉时期人类生活的集中区。这更证明，唐朝时开城县的县城应该位于这一带。

窑棚岗里有古墓

海拔40来米的窑棚岗曾被人写成“姚棚岗”，它位于新旧无六路之间，紧临开城河西老街，是保胜村的一座土山，分属副业、姚棚、所前、谢村、小山五个自然村。

窑棚岗与李家山和张家山相连，合起来占地100多亩。山上残存着开城供电所和供销社废弃的房屋，掩映它们的是遮天蔽日的绿树。它的东面是河西老街，其他三面都是耕地，就是以前老百姓口中的“西湖梢子”。

↑ 窑棚岗古墓穹顶带花纹的青砖

在开城人的口语里，窑棚岗又称作“窑棚”。有老人告诉我，窑棚岗北，即现在新无六路穿行地带，原来是古代的窑场。那里挖出的许多碎砖瓦都比较薄，应该是河西老街古建筑的砖瓦生产基地。窑边有棚，当年的窑棚应该是烧窑工匠搭棚睡觉的地方，或者是穷人家在窑场借棚栖身的场所。

窑棚岗又被称为“鱼行”。从前，西都圩十年九涝。每到发水季节，有大量的鲜鱼上市，运到开城桥出售的鲜鱼堆积如山。渔民挑着鱼到开城集镇，要经过窑棚岗；鱼贩子早早候在这里，好把鲜鱼贩到周边各个集市。时间一长，这里就成了“鱼行”。直到现在，还有老人把“窑棚岗”叫作“鱼行里”。

我第一次到窑棚岗，是经一位热心朋友的引导。他陪我在窑棚岗转了一圈，明确告诉我窑棚岗地下有一座元朝的墓葬，墓主人名为可尔汉。

查阅资料，发现元朝行政建制是路、府、州、县。元时，无为州曾经短暂升格为“无为路”，相当于“省”级建制。可惜的是，一直找不到“无为路”的文物。如果窑棚岗下真有元朝的可尔汉墓，这些文物就很有可能说明“无为路”的发展情况。

关于窑棚岗古墓的情况，后来我做过专门的调查。

居住在窑棚岗附近的丁氏家族有人告诉我，他的家族明朝初年从考涧迁居开城牌楼，又先后迁居先锋、羊山，到明朝中期，因为娶叶家湾的叶姓女子为妻，迁居窑棚岗附近。他说家谱上没有记载自己家族有人埋葬在窑棚岗，也没有听说有什么大人物埋葬在那里。这样看来，如果窑棚岗真有古墓，便不是家族墓地，并且应该是明朝以前的。

找到当年在窑棚岗挖出古墓出口的熊华炳老人，他已经80多岁了。他告诉我，1967年开城区在窑姚岗建有变电所。变电所所长要熊华炳等人在变电所附近挖防空洞。熊华炳拿着铁锹没有挖多深，就挖到那座古墓。他估计古墓的巷道大约1.5米高，呈穹隆拱形；两侧的墙砖都是青砖，侧面有“卍”字纹；砖块和开城老街的房屋用砖完全不同，与无为城的城墙砖类似。

熊华炳说自己当年进到墓道，发现里面分成三个方向，一是向左，二是向前，三是向右。因为害怕，再加上当地没有挖人祖坟的习惯，他们都退了出来。在墓道上，他曾经拾到一枚黄泥做成的纽扣。几天后，变电所所长用铁板把墓道洞口盖上，又叫人用土把墓道口封住。

后来，开城有朋友打电话告诉我，说窑棚岗古墓可能是三国时期的周瑜墓。史料记载，建安十五年，即公元210年，周瑜逝于巴丘，也就是现在的湖南岳阳，之后灵柩运回东吴，孙权亲自到芜湖迎接。《三国志·周瑜传》记载：周瑜死后，“权素服举哀。感动左右。丧当还吴，又迎之芜湖，众事费度，一为供给”，并没有说明周瑜落葬的具体地点。《三国演义》第五十七回说：“却说鲁肃送周瑜灵柩至芜湖，孙权接着，哭祭于前，命厚葬于本乡。”也没有说明“本乡”的具体位置。

现在庐江县有一种推测，说周瑜灵柩可能由芜湖过江，由裕溪口进入巢湖，运抵庐江。这是没有掌握历史地理知识的一种推测。三国时期没有裕溪河和裕溪口。三国时期濡须（无为）和芜湖之间的长江，名为鹊江，丰水期江面宽达几十公里，一直延伸到现在开城镇的都督山、毛公山一带。如果要把周瑜的灵柩运回舒城县，经开城地域比较近。

东汉末年，周瑜曾任居巢长，在开城地域活动过。周瑜去世时，开城地域属于东吴的势力范围，东吴把周瑜灵柩运抵开城，应该不敢再往北运，因为再往北的舒城县一带就是魏国的势力范围。三国时期盛行盗墓，曹操甚至设立“摸金校尉”之职，专门盗墓。东吴的庐江郡承受魏国巨大的军事压力，不可能大张旗鼓地告诉人们周瑜葬在哪里，而应该秘密埋葬。葬于哪里呢？应该就在窑棚岗。

我不敢相信，但又不得不信，遂立即和文物专家联系。根据现场观察，结合熊华炳老人的口述内容进行分析，专家认为：一是墓道分成三股似不可信，因为是在地下，进入墓道的人可能把普通的出口当成墓道的延伸，这需要发掘后才能确定。二是如果熊华炳老人说的在墓道发现泥纽扣的叙述是真，这个古墓可能是汉代的。三是目前全国有庐江、舒城十多处周瑜墓，都存在疑点。四是希望有人提供关于可尔汉墓的详细资料。

顺便说一句，窑棚岗上有许多野生的中药材，包括瓜蒌和络石藤等，非常具有观赏价值。

从“湖田”到“圩田”

走在开城镇的西都圩、长城圩等平阔而肥沃的田野上，听到开城的农人多称耕地为“圩田”。而查阅他们的族谱，发现他们的祖先在宋、元、明时期，甚至清朝初年，多称“圩田”为“湖田”。

从“湖田”到“圩田”，开城的地貌经历了怎样的变迁呢？

一、先说“西湖”

秦汉时期，江淮之间地广人稀。《汉书》记载，汉平帝时期，长江流域的人口不到全国的五分之一。随着人口南移，到了北宋崇宁时期，长江流域的人口已经超过汉时的六倍。

随着人口的增加，原先的畈田已经养活不了多出来的人，开城地域的人们不得不寻找可供开垦的荒地，于是他们把目光投向身边的湖滩。

无为大堤没有形成以前，汛期的长江水淹没无为西南的广大地区，现在开城镇的西都圩和长城圩、红庙镇的新塘圩和锅盖圩，以及严桥镇的湖塘圩，都是长江的领地，在现在开城镇的大同村和龙太村西侧，到都督山、毛公山之间，再到严桥镇的谎陈山、龙骨山之间，形成宽阔的水面，人们称它为“西湖”。六店村大燕窝地丁氏，传说他们的先祖住在西湖梢子边；如果把大燕窝地五荒圩耕地挖出两米深，可以发现下面有许多螺蛳壳，还有野莲蓬籽。这说明，从前那一带曾经是水面。

泉塘镇宝山村原属开城乡一图，宝山上有“湖背塔”，始建于明朝初年，它是当年由长江到西湖，即现在西都圩、临湖圩、湖塘圩一带水域的航标。从字面看“湖背塔”，说明那一带当年是个大湖泊。现在，无为西南的临湖圩、湖塘圩等带“湖”字的圩口，都是对曾经地名“西湖”的纪念。

枯水期，长江水归位河槽，除了“西湖”低洼地带留存几条缓缓流淌的小河，其余都是湖滩地，上面长满杂草。有老人说，从前西都圩的冬天白茫茫一片，所以用“白帆吻芦絮，龟山钓幕云”形容，一点也不为过。

虽然没有关于“西湖”名称的历史记载，但我们在宋代诗歌里找到了“西湖”地名。北宋进士、南宋太师王之道曾卜居现在严桥镇相山，并在猪头山一带抗金。在《和徐伯远见寄三首》中，他这样写道：

我家湖上面九华，无钱买山山见赊。
待栽北牖一坡竹，追配东门千载瓜。

他的诗《送神童胡元弼元英从其父胡庭俊归秋浦》，又这样说：

西湖清丽春雨余，子今欲去其焉如。
九华插天远在望，三月不见愁容舒。

诗里，王之道把自己家乡的“西湖”与“九华”并举，显然不是指杭州的西湖，而是指现在开城、泉塘、襄安、严桥、红庙、蜀山低洼地带的水域，即无为州城西的湖泊——西湖。

开城的西都圩一带耕地面积广阔。1954年无为大堤安定街段破坝，洪水往西都圩里淌了20多天。这一方面说明“西湖”地势低，另一方面说明“西湖”浩瀚宽广。

二、再说“湖田”

由于人口和土地的矛盾越来越尖锐，明朝时期许多人在西湖的湖滩耕种随潮田，即在大水退去后播种一季小麦；第二年长江水涨上来，弃之还湖。

有人在湖边浅水处垒土为坎挡水，再把浅湖里的水排干，在里面播种庄稼。因为时常也有收获，便有许多人家跟着在浅湖边挑土筑堤，围成一个个月牙形的圈子，在里面种植谷物。因为位于湖边，虽然是挡住湖水开垦出来的，但依然是湖的一部分，人们便称之为“湖田”。开城镇许多家族，包括范氏、王氏、李氏，他们的族谱里都有关于开垦“湖田”的记载。

清《无为州志》没有关于“湖田”的记录，但史志和家族谱牒记录了许多安徽开发湖田的历史。《明史·河渠志》记载，永乐二年（公元1404年），“修含山崇义堰。未几，和州民言铜城闸上抵巢湖，下扬子江，决圩岸七十馀处，乞修治。其吏目张良兴又言水淹麻、澧二湖田五万馀顷，宜筑圩埂，起桃

↓ 束水归槽的永安河

花桥，讫含山界三十里。俱从之”。明朝永乐年间，含山县有“湖田”一说。无为州与含山县相邻，称谓习惯应该一致。又有《楼氏宗谱》记载，宋徽宗政和七年，即公元1117年，楼异任明州知州，他将广德湖“尽泄湖水，废湖为田。垦辟湖田七万二千余亩，每年可收租谷三万六千石”。

明朝万历年间，朝廷组织百姓在无为南安定街一带筑坎为堤。后来，渐渐垒土为坝。到了清朝，随着江边堤坝的建成并逐年加固，挡住了江水的内侵，使西湖地域原来的蓄水盆地露出大片滩涂。人们在湖边垒土成堤，形成湖田，无为西乡的大圩西都圩、湖塘圩、临湖圩渐渐形成。

三、“圩田”的兴盛

为了扩大耕地面积，人们渐渐向湖区要耕地，土坎离湖心越来越近，湖田面积越来越大。湖田虽然有坎挡水，但水势稍大，土坎自然抵挡不住洪水。于是，人们加高土坎成堤坝。

唐朝司马贞说：“江淮间水高于田，筑堤而捍水曰圩。”北宋绍圣年间，朝廷曾在无为军“兴三圩，开十二井，又筑北岭，以捍水患，世蒙其利”。这个时期，开城地域的人们还称在湖滩开垦的田为“湖田”。南宋时期，政府鼓励兴修水利，军县官员大多同时兼任“提举圩田”或者“主管圩田”的职务。虽然无为地域是宋金对峙区域，但许多废弃的荒田得到重新开垦，水利设施得到修复，圩口也在增加。这个时候，“圩田”一词在无为地域已经出现。但因为民间口语慢于书面用词，一些人家的谱牒里依然保留“湖田”一词，即使是明朝从徽州和江西迁居开城的部分家族，如王氏、范氏，他们的族谱里还保留“湖田”一词。

《无为大堤志》记载：“明初，无为县的西南部、西部和北部地带，已基本完成了圩口的圈筑。”这期间，开城人实施并基本完成永安河及其支流独山河、花桥河的束水归槽，并在永安河的上游建成著名的乐家闸。开城《王氏宗谱》记载，“高塚王”原居北乡的花桥，在先祖王好丞的带领下，在六峰村一带把永安河支流花桥河束水归槽，把蒋家山南大面积的湖泊围垦为高王圩。

随着圈圩范围不断向江边新成陆地的滩地推进，无为东乡和南乡的江滩地渐渐被圈圩。到明嘉靖年间，无为州北部的古太平乡、西部的古开城乡、西南部的古北乡、古南乡，连同中西部的古襄安乡，总计有圩口63个。万亩以上大圩5个，均集中于西部及西南部，即湖塘圩、陆家圩、临湖圩、杨柳圩、练塘圩，其中的陆家圩、临湖圩、杨柳圩、练塘圩被称作“四大名圩”。需要说明的是，湖塘圩当时属于开城乡；陆家圩属于宋朝进士陆随家，明朝改名为西都圩，也属于开城乡；临湖圩的部分属于古开城乡。当时无为州万亩以上大圩5个，开城乡占了两个半。需要说明的是，开城许多老人现在称“西都圩”为“都圩”。清《无为州志》说府君庙“一在开城乡一图都圩南埂”，说明“都圩”之名古已有之。“都”可能是大的意思；“都圩”前加“西”，说明它位于无为州城的西部。

清朝初年，无为西乡湖泊、河汊之地，包括浅沼、草场、荡地，大凡可以围垦、辟为耕地的，大多被开垦出来，成为圩田。到清嘉庆年间，开城乡有西都圩、湖塘圩、童家圩、冯家圩、横冈圩等35个圩。到了清道光、同治年间，随着无为东南圩口的连圩成功，长江水已经不能直淹开城。永安河被进一步束水归槽，开城地域地势低洼的地方，包括永安河及其支流附近的滩地被全部圈圩。

↓ 曾经的西湖，现在的西都圩

这时，开城人已经看不到湖泊，无法把耕地与“湖”联系起来，他们抬头看到的是山一般的堤坝，即圩埂，人们把被堤坝护住的田地叫作“圩田”。于是“湖田”一词渐渐消失，开城众多家族清朝续修的宗谱里，已经很难找到“湖田”一词。

四、“圩田”的开发

虽然“湖田”改称为“圩田”，但是它地势低洼、经常遇到水灾的特点没有改变。一是圩口多而小，小的只有几十亩；圩里的劳动力也少，无法抵御洪水的侵袭。二是许多地方大圩套中圩，中圩套小圩，地势越来越低，排涝能力有限。三是部分圩口不接水路，不但无法船运，也无法排水。

针对这种情况，勤劳智慧的开城人在各圩区建起包括圩堤、涵闸、沟渠等设施，“筑堤、浚河、置闸”成为开城人圈圩的基本技术要素。他们在广阔的圩区开挖“十”字或“廿”字形的官沟；在地势有落差的地方建起闸口。官沟比较宽，是排水的主要通道，它不但可以行船，方便人们用船装载农作物，而且能够输水，即通过一个一个的支沟接受各家各户农田里排出的积水，再用一盘一盘的水车排入天河。

每到雨季，开城一带汪洋一片，如果高田随意往官沟排水，势必使官沟里的水流入低处的圩口。于是，开城地方有约定俗成的规定，即高处圩田排水直接入天河，低处圩田排水入官沟，再通过官沟排入天河。一般说来，“在大涝时，水只进入一戗或几戗，便于庌救，而不至于使高田低田全部淹没。这样一来，不仅正堤的稳固性得到加强，并且形成了纵深防护体系，也大大提高了防汛功效”。

在此基础上，进行联圩。联圩不仅连接堤坝，还通过修筑大堤把众多小圩包围保护起来，并疏通水路。永安河东岸的大骆家圩、小骆家圩和长城圩，是三个圩口。通过联圩，为三个圩口修筑一条共同的堤坝迎接永安河洪水的侵袭，堤坝的规模、防洪的能力都得到明显提高。再如西都圩，原先名为陆家圩，本是陆氏家族开发的小圩，通过不断联圩，到了明朝中期，成为

↑ 六店村青龙庙里的龙王

↑ 专家正在考察府君殿清康熙年间留下的古碑

无为州著名的万亩以上大圩。相对于现在姚沟镇的南都圩，因为它位于无为州城西部，更名为“西都圩”。

联圩后的圩口，综合堤、坝、塘、河、沟、闸、涵、堰等一系列水利设施，为人们生活、生产、防洪、排涝、抗旱提供支撑。

随着湖田变成圩田，迁居开城的人们把自己的宗教信仰也带到开城。从前，开城附近有好几座龙王庙，其中六店村牛王岗上的青龙庙，又称“牛王庙”“龙王庙”，供奉着水龙王，因为它造型呆滞，头上长角，被小孩戏称为“牛大呆子”。每年正月十五，妇女小孩忙着闹花灯，种田的大人都要到庙里请牛王（龙王）定水桩。他们把牛王的塑像抬出来，迈着东倒西歪的醉步，如果木杠在哪里落地，便是龙王告诉人们今年的雨水会淹到哪里。

开城集镇东南的石山村有府君殿，始建于明朝，祭祖的是唐朝的崔珏。传说崔珏有降龙伏虎的本领，被称为“崔府君”。清《无为州志》记载：“武宗祷水涨。有应，进公爵。”就是说唐武宗向崔珏祈祷水涨，后来真的涨了。这说明，府君殿祭祀的崔珏，有掌管水界的法力。对“崔府君”的信仰，主要流传于中原地区，开城石山村关于“崔府君”的信仰，应该是先民从中原带来的。汪圣殿、祠山殿、烈王殿、先锋殿、五岳殿、太平殿、万云庵、必传寺等寺庙，也先后在古开城乡建成。

唐宋元明清五个朝代，上千年时间，开城地域的地貌完成沧海桑田的变迁。现在，偶然听人说起西都圩北埂电站一带的地下，有湖藻淤存，有七八寸厚的螺蛳壳淤存。大家都把这些当成传说。走在都督山下、永安河畔，人们已经看不到当年围湖造田的痕迹，看不到当年人们用石片筑就的石涵石闸，看不到当年弯弯曲曲的官沟，就连明清时期挑起的窄窄的河坝也被高大的防洪大堤替代……

日月亿万轮回，寒暑千载交替。一代又一代开城人用自己的双手，用自己的肩膀，筑就开城今天的美丽画卷。

开城排涝抗旱小志

明朝之前，开城东南即现在大同村、龙太村的畈田，到西南都督村、六店社区的畈田，再到北部的严桥镇大山之间，汪洋一片，人们称那一带是“西湖梢子”。无为大堤没有形成之前，夏天暴涨的长江水溢出长江河槽，进入开城西南，与那里的西湖连成一片。枯水期，江水退去，西湖里波光粼粼。

这个时候，没有永安河及独山河、花桥河的概念。开城的防汛和抗旱局限在山地，即龙太、大同、羊山一带的畈田，以及都督、六店、六峰、独山一带的岗地。

↓汉唐以来的抗旱水利设施——毛公塘

明朝以后，朝廷重视农耕，无为东南长江滩涂不断被圈圩开发，后又渐渐连圩，长江水不能再从襄安、泉塘一线直接进入开城区域。这个时候，西湖边的滩涂不断被圈圩，形成了永安河及其支流独山河、花桥河和横塘河等。

渐渐地，长江滩涂的圈圩与西湖的圈圩产生矛盾，即随着青帘水，也就是西河入江口，从牛埠镇的土桥下移到襄安东，就是现在刘渡镇的凤凰颈一带，强占了永安河入江口，使本来直接入江的永安河成为西河的支流。

清道光四年，即公元1824年，无为州在刘家渡筑拦河坝，从此一条大坝分开长江和西河，西河成为长江支流裕溪河的支流，使得西河支流永安河的河水入江一滞再滞，开城内涝和抗旱问题日益严重。

一、开城成了大水缸

明朝中期，开城西南风光旖旎，旱涝保收，便如世外桃源。当时，诗人丁最居住在竹子山，即现在独山村一带。他在《西山记》里这样记述："亭南近'杏花村'，村中构茅屋两楹，曰'高阳酒肆'。肆中涤瓦器磁瓯，出青旗卖竹叶酒。好事者典春衣、沽佳酒，风谈烟卧，多枕藉于长林丰草间……下有'武陵人家'，客至话桑麻、具鸡黍，卜丰年气候。"开城的山麓畈田土肥水美，旱涝保收。

当时的竹子山下的西湖滩地，已经渐渐被圈圩。

清乾隆年间，无为西南通江口有三处。丁翰清《禀请开河建闸禀》记载："泥汊居上，春水方生，上接凤凰颈，引黄、白二湖西来之水，折而至雁投湖，以迤于东。秋冬水落，下注于江河，道数下里，形如弦直，出水利便，实为庐邑之水口。"开城永安河的出水，应该在凤凰颈。

无为西南另外两个入江口，为泥汊河口和神塘河口。

清道光四年，即公元1824年，无为州把凤凰颈内河入江口堵塞。清同治十二年，即1873年前后，无为州泥汊和神塘两个内河入江口相继堵塞。

随着迁徙而来的人口渐渐增多，西湖的湖滩地慢慢被圈圩。当时，严桥方向的山水汇聚而来，无法及时排泄入江，存蓄在开城地域；长江水势凶猛，麻线一样狭窄的江堤经常溃破，江水时不时淹没开城。

清末，在庐州府任职的无为州人蒋一鉴建议在泥汊、神塘内河入江口建造水闸，说无为州每年夏天江潮大汛，通过泥汊河直灌黄白二湖。二湖既满，山洪接踵而发，泥汊河不能宣泄，上至高姚二沟百余圩都将受害。

关于开城及其附近区域的内涝，丁翰清《禀请开河建闸禀》有具体描述："自两河堵闭，今已七载，各邑之水计程三百余里，并出裕溪一口，加以江潮，春入洪泥，年年垫塞河身，秋冬出水停蓄坦缓，力不能任，其冲刷驯至州西南乡，上抵庐江，百余里圩田，年年积潦难退，内浸汪洋，田低河高，无法疏放。"

外有江洪，内有雨涝，清朝时期的开城真是个大水缸。

二、塘坝沟渠设施

开城最初的水利设施建于丘陵岗地，类似于塘坝工程，它们积聚雨水及附近的泉水，用来灌溉农田。

清《无为州志》记载："大原坂塘在开城乡于家蓬，距城五十里，泉深二丈，塘广四十亩，溉田五六十顷，四季不涸。塘口置古沟，俱分子埂，并置石闸，涝年任其自流，旱年业户照分放灌，上满下流，无得争竞。塘底系乱石长成，不用修浚。"大原坂塘可能位于现在的六峰村境内。

又说："毛公塘在开城乡二图，距城六十里，近田多资灌溉。"

开城乡另一口著名的水塘是苏塘。清《无为州志》记载："苏塘在开城乡幞头冈，距城三十五里，周围三百亩，四面坂水折入，灌溉山田五十余顷。口置石沟，凿有尺寸，各业户立印信水簿，旱年照田亩多寡用水，按定时刻开放。"

永安河及其支流独山河、花桥河、横塘河形成后，水利设施形成河、沟、渠、塘、闸配套工程。永安河、独山河和花桥河，被附近百姓称为"天河"，许多地方河高田低。连接天河的是官沟，即公共排水或者引水的河沟，它比天河窄，但比支渠宽，既可行船运输，又可排水。永安河、花桥河、独山河、横塘河畔有多少排水闸，往往就有多少条官沟。清《无为州志》记载："乐家闸，距城西四十五里。"这乐家闸，就建在官沟与永安河连通处。

往官沟排水的是窄小的内渠，它的两边是家家户户的田头。旧时排涝，农民把自家农田的积水排入田头的内渠，由内渠汇入官沟。若是天河的水位高，官沟水位低，积水无法流进天河怎么办呢？只得车水。由官府或者大户组织劳力，费用分摊，用一盘、两盘、三盘的水车，把官沟的积水车入天河，再由天河排入长江。

有时，官沟与内渠之间也建有水闸。

三、开堤堵堤避水旱

因为永安河入江口被堵，开城的水旱灾害受无为大堤的影响很大。开城丁氏的族谱里，记录了清末20年里开城地域几次大的水旱灾害与无为大堤的关系。

光绪九年，即公元1883年，无为州阴雨连绵，西南诸乡发生洪涝灾害，开城众多圩口的积水无法排泄入江。经地方乡绅丁翰清、卞中环等建议，无为州开江堤泄洪，开城地域的积水这才排清。这年，开城地域农业丰收。

↑ 1952 年挖掉凤凰颈两个石涵，建成永安闸通水时的情景。后来，永安闸又被钢筋混凝土的凤凰颈闸替代

光绪十七年，即公元1891年，无为州干旱无雨，开城全境无水浇灌耕地。因为地方乡绅建议，无为州开泥汊新安桥石闸，引江水入河，用于灌溉。这年，开城地域再获丰收。

光绪二十三年，即公元1897年，夏秋江水高，无为西南积水无法排出；深秋时虽然江水低，内圩水位高，但因无出水口，积水无法排出。经地方乡绅建议，无为州挖开江堤，排出积水。因为及时补种了小麦和油菜，第二年夏季开城地域获得丰收。

光绪二十七年，即公元1901年，无为州江堤溃破，甚至惊动北洋大臣李鸿章。后来看到江水水位已经降低，在地方乡绅的建议下，开挖现在姚沟镇大成圩的江堤泄水。1902年春堵坝成功，开城地域再获丰收。

历数开城地域水旱灾害，真是应了这段民谣："无为州，十年九不收。三年收两头，锅巴盖墙头，狗子不啃猪骨头。"

四、在凤凰颈筑就两石涵

同治十二年，即公元1873年，无为州将泥汊和神塘两个内河入江口堵塞，是为了避免江潮倒灌进入江堤内。当时准备在泥汊和神塘建两个涵闸，等民力稍稍恢复即开工兴建。

20年里四次开堤和堵堤，让无为人认识到在江堤上开建涵闸的重要性。光绪初年，开城贡生蒋一鉴作《闸说》，提出不建闸有"患五"，请求政府建水闸。光绪三年，即公元1877年，任职庐州府的开城人丁翰清作《禀请开河建闸禀》，提出建闸之"五不易"，提请庐州府在财力上给予支持。后来神塘入江口被江沙堵塞，没有建成。泥汊入江口建有石涵，永安河流域的洪涝干旱问题暂时得到缓解。

光绪二十七年，即公元1901年，无为临江堤坝溃破。秋后江水已落，丁翰清首次向北洋政府官员提出在大成圩江堤，即凤凰颈一带开堤泄洪。之后，再次请求在凤凰颈建石涵，得以允建。这样，永安河终于有了直接入江的通道。

民国时期，凤凰颈一个通江石涵建成，但它远远满足不了永安河及西河的泄洪需求。襄安许宾九的《菊痴先生改建凤凰颈双涵序》记载："惟西南泽田甚广，恃一涵以泄水，如从甬道驱万马，衔尾贯行，势不可以遽出；及旱岁，急需灌溉，又如东海波臣，困处涸辙，虽助以西江之水，而常有不及待之忧。"

为提高石涵通江的流量，民国五年（公元1916年）的冬天，开城乡绅丁菊痴联络地方绅士向民国政府提出陈请，建议“于旧涵之侧，增置一涵。继又虑旧涵之浅且隘也，而浚之加深，拓之加广。既成，并新置者为双涵。而河堤当水，往来之冲者，复设一副涵，以杜急流鹘突之患”。这里说的副涵，应该是沟通石涵内外的水槽，即引沟。《菊痴先生改建凤凰颈双涵序》记载：“涵以民国五年八月始事，六年三月告竣，明年尾成副涵，共用银币四万圆。”

凤凰颈两个通江石涵的设置，使无为西南乡圩区，主要是永安河流域，包括现在襄安、泉塘、开城、严桥、刘渡、蜀山一带，涝能泄洪，旱能引灌。

现在，这两个石涵已被挖掉，替代它的是钢筋混凝土的凤凰颈大闸，另有一座凤凰颈排灌站。永安河流域的开城，已经成为真正的米粮仓。

↓水陆通衢

水陆通衢说开城

古开城乡位于无为州城的西部，西北隔都督山与巢湖相望，南接襄安与长江相临，西边是白湖和庐江地域，北过银屏山与巢县相连，水陆交通十分方便，自古就是无为州西北地区重要的商品集散地。

先说四通八达的水路。现在的开城镇通过永安河经襄安到西河，再经裕溪河才可以进入长江，古代并不是这样。唐朝设开城县的时候，无为大堤还没有形成，开城县东南区域，直接濒临长江。1993年出版的《无为县志》记载：发源于无为西北胡家山鸡毛岭的永安河，全长27.5公里，严桥以下的河道比较直顺，河面宽大约30米。严桥至开城段，汛期可以通行5吨左右的木船；开城至卞家甸（襄安），可以通行10吨左右的木船。

长江丰水期，开城集镇西部的湖泊与白湖相连，又有水道与巢湖相通。

考察蜀山镇的花桥河古河道可以发现，由西都圩，经花桥河，可以到蜀山镇的古杨桥街；再往西，可以乘船到达蜀山镇与白湖农场交界的劳改河，进入白湖，再经兆河，可以进入巢湖。

民国时期，桐城人和枞阳人到无为贩卖黄烟，一般由水路从庐江县进入开城，再由陆路进入无为州城。

由现在的六店社区一带向北，这里古代有一条著名的河道——关河。1948年成立的湖东县下辖关河区等5个区，1949年湖东县关河区的一部分划归庐江县、巢县，才把关河区分开。关河区又与巢县联系紧密，巢湖市坝镇有“百里关河街，千年魏家坝”的民谣，说明关河与巢湖市坝镇和白湖一带的联系。当年长江里的货船，可以经古西湖（现在开城西都圩一带）入关河，直接进入白湖，而白湖曾是古巢湖的一部分。

清代及以前，泉塘镇的宝山有砖塔，起着航标灯的作用。长江丰水期，货船由长江到巢湖，经泉塘镇水域，依靠砖塔的引导，可以进入开城镇的西都圩地域的水面。如果想到再往北的巢湖，可以经西都圩水域向西，再经关河水道，翻坝直接进入巢湖，把货物运送到合肥等地；或者经白湖，绕道经庐江入巢湖。

永安河束水入槽后，它成为由开城到襄安、进入长江的主要通道。“襄安开城桥，东风两头跑”描写的就是船运时期，帆船来往开城与襄安的情况。由开城集镇，经永安河水道向北，可以到达徐岗、严家桥；由永安河进入独山河，可以到达六家店、明堂集、尚礼岗一带。当年开城桥北的木桥一带，枯水期停船往往有几里路长，那是准备到严家桥的货船等着涨水呢。

古开城乡还有一条古河道——横塘河，它由羊山北，经练墩，汇入永安河。现在，横塘河是开城镇和红庙镇的界河。横塘河当年是重要的水上运输通道，可以把现在的开城集镇与徐岗、红庙连接起来。

古代的开城，水上交通真是四通八达。

再说陆路。明清时期的开城桥是无为州城通向西北区域的重要驿站。民国《无为小志》记载，开城镇“往巢西路必经此”。出无为州城西门，经姚王庙，过现在赫店镇的平安桥，继续向西，有一埠，即西关铺；过二埠和赵公桥，到达三十里铺，即三埠；经凉亭，到达开城的林城关，即开城桥。由朱家渡过永安河，沿永安河河埂、独山河河埂，向西经独山、竹子山，可以到达都督山；向南过洪家桥，再过双泉山，可以到达天井山、下泊山和凤凰山，一直到达西河镇，即现在的蜀山镇。

南北向呢？从巢县到无为州除了官道，即铺道，还有埠道，也就是商道。清《庐州府志》记载，巢县西到无为州有一条重要的商道：州前铺、西头铺、西二铺、金城铺、陆家铺、开城铺、无为州城。这条商道从巢县的西二铺由北向南进入无为州，先到金城铺（尚礼），再到陆家铺（六店），之后到开城铺。通过三十里墩、二埠、头埠，直达无为州城。

这条古代留下的商道，现在依然可以通行。如果从独山河的孙家桥上岸，过六店老街，经烟墩、瓜棚、山芋棚、象山魏，能到达当年无为州和巢县交界处的凉亭。再向北，就是巢县的坝镇，进入巢县西南区域。

由开城向东南，由黄门堂、缪家楼、孔家大墩，可以直接到襄安的金鸡墩，进入无为州南的官道。1949年解放军大兵渡江，修建了开城凉亭到襄安的襄开路，使开城陆上交通更加便利。

开城人来自哪儿次大迁徙

开城地域位于大别山余脉的丘陵山地向长江冲积平原过渡区域，土地肥沃，气候温暖湿润，在江水河水恣意流淌的远古时期就非常适合人类生存。

开城地域最早的居民是银山智人。1982年、1983年和1986年，文物工作者在巢湖市银屏镇的银山进行发掘，发现一块不完整的人类枕骨、一块附连3枚牙齿

↑ 开城一景

的左上颌骨，及3枚零星的牙齿，距今大约18万年到20万年，确定为早期智人。这是长江下游地区唯一的早期智人化石。古开城乡和银屏山相连，是银屏智人活动的区域。

有记录的迁居开城地域最早的人来自中原。夏朝最后一个君王夏桀被商汤打败后，被放逐到南巢。《史记・夏本纪》记载："桀走鸣条，遂放而死。"说夏桀败走鸣条，被商汤放逐而死，但没有点明被放逐的地点。《尚书・商书》记载："成汤放桀于南巢。"《淮南子》记载，汤"整兵鸣条，困夏南巢，谯以其过，放之历山"。《荀子》记载："桀死于亭山。"《魏书》记载："夏桀淫乱，南巢有非命之诛。"这里的"南巢""历山"和"亭山"似乎不是一个地方，细细分析，却并不矛盾，因为"南巢"有"历山"和"亭山"。

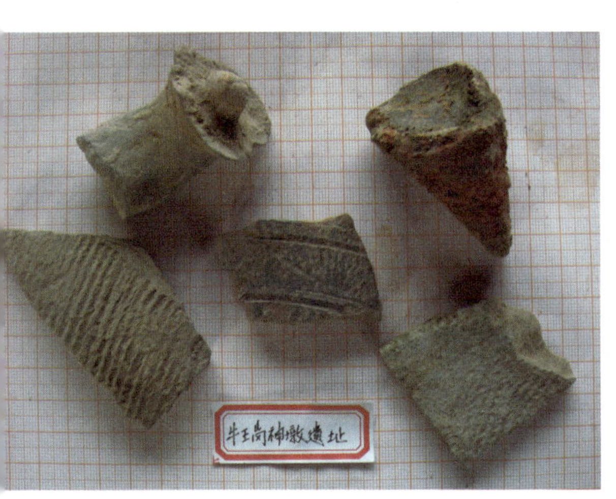

↑出土的商周时期的鬲足，说明3000年前开城人用鬲煮食谷物

先秦时期的南巢，并不是巢湖市巢湖南岸的狭小区域。《通志・氏族略》记载："巢氏，有巢氏之后，尧时有巢父，商时有巢国，其地在庐江，子孙以国为氏。"这里的"庐江"指庐江郡，领舒、居巢、龙舒、临湖、雩娄、襄安，也就是说当时的南巢，包括无为地域的广大地区，开城当然也在其中。

夏桀被放逐南巢，带来了随行的家人，也带来了中原地区先进的耕作方式。商汤又派人跟踪监视。这两部分人从此在南巢居住下来，部分人居住到开城。开城镇六店村牛王岗遗址出土的绳纹陶罐残片和夹砂红鬲足，特别是三件扁平石斧，说明牛王岗一带新石器时代晚期就有古人类活动。

远古的开城地域，被商汤放逐的夏人在此生活过，后来外来的舒人、庸人、相人也相继至此。舒人是春秋时期分布在淮河和长江之间舒姓小国的统称。公元前611年后，被秦楚所灭的庸人东下，与南下的舒人在无为南的岗地相会，建立舒庸国，他们相互依靠，农耕渔猎。相人亦作襄人，早期生活在岷山南麓襄阳一带，曾随黄帝东迁河南河北。商代，部分相人由鹿邑南迁，其中东迁的相人迁到淮南的相山，北魏时建襄邑县。还有一部分相人，南迁到巢湖流域。

可以用来佐证的是，开城地域商周时期古人类活动的遗址很多。

羊山村的宇家神墩位于永安河支流横塘河一带，南北为河堤，西临严桥镇的山区，地表残存回纹的灰陶片和陶鬲足，是商周人类聚落址；独山村山里童自然村的独山，遗留许多陶片，是商周文化堆积层；旺盛村的班家神墩，出土过红、灰、黑三种颜色的陶片和陶鬲足，是商周时期人类活动的遗迹。加上赫店镇汪邵村刘家神墩的商周人类聚落址、红庙镇蒋家神墩的商周人类聚落址、红庙镇徐岗社区月牙山神墩、红庙镇凉亭神墩的西周至东周人类聚落址、严桥镇严桥社区褚村神墩商周人类聚落址、严桥镇山东陈神墩商周文化遗址……众多古人类聚落遗址，说明古开城地域商周时期人类活动地点明显增多，居住范围明显扩大，居住的人口也增加不少。那些增加的人，大多由迁徙而来。

东汉末年，朝廷在无为西置临湖侯国，来自长安的刘苌任临湖侯。临湖侯国管辖现在无为市开城镇的永安河西，和蜀山、洪巷、牛埠、昆山、鹤毛以及庐江县东南的大部分地区。随从跟着刘苌迁居临湖侯国，部分落户开城地域。

司马睿称帝建康，南迁后的晋室称为东晋。东晋建立后，黄河流域北方世家和中原士族，纷纷南迁江南。《资治通鉴》记载：“洛京倾覆，中州仕女避乱江左者十六七。” 当时，萧县地域的扶阳县百姓也纷纷南逃，他们迁居到现在的无为西。为了加强对他们的管理，东晋朝廷在无为西北侨置扶阳县，安置南迁的百姓。史料记载：“东晋太元中于淮南侨置。治今安徽无为县西北。”这个时候，许多原扶阳县居民迁居到开城。

唐朝末年，中原士民迁居皖南及赣东南、闽西南，许多人迁居江淮，部分中原人迁居无为地域。开城地域人口渐渐增多，于是朝廷在这里设置开城县。

北宋时期，江淮一带的居民人数迅速增加。《三朝北盟会编》说北宋末年的靖康之难后，“西北衣冠百姓奔赴东南者络绎道路”。濡须《吕氏宗谱》记载，开城吕氏的始迁祖吕成，北宋末年从河南开封南迁无为军（军是宋朝的建制，相当于州），其后人吕文是明永乐年间的举人，曾任浙江新城县训导。“五果堂”丁氏，南宋末年自苏州迁居铜陵的丁家洲，再迁居无为军，其族人散落在开城桥、六店、尚礼一带。“怀德堂”钱氏，1296年首迁江西，再迁无城芝山，许多人落户开城。

元朝时期，无为地域百姓为避战乱，纷纷渡江南逃。开城地域一时荒无人迹。留存下来的，被人称为“板结户”。羊山村“老王岗”的王氏，就是这样的家族。据说王家唐宋时期来到羊山西，插草为标，从此他们居住的地方被称为“老王岗”。到了明朝，张家、陆家、陈家陆续迁居“老王岗”，他们与王家因为耕地产生纠纷。王氏家族的王翰如与张家打官司，说老王家插草为标，“一直十三丁，人不欺我，我不欺人”。无为州官根据地名“老王岗”，判定王家胜诉。

元末明初，大量徽州及江西无地的百姓迁居无为州，许多人落户开城地域。“崇本堂”童氏，元末明初自婺源迁居无为州和巢县，其中一支定居开城。濡须《宇氏宗谱》记载，其先祖元末迁居无为州，后落户开城。“石麟堂”徐氏，从北京房山迁居开城。“石麟堂”叶氏，于徽州的婺源县迁居开城乡的霸王山，今属严桥镇。《濡西潘家传家宝录》记载，开城乡潘氏贵一公本是徽州婺源县人，明洪武年间迁居至无为州西北的谢家岗。当时本地有一对年迈的谢氏夫妻的儿子去世，他们看到潘氏贵一公原配去世，没有续娶，便把自己的儿媳许配给他。从此，开城地方流传谢姓本来姓潘的故事。“金鉴堂”张氏，元末从江西饶州府迁居无为州，落户港铺，现在属于赫店镇。开城的缪氏，元末从南陵迁居无为阳山，即现在开城镇的羊山。开城的陆氏，明洪武年间从福建迁至无为州城，再迁居开城、泉塘一带。

明朝中叶，随着无为大堤的筑建，皖南和江西“瓦屑坝”一带的居民纷纷迁居到无为，含山、巢县、肥东、合肥、庐江的百姓也南迁无为，他们中的许多家族落户开城。

回民迁居开城，始于明朝。明朝初年，有180户回民迁居无为州；后来，哈、撒、赛、杨、沙、安、宗、童八姓相继由甘肃迁居无为。清道光年间，又有回民自新疆、宁夏迁居无为。这些回民大部分落户到无为州城，也有少数落户开城集镇。现在开城的回民主要是余、马、彭（何）、霍几姓，其中的余家和马家是明末自南京迁居无为州，在开城河西老街开宰牛坊；彭（何）家是1937年后为躲避日寇屠杀，到开城开饭店的。

清末，太平军和湘军在徽州展开拉锯战，徽州许多人家不得不逃离。羊山的程氏，就是当时从徽州逃到江北，在开城定居的。

1938年，日寇先后占领巢县和合肥，短暂路过无为后离开。1940年7月，日寇重新占领无为及开城地区。这期间，大量合肥人、巢县人迁居无为，部分人家落户开城。

建造石拱桥的关键不在拱顶的石钉，而在最后一块石片如何嵌进；木榨机的机关不在转轴，而在驱动轮和从动轮交错勾连的木齿；契书能够约束人的手脚，那是因为信义原则和纸质文书已经结合；打算盘不用算盘，是因为心里有一把算盘……

千年小镇，一路风景。

这些风景，既陪伴小镇人的童年，又是小镇留给子孙最贵重的礼物。它拓宽小镇人的思维，引导他们向更远、更深邃的地方探索。

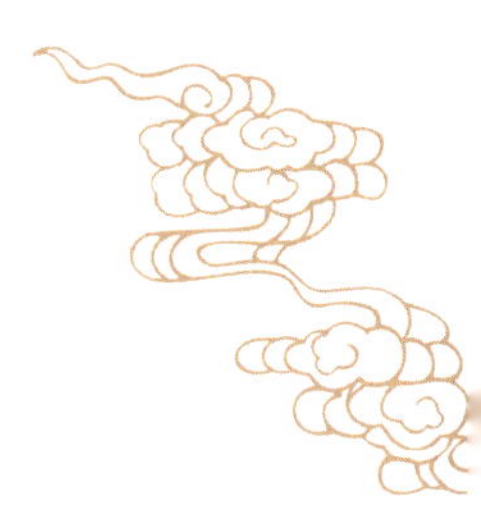

工商史话

匠心卓越

牛王岗陶片上的密码

大约四千多年前，也就是新石器时期到商周时期。一个天气晴好、风和日丽的日子，一群裹着兽皮麻布的陶器工匠，徘徊在现在开城镇六店社区的牛王岗，他们观察水波的流向，研磨山土的质地，再查看附近木柴的品种，然后搭棚为房，挖地垒土为炉，准备在此制作陶坯，烧制陶器。

早在八千多年前，我们的先民就有了制造陶器的本领。大约五千年前，巢湖东南的凌家滩出现日用陶器的作坊。而这个时期，无为地域的开城、襄安、十里墩、石涧、严桥等地，也有古人类活动的痕迹，他们也学会了制作陶器。

↑春秋时期的黑陶鼎

时间的风雨洗去古人类的脚印，把他们制作的陶器和石器作为史前文明印迹埋进泥土，也把史前文明的密码封存在泥土里。

现在，我们把它们从泥土中挖掘出来，进行一一研读。

古开城人用什么砍树作为燃料烧制陶器呢？十里墩镇杭西神墩出

土的石斧和石锛告诉人们，无为地域的古人类四千多年前已经使用石器工具；牛王岗出土的三把石斧也告诉人们，石斧应该已经成为这个陶器作坊砍树的工具。

有了邻近地域人们的经验，古开城人在牛王岗垒土堆窑，烧制陶器。为了挖开板结的山土，他们到不远处的山头寻找片状的青石，再把它的一端打磨出锋刃，成为石斧。他们带着石斧回到牛王岗，用石斧挖掘板结的山土……因为种种原因，一些石斧后来被埋进山土。

↑春秋弦纹原始瓷盏

四千年后，一个刘姓男子在牛王岗劳动，他用铁锹疏松土壤准备种植芝麻。铁锹与石斧碰到一起，相隔四千年的两个工具进行了实实在在的“对话”，闪烁出不易察觉的火花。这火花告诉人们牛王岗地下埋藏的秘密，吸引人们戴上历史的放大镜，循着那两个工具的“对话”，寻找到古人类在这里留下的传说和故事。

制作陶器的另一个要素是火。古人取火有木燧、金燧和敲石取火三种方法。敲石取火之法，魏晋以后才有。金燧的前提条件是必须有金属，四千年前的古开城人没有制铁工艺，他们当然不会向太阳取火。这样看来，古开城人取火的方法应该是木燧，即钻木取火。唐张九龄《龙池对德颂》言：“巢燧之前，寂寞无纪。”这些制造陶器的匠人，应该都是有巢氏的后裔。

平日里，他们在窑膛或者灶膛保留火种。火种遇水熄灭，他们便钻木取火。

烧制陶器需要围窑，这在新石器时代晚期到商周时期是一项重大工程。现在，牛王岗神墩南侧有一处红土层，那是柴火烧焙留下的痕迹。专家考证，这里是开城先民烧制陶器的地窖。木柴红红的火苗把泥坯烧成陶器，也把土窑内侧和下面的土壤烧红。

这层厚厚的被火烧硬、烧红的山土没有情感，我们无法通过它探究当年的先民部族式的生活，无法通过它探究陶盆里他们端着的希望和艰辛、陶盆下他们的慈爱和亲情，但它有记忆，记录着当年先民制造生活器具的经历，记录下他们的智慧、汗水和敢于创新的意识。

这个废弃的窑边，残留有红陶或黑陶的碎片。红陶是陶泥本色。制作黑陶，需要在普通陶器烧成的最后阶段，从窑顶徐徐加水，有意让木炭火熄灭产生水汽和浓烟，使陶器由土红色变成黑色。它是继彩陶之后，中国新石器时期制陶工艺的又一个高峰。

制陶工匠从窑顶往里面慢慢加水的过程，其实是一种运用科学知识的过程。古开城的制陶工匠在实践中积累了经验，依靠经验把握从窑顶往窑内加水的时间和多少，红陶的质地因此产生物理、化学反应，慢慢变黑……分析古开城烧窑师傅经验里的科学知识，可以看到文明之火已经照亮无为大地。

古开城人在牛王岗制作的陶器有怎样的装饰呢？残存陶片上，我们看到了绳纹和线条纹。比牛王岗遗址稍晚的红庙镇月牙山神墩出土的陶片有席纹和回纹，凉亭神墩出土的陶片有方格纹，开城独山神墩出土的陶片有浪纹和方形纹，开城班家神墩有弦纹……这些古老的纹饰，隐藏着古开城人的审美情趣，隐藏着他们生存必要条件之外的浪漫追求。这种追求情趣的密码，可以折射他们原始的图腾心理，影响他们对定居地的选择、对服饰的喜好，甚至影响他们的情感和部族的和谐，影响他们与自然相处的方式。

我们可以漠视这些陶片上的纹饰，可是我们不能漠视留下这些纹饰的匠人的情感，不能漠视历经千年沧桑传递到今天的古人给我们的来信。这些来信告诉我们四千年前的信息，需要我们一一破译。

实用是烧制陶器的第一要素。四千多年前，开城人每天用什么煮食谷物呢？那时没有铁锅，用鬲煮食是最重要方式。牛王岗神墩出土的鬲足残片，说明牛王岗陶窑烧制的陶器里有鬲；宇家神墩、凉亭神墩是古人类的聚落区，这两个地方也出土过鬲足残片，它们都是古开城人留下的。

↑ 牛王岗出土的陶罐

生产者和使用者的确定，说明当时人类已经有了分工；中间应该有流通环节，应该是以物易物吧。推测还原不了四千年前的生活场景。审视四千年前古人类的来信，我们应该心有所悟。

我多次到牛王岗一带考察，看到一户人家收藏有牛王岗时期的陶器。那陶器出土时是一对，另有四个小杯，大概是陪葬的酒器吧。陶器做工精美，坯料薄而身重。它的文化密码隐藏在哪里呢？需要专家作进一步的解读。

两年来，我走遍开城的山山水水，访遍古开城乡的开城、红庙、严桥和赫店等地域，甚至到了泉塘的许多地方，没有见到人们烧制陶器制品。我只看到这里的人们都喜欢用陶器炖汤，喜欢用陶罐盛放腌制的咸菜，有些人还喜欢收藏陶器。

无生命的泥土与水、与火对话之后，凝固而成的陶器，记录下了牛王岗古人类对物质世界的理解，蕴涵着他们的审美情趣。

雕刻光阴

开城镇位于无为西部，境内半圩半山，都督山、毛公山、督兵山、狐避山都出产建筑用的石料。几千年前，生活在这片土地上的人们选取石料制作生产工具，凿取石料制作建筑材料和生活用具。他们在石头上雕刻各种图案花纹，雕刻下他们的生活情趣和精神信仰，也雕刻下这方水土的千年记忆。

今天，我们无法复原从前开城石匠在都督山“石匠塘”的劳动场面，无法复原他们的构思，只能透视遗存到现在的石雕，研读他们的匠心。

一、石狮身上的密码

迎河寺里摆放着一只石狮，这只石狮并不威武，屁股和尾巴部位被截掉。吸引我的不是这只石狮的孤独，而是它的造型，还有它的来历。

从造型看，这只石狮温润平和，吉祥秀美；因为前腿边靠有一只小狮，可以断定它是一只母狮。寺里的僧人和附近的老人说，这石狮本来是一对的，另一只被别人搬走，不知去向。

↑ 年代久远的石狮

迎河寺的前身是广德寺。清《无为州志》记载，西广德寺“在开城乡。唐贞观二年僧守安开建，宋元符二年僧本宪重修，国朝乾隆五十二年寺僧募修”。

细细端详这只石狮，发现它的上下唇合着，没有衔珠；项下没有铜铃，也没有饰带。专家分析，这是典型的唐朝风格的石狮。石狮背后被风化得非常厉害，石质已呈片状，足以说明它的年代久远。

二、两块石刻

2019年7月，朋友把我提供的独山村山前朱自然村汉白玉石刻照片发布在“今日头条”上。

有读者打来电话，说明朝有汉白玉石雕的家族非富即贵，要求前去查看；又有上海从事古建筑维修的同乡请求收购……半个月后，我们再到山前朱自然村，发现那两块露天存放的石刻已经不在。细问，才知道石刻的拥有者在上海打工，他看到“今日头条”消息后，意识到石刻的文物价值，立即启程回家，把砌在围墙间的石刻撬起来，收藏到自己的家里。

↑ 石雕

“今日头条”消息称，石刻是朱家老堂屋的，其实不对，应该是丁氏支祠的，现在保存它的也是丁家人。这块石刻图案的基座是浪纹，中覆方巾，方巾四边是回纹。边框四周镶边，一块内刻如意纹。正中雕刻四个动物，以鹤喻寿，以海马、大鹏喻上天入地都能鹏程万里，以鹿喻做官。专家认为，四蹄海马身边是桃花，暗示此马为桃花马，即千里马。

另一块石刻的基座和边框，没有雕刻纹饰，正中雕刻着如意纹绕缠铜钱的图案，显得厚重典雅。

现存的两块汉白玉石雕的石质并不一致，与之搭配的其他石雕已经被破坏，无法通过石雕还原丁氏支祠当年的风貌。

我常常坐在电脑前，细细端详这两块石雕的照片。看着看着，我分明看到开城石匠精巧的手艺，看到他们设计这两个图案的良苦用心。

三、石础上的寄托

石础，开城人称它为山角，是旧式房子木柱下的垫石。作用一是将柱身承担的重量分散到地面，作用二是防止木柱受潮腐烂，作用三是寄托屋主的

↑ 石础（一）

↑ 石础（二）

↑ 石鼓

情趣和希望。

六店社区的一户人家，收藏多个雕花石础，其中一个腰围雕为六边，五边雕刻各类图饰，有喜雀登梅、大象戏水、鲤鱼跳龙门等；一边可能靠墙，没有雕刻花纹。

另一块石础为六个基座、六幅图案，对应的腰围上雕有六个图案。石础的上面，雕有四圈纹饰，使石础上口在视觉上渐渐变小，能够避免人们觉得石础粗而木柱细。这是科学，也是美学。

四、石鼓的故事

都督村刘氏宗祠门前摆放着八个石鼓，虽然时间的风雨风蚀了它的花纹，却让它的故事更加丰富、内涵更加深厚、形象更加饱满，成为刘氏宗祠的名片。

石鼓是古代公德铭石、嘉奖贤能和装饰门楼、抒怀铭志用的，还可用于插旗杆。明清时期，家族有人中了进士或者举人，才可以在门前插两面旗子，而插旗的基石就是石鼓。八个石鼓上下贯通，都能插旗；石鼓上都雕有龙饰和花纹。刘氏宗祠前有八个石鼓，是其家族有人中举，还是有人受到朝廷旌表，不得而知。

八个石鼓的来历，《刘氏宗谱》没有具体记载，倒是保护八个石鼓的故事值得说一说。当年破“四旧”，大队干部说石鼓是封建文化，要把石鼓拉去敲成碎石子做排灌站。家住刘氏宗祠附近的刘乐义坐到石鼓上不让大队干部打碎。他的老婆也趴在石鼓上，不让搬动。大队干部走后，刘乐义还是不放心，趁夜晚把石鼓还有石门当全都推到宗祠前的水塘里。大队干部再来，见不到石鼓，只得悻悻而去。

刘氏还有一对石鼓摆放在别处，据说是清朝时期刘氏家族有人中了武举，朝廷旌表其功，奖其雕刻石鼓插旗用的。

五、实用的石构件

开城遗存的石雕，大部分是实用的石构件，它们的外表虽然并不精美，但处处能够体现雕刻者的匠心。

旧时，大户人家大门内左右墙壁里，往往嵌进两块石构件。石构件上凿有两个洞，穿石而过。这是双扇的木门关闭后，加两根抵门杠用的。上下两根檀树的抵门杠，横顶在门后边，再在抵门杠下加斜撑，土匪是很难撞开大门的。

石门槛，是从前开城许多人家的必备。开城人家的石门槛有整块结构和三接头结构。它的左右各凿一个门臼，安放门轴用的。结构比较复杂的是商铺门面的石门槛，它除了分别凿两个门臼，还在条石中间凿一个石槽，用来安放可以上下的门板。

↑ “碾将军”

石碾，是种植稻谷、小麦地区必备的脱谷碾粉的工具。开城人用几块石片砌成大碾台，中间嵌石轴，被称为“碾将军”；碾台上面架一个石滚，即成石碾。用老牛拉着石滚转圈，石滚碾压碾台上的稻谷或者小麦，就能脱壳，筛糠之后就加工出白米或者白面。

在开城，我们还见到一块上马石，它是从前大户人家上马垫脚用的。这块上马石呈L形，侧面雕有塔、树等花纹，安

↑瓷豆

↑墙角的砖雕

↑泥塑的筷箸

放后高约半米，它不是普通的石块，而是家族身份地位的象征。

六、泥雕里的记忆

破“四旧”和“文化大革命”年代，开城镇许多泥雕被打碎或者被撬掉凿掉，其中独山村朱家老堂屋成排砖雕的破坏最为可惜。我只能寻得一块或者两块残片，解读开城泥雕里的文化元素。

残存的开城泥雕，最为漂亮的当数六店村大燕里自然村丁氏支祠门楼的砖雕。这里的砖雕有金银花纹、荷花垂柱，还有当年破坏砖雕后留下的残迹。

在开城，我见到过泥雕的筷箸。筷和箸，都是“筷子”的意思。无为民间，把“筷箸”连读，表示放置筷子的器具。也有人说，“筷箸”当写为“筷储”。这个筷箸呈青黑色，正面雕有花纹，典雅大方；上面塑有三个圆孔，可以分别放置筷子、汤匙。质朴的泥土，盛放泥土里生长出的竹子制成的餐具；普通的餐具，把来自泥土的食物送到嘴里……

泥土是人类的依靠，人类用它创造出一个个精美的生活用品。

七、木雕的坚持

相对于石头和砖头，木头更容易被毁坏，这是木雕难以保存的原因之一。

幸运的是，我在开城河西老街一户人家里看到一架雕花的木床，它漆彩的雕花可以填补开城木雕的空白。木床的主人是张义珍老人（2019年时年龄为103岁），这个雕花的木床是她的婚床。木床刀工精美，保存完好，只是镂空不多。张义珍老人家中还有几扇雕花的油漆木门，它的格局、技法，堪称江淮民间木雕的经典。

↑ 木雕上涂满泥灰才得以保存

到新胜村看侯咀鱼灯，铿锵的锣鼓声里，身穿黄褂、头扎黄巾的人们舞起鱼灯，很是漂亮。意外的是，我在那里发现侯咀鱼灯的木雕锣鼓架，它是檀木雕花的专用木架，分上下两层，上层中间有一个圆圈，是放铜锣用的。敲鼓的师傅告诉我，这个木雕锣鼓架是明朝的老物件，有600多年的历史。我还想细看，舞鱼灯的人们已经抬着它敲快乐的锣鼓去了。

↑ 木雕架子床

先人已经远去，他们的背影越来越模糊。后人抬着先人用过的木雕锣鼓架，敲出自己的快乐，这应该是另一种形式的亲情享受。

回看本书的开头，似乎应当只写石雕，而我还写了砖雕和木雕。我想让阅读本书的朋友看到我思绪的变化，看到我不由自主扩大写作范围的心理变化过程，让他们的阅读随着我的讲解，成为一趟自由自在的快乐旅行。

如果你想感受开城传统石雕、砖雕和木雕的艺术魅力，如果你想感受开城人精美的生活和执着的精神，请到开城的山岗和田野走一走，那里的青山和绿水、清风和明月会告诉你……

例说石拱桥的建造

独山石拱桥横跨独山河，四墩三孔，是明清时期古开城乡二图到三图，即现在开城镇独山村到严桥镇明堂村、象山村的重要通道。独山桥原建于明朝中期，后因破损严重，由清朝时期开城地方乡绅丁斐然领头重新建造。

当时的人们怎样建造石拱桥的呢？《斐然修独山桥序》为我们还原了石拱桥的建造方法：

> 吾族多好义之士，鸿轩开试刀石口路，斐然造独山桥，皆义举，而桥为最。
>
> 桥之由来不可考，水则发源于无巢分界之猪头山，经瓜棚、陆家第、孙家桥，折入独山河，汇于永安河，达于江。诚两邑之孔道也。桥垛四，旧围石条一周，填以石卵，外坚内窳，山洪冲之辄圮；又木梁，水流则漂去，大为行者病。
>
> 斐然悯之，请于先大夫，先大夫韪其言，相与首输巨款。一时乡里殷富，皆慷慨解囊，乐输恐后，共集番银九百九十元有奇。购石五百丈余，他物称是，椿之疏者密之，垛者虚者实之，梁以石承，以木翼、以阑干，坚实宽厚，可历数百年而不败。爰更其名为“永固”云。
>
> 君子之处世也，莫大于好义为。斯人倡桥之修屡矣！向之人苟且补苴，未能实心任事，其甚者往往藉名科费，半饱私囊，故桥愈修，倾愈速，聚费愈艰。至有乞一木一石，而人不之应者，非吝也。鉴于前事，而无不能无疑于中也。

阅读《斐然修独山桥序》，参考开城地域其他历史文献，可以考证出开城工匠建造石拱桥的方法。

现代人建桥做桥墩，要围堰打柱。古人怎样建呢？一是“围石条一周，填以石卵”。即先做平整地面，再用石条层层围圈，中间填卵石。丁斐然重修独山桥时，筑桥墩添了一道工序，即“椿之疏者密之”，也就是先用碗口粗的椿树干打桩固基；把桥墩的地基打牢，再铺石条围成桥墩，中间填以鹅卵石。

2019年3月，我到独山桥被拆的现场，除了看到石墩被挖后丢弃的石条，还看到许多挖出的树桩。因为在地下不接触空气，几百年来，它依然没有腐烂。有人告诉我，当年建造独山桥下石垛前，工匠先把香椿树桩密密地打到地下，用以夯牢地基，再用糯米稀砌石条，围成一周；中间填以鹅卵石，再用香椿树桩打进鹅卵石，使石垛的中间变得密实；再在石垛上生拱，拱上铺石条，这样可使石桥变得坚固耐用。

桥墩的设计也有讲究。从留存的照片看，独山桥的桥墩是五边形，正对水流的部分为锐角。古人称这样的桥墩为“分水金刚墩”，开城人称正对水流的锐角石墩为“梭水尺”，它可以使桥墩对水流的阻力降到最小。

《斐然修独山桥序》作于光绪乙未年，即公元1895年。作此文时，丁斐然的叔父、秀才丁翰清说，“桥之由来不可考”，又说原来有一座独山桥，该桥有四个桥墩，桥墩是石条围成，里面填有鹅卵石；桥面平铺木板，经常被洪水冲走。其实，他说的这座独山桥是明朝建的。

现在，独山石拱桥已经被拆除，但它留给后人的纪念意义和启示作用是

↓ 把石拱和钢筋混凝土拱结合，20 世纪 70 年代开城工匠造出的十拱小桥——四方桥

拆除不掉的，它显示了开城人的工匠精神，显示出开城人热心公益事业的奉献精神。有了这种精神，就能够“化险为夷，成一坦坦平平世界”。

图说开城古民居

建筑是凝固的音乐。

开城镇留存着许多明清古建筑，它们不但是房屋主人财富的象征，不但是古代开城能工巧匠的智慧结晶，还体现了开城人的审美情趣。徜徉其下，如欣赏一曲悠扬的江淮民乐，余韵袅袅。

一、顶棚形式：硬山式为主

中国古代砖木结构的房屋有攒尖顶、歇山顶、庑殿顶、悬山顶、硬山顶、卷棚顶等多种结构形式，民居一般采用歇山顶、悬山顶、卷棚顶和硬山顶四种。开城民居的顶棚以硬山式为主。

开城河西中街，是重要的商业区，寸土寸金。用硬山式屋顶，邻里两家房屋墙贴墙，能够最大限度地发挥宅基地的利用价值；雨水向前后流去，不向左右两侧随意流淌。

有些人家的山墙砌成马头墙，俗称“风火墙”，并挑出尖尖的角，既美观，又防火。

↓ 马头墙

两层硬山式小楼，薄青砖，石灰泥用小刀砌成。从山墙两侧看不到屋脊，突出了封闭性，既防火，又有气势。

硬山墙外，有一个个“铁耙子”。这些“铁耙子”可以把外层砖砌山墙与山墙里侧的排柱框架固定成一个整体。

檐口和柱角，用砖砌的鸳鸯交手和砖雕的雀替装饰。

↑ 穿斗式

二、梁柱结构

开城的古民居多为砖木结构，它的梁柱间架很有特点。

穿斗式：这幢清末古宅，九根木柱全部落地；下面是九个柱础，上面是九根桁条；柱子中部用三道木枋勾连，气度不凡。

抬梁式：柱上架梁，梁上架柱，地面空间明显扩大。

↑ 抬梁式

穿斗式和抬梁式相结合：有的古民居，把穿斗式和抬梁式梁柱架构结合起来，即两侧用穿斗式，中间用抬梁式，减少中间房屋的立柱，使屋内变得更加宽敞。

三、门和门楼

石库门：由八块青石制成，即石门槛和两边的石门臼共三块，石门边两块，石门顶拱两块，门顶上的石横架一块。开城河西老街童老六家的石库门沉稳坚固，端庄大方。另外，丁楚波旧宅也有石库门顶拱构件，估计石库门曾经是开城大户人家的追求。

砖门框：石门槛、砖门边，配双扇木门，边窗矮于门头，是典型的清末江淮民居风格。

↑ 砖门框

门楼：残存的徽派建筑门楼，说明这座房子当年十分豪华。

门簪：永安河东童家老屋的门楣上，有门簪四个。它是门楣上的四个木键，分别雕成十二边形的花瓣，它的正面分别装饰“元亨利贞”四个字。因为门簪旧时是官宦人家的象征，破“四旧”时，那四个字被人用锤子敲进门簪里，外面糊上泥灰，这才保存下来。

雕花木门：这户人家院内厅堂的大门，是雕花的木门，三扇；上下层雕花，中层木方格里侧原先糊纸，现在镶玻璃。这一清末民初雕

↑ 门楼

↑ 门簪

↑ 雕花木门

花木门保存完好，是不可多得的珍品。

四、窗户

石窗：窗子四周由四块青石构成，中嵌铁片和钢筋，是防备土匪用的。里面是两扇木窗门，门上安装玻璃便于采光。

木窗：二楼的木窗上，有砖砌的雨棚，虽然简陋，却十分实用。

欧式窗：这户人家的石窗上，装饰有欧式建筑风格的雨棚，说明民国时期欧洲建筑样式已经渐渐影响开城。

↑ 石窗

↑ 木窗

↑ 欧式窗

↑院内回廊

五、廊檐

开城俗话说，“农家有三不让”，即“祖坟地不让，宅基地不让，老婆不让”。为了避免宅基地的空间让别人侵占，开城河西老街的房屋多以硬山式屋顶为主，显得中规中矩，但自家院内或者院外的廊檐却多有创意。

院内回廊：四合院里，四面回廊，雨水集中到院里，表示“肥水不流外人田”。院内，有独立的排水系统。

砖斜撑：在山墙上生根，砖块层层外伸，形成半拱斜撑。用它架起桁条、椽子以及上面的重量，形成外檐廊，既美观坚固，还显示房屋的封闭性。

挑枋：在边柱上生出挑枋，枋上架桁条和椽子，承接屋面的重量。有的挑枋下面，安装斜撑，安全实用。

雕花斜撑：雕花木枋和斜撑上残存的石灰，是“文化大革命”时期留下的。这些古建筑保存下来是很不容易的。

斗拱：最下面是斜撑，斜撑上是挑枋，挑枋上是斗拱，斗拱上生

↑ 砖斜撑

↑ 挑枋

↑ 雕花斜撑

↑ 斗拱

瓜柱。与梁架垂直方向，瓜柱上生看桁条和负重桁条；与桁条垂直方向，瓜柱上生挑梁，挑梁的一侧架檐桁条，另一侧架檐内装潢用的翻棚。瓜柱顶上是承重桁条。这个斗拱结构，显示出开城能工巧匠建筑水平的高超。

开城古民居融合了江淮古民居和徽州古民居的特点，大到建筑的布局处理，小到构件的设计用料，处处显示开城能工巧匠的智慧，也显示古镇人对建筑美学独特的理解和追求。如果您有兴趣，请来开城逛逛，让这些古民居带您走进开城人斧劈锯割、凿錾刨行的老故事，静静欣赏青砖小瓦石板路上开城人的喜怒哀乐。

濡须织染看开城

织布机的机梭往来穿梭，“叭叭”的响声传到屋外；而屋外，是另一户人家的机坊，他们也在织布，机梭穿梭的“叭叭”声也传出来……20多个机坊、300多台织布机穿梭的声音交融在一起，从早晨一直响到深夜。这是年近百岁的老人们对开城河西老街织布机坊的记忆，它们是开城工商历史中一首铿锵的抒情诗。

开城镇虽然偏居无为州西乡，但它自古就是淮南地域沿巢湖西通往长江商道上的重要商埠，又是无为州到舒州、庐州商道上的重要商埠，这一切为开城传统手工业特别是传统织染业的发展奠定了基础。

一、纺织印染技术的传入

人类从“不织不衣”到“而衣皮苇”，再到“妇织而衣”，经历了漫长的过程。因为衣服是生存的基本需要，我们的祖先在西周时期就制造出原始的纺织机械，唐以后纺机和织机日趋完善，明朝宋应星的《天工开物》已经将纺织技术编入其中。

古代开城地域的人们如何纺织印染呢？地方志书没有专门记述，历史文献资料也没有说明，我们只能借用陈寅恪“以诗证史”的方法，通过文学作品侧面印证。

汉代乐府诗《孔雀东南飞》讲述的是庐江郡小吏焦仲卿和刘兰芝的爱情故事，发生于皖城即现在安徽省潜山县境内。当时的无为地域包括开城，和潜山一样都属于庐江郡。诗句“十三能织素”不仅说明江淮一带的织布技术在当时已经初步成熟，也说明纺纱和织布是当时年轻女子的日常工作。

西晋“永嘉之乱”到南北朝时期，中原人大量南移，他们带来了中原先进的纺织技术。“安史之乱”后，安徽特别是江淮一带社会稳定，纺织技术飞速发展，农民已经用纺织品折成米粟缴纳税银，白居易甚至说“亳郡轻纱甲天下”。宋金对峙时期，北方特别是中原大量劳动力南迁，有不少纺织工匠在无为地域定居下来。

↑“赵同心”机坊旧址

清《无为州志》没有古开城乡纺织业的具体记载，但有无为地域纺织业的情况记录，具体是：“州民虽浴蚕收茧，究非专业。乡之南多植木棉，纺绩成布，较他郡邑佳。”说明明清时期无为地域不但种植棉花，而且纺织业十分发达，比其他地方好一些。

印染业呢？宋应星《天工开物》记载：“织造尚松江，浆染尚芜湖。”著名史学家翦伯赞说，明代中国有五大手工业区域，其中浆染业盛行的芜湖是一大区域。无为和芜湖一江之隔，印染业受它的影响十分明显。

二、棉花广泛种植

汉唐时期，开城人纺织的都是麻，纺纱即古书里说的“绩麻”。

汉代以后，棉花由水路和陆路慢慢传入中国。唐朝时，还没有“棉”这个字。元稹诗句“大布垢尘须火浣，木绵温软当绵衣”，“木绵”和“绵衣”用的都是“绵”字。因为棉花的广泛种植，宋朝才新创了“棉”字。

北宋时期，棉花种植由两广和福建推进到长江和淮河流域。南宋末期，时人在淮南田歌中咏唱道：“江东木棉树，移向淮南去。”无为军属南宋的“淮南道”地区。元初王祯《农书》说，南宋后期，棉花“种艺制作之法，骎北来，江淮川蜀既获其利”。元代的另一位农学家鲁明善长期在安徽地域为官，他曾著《农桑衣食撮要》，提倡棉花种植。无为位于江淮之间的南部，最早在唐朝，最迟在南宋时期开始棉花种植。大规模种植棉花，说明当时无为地域的纺织业已经比较发达。

《元史》记载，至元二十六年，即公元1289年，元政府在江南地区遍置木棉提举司，“责民岁输木绵十万匹，以都提举司总之”。至元十四年，即公元1277年，无为军曾短暂升为无为路，虽然没有资料可以证明当时无为路设置了木棉提举司，但无为与江南一江之隔，气候基本相同，老百姓受其影响大面积种植棉花是肯定的。《元典章》卷二十六记载：至元二十九年，即公元1292年，中书省命江西行省“地税内折收木绵白布，已后年例必须收纳”。《元史》卷九十三记载：元成宗元贞二年，即公元1296年，定征江南夏税制时，正式规定“夏税则输以木棉布、绢、丝绵等物”。夏税的一部分以木棉布折纳，说明元朝前期长江沿岸已经普遍种植棉花。由此可以推测，当时无为已经开始在较大范围内种植棉花，并开始纺织棉布。

明朝朱元璋称帝前曾以江淮一带为根据地，强令农民种植桑、麻、棉；称帝后，下令凡民田五亩到十亩的，栽桑麻木棉各半亩，十亩以上的加倍，加种棉花的免除赋税。

棉花种植面积的扩大，也是顺应市场的需求。《明太祖实录》记载：洪武九年（公元1376年）夏四月己丑，“绵苧布一匹，折米六斗，麦七斗”。洪武三十年（公元1397年）冬十月癸未条：“绵布一匹折一石……绵花一斤折米二斗。”当时，一匹布折米六斗、麦七斗，一斤棉花折米二斗。巨大的经济利益激发了百姓种植棉花、纺纱织布的热情，从此麻布逐渐被棉布替代。

棉花的种植对于土壤干湿和气候条件要求高，这时无为山区农民大面积种植棉花，积累了一定的经验。明代徐光启的《农政全书》记载：“江花出楚中。”出“江花”的楚中，当然包括无为地域。清《无为州志》记载：“明志云：木棉山乡种艺颇多，民贫不暇自谋，率货之外商。”

开城地域丘岗地较多，在丘岗地上种植棉花，和在湖田里（明朝以后才称圩田）种植水稻形成互补。

三、机坊

开城人称织布的作坊为机坊。有专家指出，机坊是开城当年很有特色的行业，是本土内生的手工业商品经济的萌芽。

明清时期，开城的湖田地域多种粮少种棉，会纺纱织布的人少；丘陵地域岗地多，棉花和山芋兼种，纺纱成为主要副业，甚至成年男人也会纺纱织布。清末和民国时期，随着芜湖印染业的兴盛，开城的印染业也发展起来。1942年出生于幸福村丁庄自然村的赵实践在自己的回忆录《甘苦人生》中这样记录：“种出的棉花请人加工成棉絮，母亲用来纺纱，再请人织成布，母亲亲手染色，再缝制衣、被。”这说明幸福村一带的农民自给自足，具

↑“戴永丰”机坊旧址

↑ “赵新中”机坊旧址

有种棉花、纺纱、织布、染色和缝衣一条龙的生产能力。

清末巢县纺织业发达，但该地土匪多。为了躲避土匪，巢县的织布匠人逃到开城谋生。1938年年初，侵华日军为了打通淮南铁路，沿裕溪河北进，占领巢县和合肥地区。为了躲避日寇的烧杀淫掠，尚礼岗和巢湖西岸的许多织布匠人迁居开城，以织布谋生。

1940年左右，开城的机坊有20多家，仅永安河西的老街既有织布作坊又开门面卖布的机坊，就有10多家。从西关到河下，沿路分别坐落着童荣远的“童永记”机坊、张义凡的“张恒昌”机坊、赵兴宜的“赵同兴”机坊、童荣营的“童兴源”机坊、戴明传家的“戴永丰”机坊，没有店号的机坊还有童荣高机坊、肖先三机坊、戴以海机坊、赵兴全机坊、宋胜银机坊，此外还有童荣宏、童达信、童达全、肖先伦、李耀庭、赵老五家的机坊。这些机坊占开城河西中街市面的半壁江山。

开城河西中街的机坊里，有人来购买布料，有人来出售线纱，或者来料加工，行人络绎不绝。附近的酒楼和茶馆里坐满无城、襄安、巢县、白湖、庐江、枞阳，甚至芜湖、宣城、合肥的客商。白天和晚上，街后机坊的织布声不绝于耳。有人根据机梭“嘀嗒嗒、吧嗒嗒”的穿梭声编出顺口溜，说开城西街整天响着“跌倒啦，滑倒啦，开城人富得流油啦”的顺口溜。晚上，人们在两台织机间放一盏呼呼作响的汽油灯，这汽油灯把机坊照得亮如白昼；人们在灯下不停地织布，一派忙碌的景象。其中戴家、赵家机坊汽油灯最多。

20世纪40年代，开城机坊除了织白坯布，还织条纹布。织布工人都是男性。除了自家男人，机坊还从乡下雇用男工。曾在开城镇教办工作的童天银介绍，自己家当年开过机坊，有四台织机；小时候，他经常起早贪黑地织布，一天能织一匹布呢。开城的女人们除了上灶，也就是煮饭，一般只纺纱不织布。

抗日战争时期，新四军七师司令部设在徐岗的三水涧。开城是共产党、国民党和日军势力的交汇地区。为封锁根据地，日军禁止棉纱棉布入内。新四军七师为解决军民衣被的困难，鼓励纺织，这也给开城机坊业的发展提供了机遇。那时候，开城一带的许多人家种植棉花，幸福、旺盛、羊山、龙太、大同、六店、都督一带的妇女日夜纺线。机坊把线纱收购起来，织成布，再交染坊染成灰色，然后卖给新四军七师做军衣和军被。

需要说明的是，开城机坊的织机与时俱进。清末和民国初年，开城机坊的织机多为木质结构，织出的布宽为一尺八寸、长为两丈左右；一个男人从早忙到晚，大约可以织一匹布。1946年，开城的宋家机坊从芜湖买进铁质织布机两台，该织布机是国外制造的。从此，开城的一只脚踏入现代纺织的新时代。

四、染坊

从前，开城普通农家如果想把家织的白布染色，往往选取青绿的乌臼树叶，先把它捣碎煮沸，捞出杂质，然后把白布浸泡到乌臼树叶的浆汁里。一天后，把布捞出，晒干。这样，白布就被染成绿色。有的把槐树花摘下来，捣碎煮沸，用它可以把白布染成黄色；把桑树果摘下来，捣碎煮沸，用它可以把白布染成紫色。出生于幸福村丁庄的赵实践回忆说，1949年前他母亲能够给土布“亲手染色”。

为了考证开城染坊技术成熟于何时，我们

↑ 刘家染坊的石库门

把目光投向与无为一江之隔的芜湖。明朝中后期，随着色纸、色布远销海内外，芜湖浆染业的技术在国内处于领先地位。清朝末年，芜湖成为中国浆染最发达的地区。《中国通史》记载，清末“芜湖成为浆染棉布的中心，松江商人把织好的棉布运往芜湖浆染”。

1876年，《中英烟台条约》签订后，芜湖纺织业、印染业迅速发展。20世纪初，无为地域的小业主纷纷看好芜湖市场，许多人家连人带机到芜湖中小作坊入股，或租房自立门户，从事纺纱、织布与印染，直接参与市场竞争，江北的“外来户”占据芜湖纺织印染业的半壁江山。江北的“外来户”，许多原本是无为及开城机坊和染坊的从业者。

民国时期，开城最大的染坊是位于河西老街的“刘永兴”染坊，它的主人刘习之，从尚礼岗的赵家桥搬来，民国初年从事印染业。起初，“刘永兴”染坊主要从事手工染色。一是锅染，即把染料也就是粉状的硫化黑放到锅里，或者把糕状的蓝色染料放到锅里加水烧沸，再把白布放入锅里染色。二是缸染，即把四口很大的缸放在一处，四周砌上砖；再把染料和水按一定比例调好，倒入缸里；最后在大缸之间的缝隙间烧大糠，用小火把缸里的水煨热，然后把白布放到缸里，浸泡搅拌。一般来说，这几口缸里的水永远不更换，如果颜色淡了，再加染料。

“刘永兴”染坊能够染黑色、蓝色和杂花三种类型。杂花一般是被面和蚊帐。染杂花工艺比较复杂，首先需要制花版，即在一块硬纸版上雕上镂空的花纹；把花版放到白布上，用黄豆粉和白石灰调成糊状物涂到镂空的地方，再拿下花版，让糊状物粘在白布上；然后把粘有糊状物的白布放到阴凉的地方，晾干之后，把它放到大缸里染色；染上色后，晾干，手工刮掉黄豆粉或白石灰的糊状物。这样，染到色的地方是蓝色，被糊状物覆盖的地方没有染到色，就是白色。这种蓝白相杂的印染品和蜡染十分相似。

抗战胜利后，开城的染坊已经能够印染红色和咖啡色，能够印花被面、花毯子。随着开城印染业的名气越来越大，“刘永兴”染坊沿永安河南下，到襄安开办“刘永兴”染坊分店。

开城的“蔡必礼”染坊、叶家染坊也比较大。

五、经营形式

明清时期，开城的许多农家有纺纱机。农闲时期，特别是阴雨天，千家万户的妇女坐在纺车前，用自家种植的棉花纺纱。

那时候，有织机的人家较少。农家纺出纱，要想织成布，有两种办法：一是把纱送到有织机的人家，请他们加工成布，适当支付加工费；二是把纱卖给机坊，再买布做衣裳。

那个时候，开城地域包括开城社区和六店社区一带有许多机坊。这些机坊长年累月代客加工布匹，或者自己生产布匹销售。

一些染坊常常定期到乡下巡回服务，他们带着染料和工具到乡下为农家染布，收取加工费和材料费。大染坊集中在开城集镇一带，它们或为布店来料加工，或为散客提供来料加工服务。

种棉、纺纱、织布、印染和开设布店，民国时期开城的棉纺织业、印染业和棉布销售，已经形成一条产业链，在皖江北岸特别是巢湖南岸的广大地区举足轻重。

六、与外界的联系

开城是长江经巢湖西到淮河商道上重要的集镇，南来北往的商家为开城带来天下的商品和商业信息，也带来先进的纺织、印染技术；开城人利用水路的便利，与南京、芜湖、安庆、巢县等地建立联系。民国时期西都圩的胡玉江家，有大帆船专门跑开城到芜湖的客运航线，把开城与南京、芜湖、安庆等城市连成一体。

开城的织染业受芜湖的影响较大。民国初年，芜湖的纺织业特别是印染业发达，开城的许多机坊把家织的土布送到芜湖销售。后来芜湖的纺织厂把洋布运到开城销售，挤压了开城传统纺织业的空间，促使开城传统纺织业转型。开城印染业受芜湖的影响更大。当年开城最大的染坊“刘永兴”染坊的刘习之，不但从芜湖购进染料，学习印染技术，还把自己的三个儿子刘启尧、刘启超、刘启吾全部送到芜湖读书。这从另一面说明芜湖对开城织染业的影响。

抗战初期，开城的纺织业受巢县影响较大。1938年日寇由芜湖渡江北进，与合肥一带南进的日寇汇合，准备向西占领安庆，进攻长沙和武汉。那时，日寇没有占领开城。为了躲避日寇的铁蹄，巢县的纺织匠人纷纷逃往开城地域，促进了开城传统纺织业的发展。

开城的织染业与旧上海的织染业也有联系。因为家纺的棉纱粗，织出的布不漂亮，开城机坊多次尝试用“洋纱”（现代纺纱机纺出的细纱）织布，他们曾经到芜湖、南京、镇江一带购买“洋纱”。1946年左右，开城的童家、戴家、宋家、赵家等5家机坊，通过在上海跑单帮的亲戚帮助，用布袋装着现金，乘船到上海十六铺，再到洋树浦也就是后来的国棉九厂一带购买“洋纱”。经历过此事的童家机坊的后人回忆，“洋纱”按粗细分24支、32支，一卷重量相同的棉纱，因支数不同，长度肯定不一致，织出布的厚度和长度不一致，漂亮程度也不一致，价格当然也就不一致。如果不懂行，你买细纱，他们给你粗纱，你可能都不知道。

当年开城一行人进了上海棉纱的卖场，就有骗子迎上来。卖方老板为了不让开城人受骗，只得把他们请到一间房子里，等谈好价格，验过货，付了款，再把他们送上车。虽然是乡下人进城的故事，但从侧面可以看出开城织染业与上海的某种联系。

西都圩蔗糖制作小史

许多人知道开城镇西都圩的“永安大米”好吃，却不知道历史上西都圩的蔗糖远比大米有名。明朝时期，西都圩的蔗糖曾经作为无为州的贡品，千里迢迢运往南京和北京呢！

西都圩有好几座山，它们是石山嘴、侯家咀、神降坛、老虎山等。明朝时期，孙氏、王氏、张氏、徐氏、夏氏等家族迁居西都圩开垦荒地，种植稻米。农闲时他们挑土筑堤，或者驾着小船夹塘泥，既疏通河道，垒高庄稼地，又作为肥料提高地力。一年到头，忙忙碌碌。

↑ 红糖制作

跟随他们迁居而来的，是甘蔗的引种。也许是机缘巧合，也许是天作之合，他们无心插柳的引种，把甘蔗与西都圩大大小小岗坡并不规整的土地，与这片土壤的有机物质结合到一起，再施加菜籽饼，生长出甜度极高、口味独特的甘蔗。每年冬至前后，经霜的西都圩甘蔗又甜又鲜又嫩，吸引了远近许多人的目光；再把它们收藏到地窖里，可以吃到来年的二月呢。

传说当年海瑞到无为州巡察，官船经过开城桥。春风吹拂，乍暖还寒，海瑞感到口干舌燥，便泊船上岸喝茶。看到永安河边有人售卖窖藏的甘蔗，海瑞着人买来一根解渴。又冷又甜的甘蔗汁水，使海瑞口中津液顿生，好似被激灵一般，立即有了精神。他知道自己遇上了好东西，便让人买了几捆甘蔗带到南京，作为礼品送给朋友。南京的达官贵人得知开城桥窖藏的年前甘蔗特别好吃，特意开船来买。

从此，每年春节过后，无为州都选用西都圩窖藏的优质甘蔗作为贡品，用快船送往南京和北京，供皇上和大臣享用。苏州和杭州的有钱人也纷纷前来订购。春日里，西都圩甘蔗缕缕清凉甜蜜，不知润泽了多少口干舌燥之人的心田。

因为甘蔗难以保存，而甜美的滋味人们时时需要，西都圩人就榨取甘蔗汁熬制红糖保存。基本做法是，制作一个三滚的木榨机，其中的大木滚兼传动轮，上面安九个木齿，带动另两个五齿的小木滚，即从动轮，使大木滚和两个小木滚相向运动；木滚相向运动时，有人把霜后冻前的甘蔗递到木滚中间，甘蔗被两个转速不同的木滚吸进去挤压，汁液随即流出。考虑甘蔗被挤压一遍，可能残存汁液，他们在另一端接出甘蔗渣后，又递进两个木滚之间，重新挤榨一遍。

三个木滚是用榆树或者檀树等硬木制作而成的。带动大木滚的是固定在它内轴上的横杆；拉动这根横杆，转动大木滚，可以同时带动两个小木滚作快于大木滚的转动。为了拉动横杆，可以人推，也可以让老牛拉动。昏黄的油灯下，一头老牛拉动横杆，木榨边站着两个人正在榨甘蔗汁，这是旧时西都圩木榨作坊制作红糖的画面。

榨出甘蔗汁后，接着便是熬糖。一般来说，一百斤甘蔗汁能够熬十二斤红糖。它的操作程序是，先把锅里的甘蔗水熬得变稠结块，再放入小苏打；陡然停火，在没有加温的情况下用大锅铲不停翻炒，使锅里结块的糖汁渐渐变成颗粒状。如果是给妇女吃的，可以放入红花。等到锅里的糖粒变冷，倒入专门的容器里，那红糖慢慢往下淤。这样的红糖富含葡萄糖和果糖，是妇女、老人和儿童滋补身体的佳品。

西都圩人熬糖从来不用木柴烧火，而选用稻壳。因为木柴烧火不能陡然熄火，余火往往会把铁锅里的红糖烧焦，而稻壳加风箱烧火可以陡然停下，并且灶膛里余火不多。

自明到清，再到民国时期，西都圩出产的红糖在无为、庐江和巢县一带十分有名，远销繁昌、铜陵、枞阳、桐城、合肥等地。因为产量有限，特别是它甘甜的味道和补血的功用，一直被视为馈赠亲友的佳品。

陆家庄的熏香制作

朋友2007年去我国香港地区旅游，发信息告诉我说，看到寺庙里用的盘香生产于开城镇大同村陆家庄。朋友认为陆家庄的盘香是地域著名特产之一。

盛夏的太阳白得刺眼，一点风都没有。2019年8月，下午的太阳晒得正烈，我们前往陆家庄搜集该村熏香制作的历史资料。汽车穿过庄稼地，在村口停下来。第一户人家关着门，第二户人家的门开着却没有人。顶着盛夏的

↑ 熏香

烈日，我们走进第三户人家。这户人家姓孔，年过七旬的男主人正在家里睡午觉，女主人在照料被竹篱围在客厅的小鹅。

来陆家庄采访前我做过功课，知道“陆家庄”里姓陆的人家很少，可能以前姓陆的人家多吧。现在，村里居住的多为孔姓和徐姓人家。孔姓郡望山东，是从开城孔家大墩迁居来的；“石麟堂”徐家是从北京房山迁居来的。他们制作熏香的手艺是从山东传来，还是具有北京特色呢？我们想探究一下。

“大爷，我们想到您家躲一躲太阳。”朋友是陆家庄人，他与村里的许多人家很熟悉。

男主人立即把我们请进屋。女主人看看我们，把那群小鹅赶到屋后。

在吊扇下面坐定，“呼呼”的风声里，暑热渐渐消散。我问：“你们村许多人家做熏香，是吧？”

男主人告诉我，小时候他们村有10多户人家做熏香。他们做的熏香送到九华山、普陀山，成为香客敬佛的供品。20世纪70年代后，陆家庄家家户户做熏香，熏香卖到北京、广东……话匣子打开后，男主人连续不断地向我们介绍陆家庄制作熏香的历史。

我问：“什么时候开始做熏香的，你晓得吧？”

“应该是古朝。”男主人不清楚自己村子具体什么时候开始制作熏香。

史料记载，汉武帝时期中国产生了炷香。唐朝时，熏香已经成为时尚。正是这个时期，朝廷设置开城县。专家推测的开城县城的遗址与陆家庄不超过两公里。宋、元、明时期，无为地域佛教盛行，对熏香的需求量很大。

我问：“是徐家先做的，还是孔家先做的？”

他回答说不清楚。

我调整采访的方向，问：“熏香的制作原料是哪些？”

“有檀树、榆树等”，说起制作熏香，男主人的话多了起来。他说当年陆家庄制作熏香，先从大别山购进杂树，主要是榆树。把原料采购回来后，把它们打成粉末，比锯屑还要细的粉末，应该与细面粉差不多；然后根据需要掺入香精；再用开水烫，像揉面粉一样把它揉熟；最后放到专用机器里，挤压出面条一样的香条，熏香就基本成型了。

我问：“你们的熏香有哪些样式？”

男主人告诉我，熏香原料被专用机器挤压成面条状后，先放到摆箩上，手工盘出各种造型，再放到网箩上拿出去晒干。一般来说，熏香分本色（土色）、红色、绿色三种；盘香有22盘、38盘、42盘，最长的一盘能从正月初一烧到正月初七。熏香做好后，有的送到庙堂，有的送到商店。现在，开城一带还有人专门贩卖熏香呢！

对于陆家庄制作熏香的规模，我想了解。

“古朝的规模我哪里晓得呀！”这家的男主人说20世纪70年代，他家农闲时做香。那时有个名叫徐先平的，他家制香的规模非常大，雇用了20多人呢！

顶着烈日，我们在陆家庄转了一圈，没有找到正在做熏香的人家。再回到先前采访的人家，女主人告诉我，现在是机器制作熏香，纯手工制作熏香费时、费力，还卖不上价，人们不愿意再做了。

我知道传统手工业在大机器生产面前生命力十分脆弱，陆家庄手工制作熏香的技术不久可能失传，但它是开城历史的一部分，是开城人精神信仰和手工制作结合而成的产物，不但记录了开城人的匠心，还从另一个角度记录了开城人的心路历程。我本来不想为它写点什么，但还是写了，目的是为日后研究开城手工业的学者提供材料。

范家洼棉匠走天下

城市或者集镇的小巷里，时不时会传出“嘎嘚嘎嘚”弹棉花的声音。喜欢热闹的小孩以为那是美妙的音乐，会跟着棉匠弹出的节奏哼唱。大人听到这个特有的声音，知道这里有棉匠，如果需要弹棉絮就会过来与棉匠谈一谈。而这个棉匠，十分可能是开城镇龙太村范家洼的师傅。

范家洼坐落在襄开路一侧的高地上，大约200来户人家。这里的棉匠弹出的棉絮质量上乘，不但无城、襄安一带人家嫁女儿娶媳妇要请他们弹喜絮，宣城、池州、铜陵、巢湖一带人家弹喜絮时若听说棉匠是范家洼的，便会心甘情愿多付一成的工钱。范家洼棉匠甚至在江西、江苏等地也很有名气。

2019年7月6日上午，我来到范家洼，采访90岁高龄的老棉匠范守平，请他介绍范家洼棉匠带着絮弓和揉盘走天下的历史。

“我们是赚钱养家糊口呢，哪里是什么走天下呀！”身体硬朗的范守平说：“20世纪60年代到70年代，搞集体经营，我们家里人口多，不够吃，不得不想办法。想什么办法呢？老话说，荒年饿不死手艺人。老祖宗给我们留下弹棉絮的手艺，我们就出去为人家弹棉絮挣钱。”

↑ 弹棉花

《范氏宗谱》记载，范家洼人清乾隆年间就经常外出为人弹棉絮，他们的手艺在无为州和巢州、庐江县一带十分有名。

“我们一般在收了晚稻后出门，那时新棉花也上市了。带着絮弓、弹锤、揉盘等工具到巢县、庐江，或者坐船到江南，走村串户，一忙就是几个月。过年回家蹲几天，过了上七就又出门。等到二月底，要栽早稻了，我们才回来。”

范守平老人说得十分轻松，却也包含着许多无奈和艰辛。他说：“开头几天，有时没有人家要弹棉絮，我们没有住的和用的，身上本来就没有带什么钱，糊嘴都难……我们只能好话说尽，借宿到好心人的家里。陌生人家能够让我们

‘捣腿’，那也是不小的情分呢。”当然，头几天不开张的情况比较少。因为范家洼棉匠上半年回家栽早稻前，往往和几户人家约好，下半年直接去为他们弹几床棉絮。

范守平老人说，范家洼的棉匠受欢迎，主要是他们技术好、肯吃苦，把棉花铺得非常均匀，再加上网纱细密、揉压平实，棉絮盖过十年八年不变形，从来不会出现网纱与棉絮两不粘的现象。

关于弹棉絮的工艺流程，范守平老人告诉我，传统弹棉絮的工艺有五道。第一是“出坯”，即把皮棉铺到板上，用手指粗的檀树棍子敲打，先把皮棉打得蓬松起来。第二是“弹熟”，即用木弓牛筋弦一点一点地弹，把所有的棉花弹一遍。这是最累最辛苦的活。第三是“铺棉”，即根据需要把出熟的棉花铺成棉絮的形状；是喜絮的，还要用红线排双喜字，或者用彩棉排“喜鹊登梅”图案。第四是手工“网纱”，用特制的工具把纱线网到棉絮外层。最后一道工序是“揉盘”，即抓着檀树大盘的把手，把铺成形、网好纱的棉絮压实。

弹棉絮虽然灰尘大、噪声高，忙碌一天下来腰酸背痛，但弹棉絮是技术活，加之日子过得不错的人家才有钱弹棉絮，所以主家都是好饭好菜招待。范守平老人说，从前他上门为人家弹棉絮，主家管吃管住，弹喜絮、寿絮的还要送喜蛋；要是为新生儿弹抱被，应该边弹边“说好”，主家包了喜钱送了喜蛋，是不应该再收工钱的。

说起弹棉絮，范守平老人的话多了起来，这个时候他似乎又回到年轻时的岁月，回到弹好棉絮被人称赞的时候。说着说着，老人停下来，眼里闪烁着些许泪花，是怀念那个弓弦“嘎嘎”弹响的岁月么？是被往昔酸甜苦辣生活的回忆打动了吗？我不知道。

说起来，当年范家洼棉匠外出弹棉絮真的不容易。范家洼的棉匠都是农民，20世纪60年代到70年代，他们外出弹棉絮是需要生产大队开证明的，而要大队开证明必须完成生产大队的工分。怎么办呢？他们只得把自己在外弹棉絮挣得的大部分工钱交给生产大队，折成工分，那样大队才愿意为他们的外出开身份证明。当然，半年的外出，棉匠个人大约也有200元的收入，这在那个年代可是天文数字哟!

“老祖宗留下的手艺救了我们呢！”范守平老人感叹。

当年的范家洼，有近一百个男人农闲时在外弹棉絮。他们走村串户，弓弦响到哪里，便在哪里解决吃住问题。

现在，范家洼大约有20来个棉匠常年在外弹棉絮。

说起弹棉絮时弓弦的声音是否有音乐感，范守平老人说那是人们凭空想出来的。棉匠那么累，哪里有什么心思哼呀唱呀的！他的儿子却另有解释，说“出坯”和“弹熟”，是体力活，弓弦发出的声音和打夯声一样，体现力与美；铺棉后做面子，需要轻轻弹，弓弦发出的声音轻柔悠长，体现的是柔美。

匠人匠心说开城

幸福村位于羊山西部。明清时期，那里许多木匠、泥瓦匠和漆匠的手艺代代相传，其中的一棵松、花汪等自然村，大约有一半以上人家的男人凭木工手艺养家糊口。农闲时，男人当木匠，女人则纺纱织布，即使是1949年后，这样的生活方式还延续了一段时间。

王如荣的祖父和父亲都是木匠，他们使用的工具，至今还被保留。清朝末年，王如荣出生于幸福村一棵松自然村。他上过几天私塾，知道加减乘除四则运算。在祖父和父亲的言传身教下，王如荣木工手艺大有长进，“大小方圆”样样精通。出师后，王如荣很喜欢琢磨工艺，比如一般小木匠打榫眼，公榫母榫尺寸会一样大。而他却根据公榫和母榫树质的不同稍有缩放。在母榫确定的情况下，要是用硬木做公榫，他会严格按尺寸去做；要是用杉木做公榫，他会稍稍放一点尺寸。这样打出的榫眼既牢固，又不会把母榫绷开。

一般木匠打水桶，故意把木板中间放一点尺寸，好使木桶中间鼓起来。但这样的木桶底往往容易漏水。王如荣打木桶，虽然把木板中间放一点尺寸，却在里侧稍稍收一点。这样的木板团成木桶后，在中间和下面打两道箍，桶底肯定不会漏水。

1940年，无城有个大户人家的木结构的房屋歪了，请了许多高手观察，都说必须拆了重建。王如荣左看看，右相相，请人先撑起一根木柱，再在原来的柱枋结合处加一个木键，就扶正了那五间将要倒塌重建的房子。

↑ 王如荣设计制造的棉花辊子的主要配件

20世纪50年代，羊山粮站做仓房，工匠把大梁做短了三寸，一时不知如何是好。羊山乡政府请王如荣到场看看，寻找补救的办法。他绕着现场转了三圈，提示工匠在墩柱上想办法，即在墩柱上架一短梁，用短梁托起大梁。在王如荣的指导下，这个难题迎刃而解。

羊山附近有一座电动排灌站，房子造得很矮，夏天不透气，想拆了重建，却没有资金，便请到王如荣出主意。王如荣里外看看，建议在两根二桁上分别生出两根立柱，在立柱上生出瓜梁，在瓜梁中间立柱，这样可以在原来房屋的基础上，往上加一层；再揭去一层脊桁和二桁间的瓦片，就能提高屋里通风透气效果。

1976年，开城区在永安河上建造永安河大桥，因为没有吊车，重达几十吨的钢筋混凝土大梁架不上去。那时的王如荣已经老了，他被请到现场后，建议在桥下铺滚木，再在滚木上架轨道，用传统的办法，终于把大梁架到桥墩上。

随着电动机使用的普及，与时俱进的王如荣年轻时期曾经自制木工机械。他的木工机械是角铁焊成的木工凳，凳子的一端安放小型电动机，用电动机带动电锯、电刨， 可以锯木板、车圆木。直到现在，他的木工凳还被人保留。

王如荣最出色的木工作品，是自制的棉花辊子。20世纪40年代末的一天，王如荣出工回来，看到母亲正用木棍敲打皮棉，使之蓬松，准备用它纺线。王如荣想起自己小时候对母亲的承诺，立即着手研制蓬松棉花的机器。经过不懈的努力，终于制造出棉花辊子。那棉花辊子用脚踏，带动皮带传动，辊子上不粘棉花；僵硬的皮棉被人送进去，出来后立即变得蓬松，可以直接纺线。1949年后，王如荣改木齿轮为钢齿轮，使棉花辊子更加坚固牢靠。

因为效率高，又实用耐用，王如荣制造的棉花辊子很快就风靡全县，并行销皖江。那时，巢县、庐江、泾县和南陵等多地来人参观，一些人购进王如荣制造的棉花辊子进行仿造。因为技术不达标，一直没能仿造出来。后来，王如荣还制造出脚踏打稻机和电动打稻机，它们用链条吸纳和传送稻把；打下稻粒后，再把稻把送出来。当时的严桥农具厂和无城农具厂，都到开城参观学习。

开城历史上还有许多优秀的老匠人，包括医匠、漆匠、瓦匠、铜匠、石匠、篾匠、银匠等，虽然他们已经不在人世，但他们的工匠精神已经融入开城人对世界的认识和研究的方法里，融入开城人职业价值取向和行为方式里，成为开城地域文明进步的重要标尺。

商业荣昌

开城的老字号

许多古镇有名闻一方的老字号。这些老字号不仅在商业或者手工业领域统领一方，并且是传统工商文化的载体，寄托着人们对古镇的美好情感。作为千年古镇，开城的许多老字号承载着开城人的美好回忆，有些老字号不但影响无为西乡和南乡、巢县南乡和庐江县东乡的广大地区，甚至在皖江、在南京都有广泛的影响。

行走开城，徜徉于永安河畔青砖小瓦的老街，看到老铺子染着夕阳的余晖，听到老住户的连连赞美和声声叹息，再嗅一嗅永安河清凉的风里夹杂的米酒一般醉人的气息，让我们乘坐记忆之船走进清末、走进民国时期的开城，寻找这座古镇千年不衰的基因。

↑油画《古镇开城》。左侧是“圆大”酱坊旧址（朱为民作）

一、酱坊、糟坊

从前的开城河西老街，一直被酱香和酒香笼罩着，无论白天黑夜，无论春夏秋冬。

走进河西老街的东闸口，映入眼帘的第一家老字号是“万裕泰”酱坊。“万裕泰”酱坊是万氏家族开的，传到民国时期的万午桥手里已经是第六代。平日里，“万裕泰”雇用八个师傅，酿制和出售的黄豆酱、蚕豆酱、小麦酱以及其他酱制品，产品远销无城、巢县、合肥、芜湖、南京等地。

当年，“万裕泰”的豆酱、酱菜用陶缸装着，常年摆在店堂里。有顾客来买，跑堂的一声唱说，小徒弟便知道顾客要买什么酱、买多少，立即拿起一片干荷叶，挖好酱，再把酱品包好，用杆秤一称，大声报出重量和钱数，递给顾客，再收取银钱。有唱有和，热闹有趣。当年，“万裕泰”酱坊的大师傅十分厉害，他后来去了安庆，在“胡玉美”酱坊当了掌柜。

紧邻“万裕泰”酱坊的，是“圆大”酱园糟坊，它的老板是丁晓侯及其儿子丁楚波。虽然“圆大”门面只有三间，但是它后面有几十间房子，那是他们做酱和酿酒的地方。现年92岁的河西老街居民童天泰，小时候曾经在“圆大”帮过工，他说“圆大”负责管理的大师傅是合肥人周伴樵，他特别擅长制作“闷缸酱”；“圆大”酿酒不多，都是粮食白酒。

民国时期，开城老街还有“童茂丰”酱坊、“王复泰”酱坊。

每年春二月，开城四大酱坊都要先晒缸晒坛，再晒席晒筛，为做酱准备起来。那时候，永安河边的空地上到处都晒着筛席，真是一道靓丽的风景。梅雨时节一到，酱坊大师傅指挥人们烀黄豆、蒸麦面，开始做酱，为开城人固执的味蕾需求而忙碌。

酒呢？当年开城的街头日日有挑缸人卖自酿的米酒。那米酒是乡下老人用精选的糯米酿成，其味甘醇，其香清淡，是养生的佳品。白酒呢？除了“圆大”酿造白酒之外，西闸口边的“洪荣长”糟坊专门酿造白酒。“洪荣长”字号不怎么响，它飘出的酒香却十分迷人。

永安河波涛起伏，开城桥清风送爽。河西老街的酱坊和糟坊现在大多不复存在，但开城豆酱的鲜美和酒品的清香，固执地留存在许多人的记忆里，历久弥香。

二、糖坊

酱香和酒香让开城人的生活有滋有味，糖坊则能够增加人们的幸福感。

从前，开城街有“闻家糖坊”“杭家糖坊”“万裕泰糖坊”。他们把山芋烀熟，熬制成糖稀，再把米蒸熟、晒干、炒好，加入炒熟的花生米或者芝麻，做出花生糖、芝麻糖。开城糖坊做出的鸡蛋散子、花生酥、酥糖、方片糕、蜜蜂糕等，各具特色，远近闻名。

1938年后，常州人尤自海为躲避日寇的侵扰，来开城开办糖坊，后来他一度当上开城商会的会长。尤家生活的小巷现在被人称为“尤家巷”，而他家的杠子糖，至今还被人忆起。尤家制作的白糖饼子，是用焙熟的面粉包着粒粒白糖做成，咬一口，既有米面的焦香，又有白糖脆脆的口感。当年，有人把尤家的白糖饼子放到香油灯上烤焦了再吃，据说那样能够止咳化痰呢。

河东老街也有一家糖坊，它是先锋村王家大墩王子樵家的“王裕生”杂货铺，它也制作酥糖、饼干等糕点。

三、豆腐乳、黄烟店

人类的味觉需求十分奇特，既喜欢香又喜欢臭，既喜欢甜又喜欢苦。这种奇妙的味觉喜好，催生了开城的豆腐乳，也催生了开城的黄烟店。

开城从前有“沈发大”豆腐店，“圆大”和“童茂丰”也做豆腐，但是他们都不敢说自家的豆腐乳做得好。豆腐乳做得最好的，是开城乡下的老太太。早晨或是傍晚，老太太让自己的儿子挑着盛放豆腐乳的木桶，在开城沿街叫卖。有人拿着小碟上前，买几块红方或者白方的豆腐乳，回家用于“搭嘴”。说是“搭嘴”，其实是借豆腐乳闻着臭、吃着香的味道增加食欲。

↑ 霍家黄烟店旧址

开城河西老街曾经有一家黄烟店，店主姓霍。霍家先祖曾中武举，在四川任职；他留存在家里练武的石锁有80多斤重。霍家子孙后来开黄烟店为生。当年，他们自己收购烟叶，自己加工成烟丝，再自己销售。

抗日战争期间，皖江抗日根据地的禾苗烟厂一度迁到开城老街，在这里生产“大桥”牌香烟。

四、布店

开城人讲究口味之享，对漂亮的服饰更是梦寐以求，这从开城众多的布店可以看出来。

民国时期，开城最大的布店在河东，名为“丁强泰”布店，是丁锡斋开的，主要经营洋布和绸缎；洋布是从芜湖、上海进的，绸缎是从苏州、无锡进的。管事的人是吴六爷，雇工有10多个。当年，顾客到柜台上说声买布，学徒先提供多种布料供顾客选择。顾客选好布料，学徒照需求开出单子，用铁夹夹好，通过悬挂在柜台上方的铁丝，用力一甩，把夹着单子的铁夹送到收款处；顾客挪步到收款处交了费，再拿着单子回来交给学徒，学徒就可以为他撕下所选择的布料。这种钱货分开的经营方式，是开城人管理大型商场的方法。

↑“久康”布店旧址

“程永泰”布店是民国时期开城最大的土布店。“郑义大”布店稍小一些，由郑少英经营，主要销售土布。“久康”布店靠近西闸口，由徐铁成经营，兼营洋布和土布，但没有绸缎。“陶永新”布店由陶茂兰经营。“于悦如”布店由于厚民经营，有洋布也有土布。于厚民当过保长，能为自家布店拉到生意。当年开城还有“张志恒”布店，店不大，但许多人还记得。

开城附近人家姑娘开亲，媒婆领着男女双方，通常先到开城街摆一桌酒席，再到布店扯几段布。有姑娘家开出12套衣服的要求，从秋装到冬装；男方要是大方，再配4套夏装和鞋袜。姑娘的娘家也不寒酸，要从里到外配几套衣服，说是出嫁那天要穿娘家的衣服出门。

↑“叶品茂”广货店旧址

那个时候，开城众多布店的伙计很有功夫。一是手头功夫。他们为顾客扯布，一手翻布捆，另一手扯布，不用尺量，就能够准确扯下所需布料。二是眼上的功夫。春天或者秋后，看到几个人、有男有女一道来布店问询布料的价格，伙计立马知道这是哪家的姑娘和哪家小伙要订婚啦！他立即邀请来人坐下，先递一杯茶，再根据来人的衣着和脸色，估摸他们的家庭经济状况，推荐说成婚那天穿大红长袍好，或者说洋布细密平展，做出的衣服漂亮，或者说土布结实耐用，还不怕脏…… 一天的工夫，做成这笔大买卖就行啦。

有布店，就需要做衣服的针头线脑和纽扣等。从前，开城河西老街有“叶品茂”广货店，专门经营这类生意。虽然是毫厘之赚，也很不错。

五、碾坊、米行、杂货店

没有碾米机和磨面机的时代，需要把稻子和麦子放到石臼里舂，用磨子磨，才能加工成糙米或者面粉，于是就有了碾坊。开城大户人家的碾坊和仓房并用，他们在自家仓房前置碾坊，既把自家的稻子和小麦加工成大米和面粉出售，也代客加工。从前，开城河西老街有两处碾坊。南边的叫丁家仓房，在“圆大”酱坊后面，是丁晓侯家开的；北边的也叫丁家仓房，是另一户丁姓人家开的。

开城附近的西都圩、长城圩，是著名的大圩，稻米产量惊人，于是米行应运而生。从前开城的米行大多集中在西闸口外，分别有陈孝昌米行、朱亿财米行、伍家值米行等，河东有翟家米行。各米行到乡下收取稻米，或者坐家收购，再转运到芜湖、无锡销售，有的甚至卖到京城和山东。

有稻米外运，便又有了船业。民国时期，童达金家的大帆船能载2.4万斤。丁家、童家和钱家每年都要雇童达金家的大船跑几趟南京和上海，他们把自家稻谷整船地卖出去，再买回绫罗绸缎，或者自行车、照相机等时尚用品。民国初年，丁家和童家比富，展示过照相机、怀表和留声机。日寇进驻开城，童达金家的大船被日军强征。

童月章、阮方福家的木船相对小一些。

旧时开城量米的器具为斛。邢容钦《无为旧闻琐话》记载：“桥斛，开城桥之斛，与河斛相似。”又说：“河斛，河坝之斛，即一斛实卸八斗二升。”旧时规定，一斛应该是十斗，开城一斛只有八斗二升。

开城的杂货店有许多，名号叫得响的是“王裕春”杂货店。另有“隆兴”杂货店，是一个叫鲁三犟子的人开的。鲁三犟子兼开有油坊，当时的无为县县长曾经登门拜访。名号不大响的还有“王刚才”杂货店、“王益昌”杂货店、“杨昌好”杂货店等。

“童茂丰”酱坊和“万裕泰”酱坊也卖杂货。

六、药店及其他

↑“吴恒泰”药店旧址

人吃五谷杂粮，总有个三灾六病，生病就要吃药。民国时期的开城，最大的药店是“吴恒泰”药店，经营者为吴达奇。“吴恒泰”药店卖中药，大约在“圆大”酱园糟坊斜对面。后来药店遇到大火，门面缩到后面。又有人说“吴恒泰”药店是从江苏溧水搬迁来的，药店连门面加后面住家，共有10多间房子。

“同恒春”药店的经营者为王孝林。王孝林原本在“吴恒泰”药店当学徒，他出师后和朋友合伙开了这家药店。“同恒春”店面不大，只有两间房，曾经请一个姓朱的医生坐堂，卖的是中药。

民国时期的开城，还有“同康”药店、“李寿春”药店和“周无一”药店 。“周无一”药店是鲁中湘、周执培和周无一合伙开的。

有药店当然有医生。民国时期，车吉侯曾在河西中街开诊所，专治肿毒，安庆、合肥、徽州、宣城的病者经常前来求治。无城有官家妇女害乳痈，延请过四方名医，一直无法治愈。车吉侯几贴膏药，即为她治愈。1949年后，南京医科大学曾有师生来开城，寻访车吉侯膏药的验方。因为医术精湛，车吉侯的收入可观。后人拆除车吉侯诊所的地板，在下面竟然发现许多掉落不要的铜钱，据说多到可以用锹铲。

范笑天、李敬唐在河西老街开有诊所。李敬唐是西医，能给妇女接生。羊

↑ “童老七”瓷器店旧址

山的赵劲夫擅长中医，在河东开有诊所。会使九节鞭的赵家碧擅长治疗跌打损伤。

日升日落，春去春回。当年的酱坊、糟坊、糖坊和黄烟店已经不复存在，但开城人古老而固执的味觉享受依然保留；当年的布店、广货店、药店、瓷器店的店铺虽然依然存在，但大多改作其他用处；专业装裱字画的“王正和”裱画店，现在也已歇业；当年开城老街石板路上小商小贩的吆喝声和叫卖声，已经被清风吹走，成为永远的回忆……

契书里的开城

端详着面前摆放着的清道光年间到民国时期开城人留存下来的七份契书，包括兄弟分家契、田产买卖契、会契，以及清朝安徽布政使司的“官契”，这其中还有诗人田间的塾师程慎卿执笔的合建土地庙的契约……我希望自己的目光穿透千百年来开城人经商、种田、分家和金融等繁杂的经济活动，寻找世俗社会买卖商品、分割物品、继承财产的契约里蕴藏的精神层面的东西。

几个月过去了，我还是理不出头绪。

契书是双方或多方共同协议订立的有关买卖、抵押、租赁等关系的文书，它是约束双方或者多方行为的合同。开城是巢湖南岸最古老的集镇之一，工商业和农业发达，人们经济交往频繁。随着开城私人物品的买卖、典当、租佃以及借贷、设会（民间小规模经济互助形式）情况的发生，留下大量的契约。这些老旧的契约能够反映开城人之间怎样的经济关系呢？契约作为约束人们交易行为的特殊媒介，直接参与人们的经济和家庭生活，发挥着怎样的作用呢？

我在开城的大街小巷和田野阡陌行走，寻找开城人契约精神的踪影。我问商家，你租门面写了租房合同吗？他不屑地回答，当然要写合同的！我再问，合同能不能遵守？商家没有时间理会我。我问种植大户，那100多亩的土地流转到你手里有合同吗？他笑起来说，农户一个个都精得很，没有合同他们哪愿把自家的土地转给你种！我问，要是遇到大灾年份颗粒无收，你还能按合同支付土地承包流转费吗？种植大户不高兴地说，你净提那些闹心的事呀！说完转身忙自己的事去了。

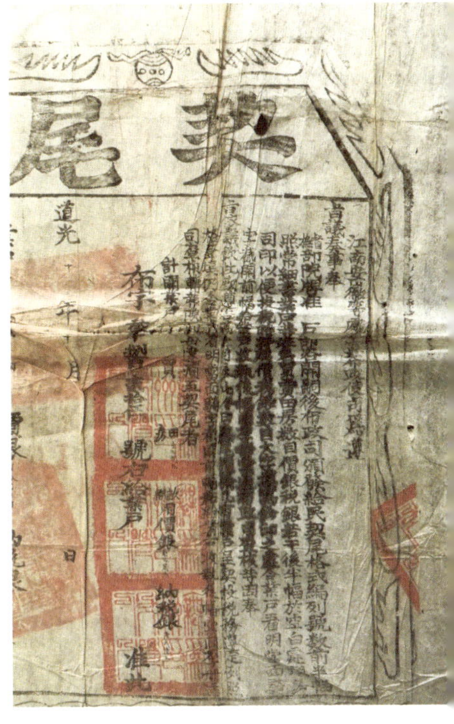

↑ 清道光年间开城地域使用过的官契

人来人往，货进货出；麦子金黄，丰收在望……人们似乎没有时间理会我的疑问。作为开城历史文化资料的搜集整理者，我再次把目光投向自己手里的那七份契约，还有散落在一些人家家谱里的土地、房屋买卖契书，希望能够寻觅到古代开城人的商业行为规范，希望从契书里寻找到他们的契约精神。

一、格式：精细化的设计

“民契”是在乡规民约基础上形成的契约样式。开城民契格式上精细化的设置，能够反映开城人商业交往中思维的缜密。

研读开城老旧契书发现，民间书写契约必须在契文的文首提及当事人的姓名，在契尾有当事人的签名或者画押，做到二者合一。清道光十四年，即公元1834年，张朝贵卖田塘契的开头是“立杜卖田塘山地文契人　张朝贵同弟等”，契尾有“立杜卖田地山塘文契人　张朝贵”，并有张朝贵的画押。道光九年，即公元1829年，钱存高卖田契的开头是“立杜卖田契人　钱存高”，契尾有“立杜卖田契人　钱存高”，并有画押。这样的契书首尾呼应，再加上捺手印或者画“十”字，无法伪造。需要说明的是，“立杜”契约是死约，不允许反悔。

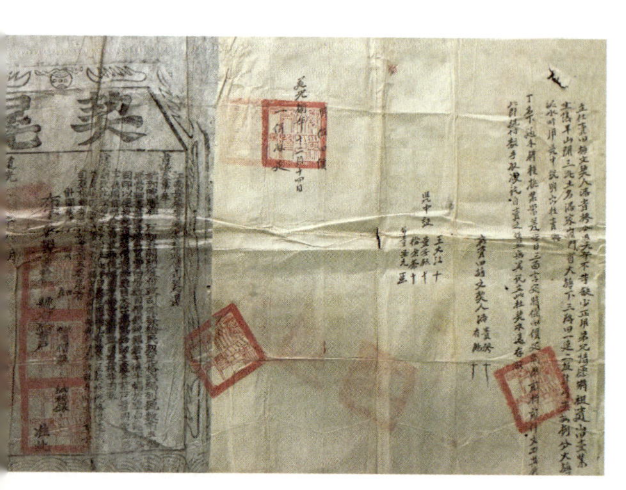

↑ 官契和民契结合在一起，便于收取税银

为了防止某方违约，提高强制性，开城的民契一般一式几份。如清道光年间丁氏家族分家契书，写明“恐口无凭，立此。遵母命分关一样三纸，各执一纸”。“一样三纸”，兄弟三人各执一纸，让人无法反悔。

怎样订立分家契约呢？从前，开城人兄弟分家首先要征得父亲和母亲的同意。在父母指挥或者同意之后，兄弟才可以分家，于是清道光年间丁氏分家契书的开头是：“立遵母命：分关人仍祥、仍魁、仍全。”

不是家族内的事，还可以请地方乡绅到场作证。清道光年间开城羊山的张朝贵兄弟卖祖田，契书上有九位证人签字画押。

开城的私契还时常与官契相配合。

清道光年间潘贵发和潘有余兄弟卖田塘的契书，与盖有江南省安徽布政使司制作的“契尾”放在一起，在两者之间加盖了满汉双文的“无为州印”。为什么要加盖“无为州印”呢？因为古代税从地走，加盖州印不仅可以证明交易合法，并且方便收税。“契尾”是帛纸，上面印有固定的文字格式，交易物品“田房”下空格，空格处细毛笔书写有“壹亩捌分”；“用价银”下空格，细毛笔书写有“贰拾贰两”白银；“纳税银”下空格，纳税是“陆钱陆分”白银。此外，还在价钱、银钱是否收讫的说明上加盖“无为州印”。这是清朝无为州官票与私契的结合，具有官方作证的功用。

“官有政法，人从私契；两和立契，画指为信”，精细化的契书格式设计，使开城的契书在经济和社会活动中起到极大的作用。

二、内容：以耕地为主

开城偏居无城之西，旧时以农耕为主，契书涉及的财产多为耕地。

我们见到的七份开城契书里，六份涉及土地，其中四份是耕地买卖契书，分别是0.6亩、1.8亩、1.7亩、8亩；一份是兄弟分家契书，共30亩土地；一份是建筑土地庙契，有“我村公有之塘垣叁丘熟地叁丘，另立有承租字据，亦归我等负责，收利以作每年朝拜土地神香烛之费”字样。

四份耕地买卖契书和一份分家契书都说明耕地附近的水塘“听用”，符合无为俗话“买田先看塘”的要求。

三、内涵：体现人文精神

中国古代的契约制度具有订约自愿和诚信的原则，契约关系和契约制度受封建礼教的熏陶，具有一定的人文因素。

从留存的开城契书来看，立契人都是男性，没有女性，这说明在“男尊女卑”的时代，女性的经济地位比较低下。有人可能会以清道光年间丁氏家族分家契书中的“立遵母命”反驳，说那是男性遵从女性之命的签约。其实，这里的“母”不是特指性别上的女人，而是礼教里的长辈。

立契人既讲究平等，又讲究长幼之序。开城清朝分家契书文首写立契人的名单，一般按长幼顺序；结尾处的署名从右到左，也是按长幼之序。长幼之序虽然分先后，但各方是平等的。买卖契书里，买卖双方也是平等的。

开城的一些契书里，有明显的人伦痕迹。除了“立遵母命”和“正用”说明，还有给亡弟过继儿子、以承香火的内容。如丁氏家族分家契书说：“情因父亡母存，生我兄弟四人，仍啟不幸早亡，修理宗谱嗣后，再为承祧。家务繁冗，难以支持，只得请凭族亲商议，情愿各爨。”兄弟四人中一人早亡，准备过继一个孩子到他名下，以支撑门户，并预留田产给将要过继的人。结尾又说：“自遵母命，分门之后各安天命消长不一，不得倚强欺弱，恐伤手足情谊。”要求分家后，兄弟各自生活，不得“倚强欺弱”，并祝愿“子孙瓜瓞绵绵”。在证人签字之后，加上另外的议定：“一议门首山凹熟地一块，候母亲百老归山，仍祥私执。”意思是这块地现在归母亲所有，是母亲养老的钱。之后归仍祥所有。

为了使契书能够有效执行，几乎每份契书的后面都有证人，即“凭中人”。这些“凭中人”或者签字，或者画押。许多契书，后面注有起草人的名字，并放到“凭中人”的后面，与他们同具监督作用。清道光年间潘贵发卖田塘契文，“凭中人”的最后是“笔童圣元　写”；1941年羊山潘家岗重修土地庙的契书中，“凭中人”有六人，和他们并列写明“程慎卿笔”，也就是说起草人是程慎卿，其具有监督人的身份。

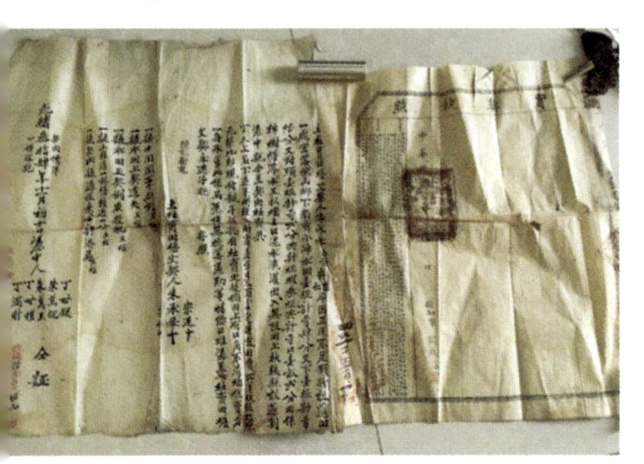

↑ 民契是清光绪三十四年（公元1908年），官契是1914年，印章是无为县知事“关建藩”

买卖田地房产等大件，必须注明使用的正当性。清道光年间开城羊山的张朝贵兄弟卖祖田，契书开头写道“今因正用不足”，强调的是“正用”。“正用”谁来保证呢？除了买卖双方，便是证人了。

留存的开城契书都是毛笔小楷写成，有的堪称书法精品。这七份清道光初年到民国中期的契约，都是买卖双方请当地著名的乡绅用毛笔竖行写成，其中五份写在宣纸上，一份写在杭罗上，一份写在帛上，特别是田间塾师程慎卿书写的羊山潘家岗重修土地庙契约，文字挺拔秀逸，是一幅小楷书法的精品。

四、会券：民间金融的形式

旧时开城没有银行。经商过程中，如果缺少资金，可以借贷，还可以用互助的方式组成标会凑钱，即组建“储金会”，以解决资金困难。

开城人称“储金会”为“会”，它是民间的一种十分古老的信用互助方式。邀会者遇到娶亲、盖房等大事，家里一时拿不出钱来，请当地有钱人或者亲戚组会凑钱，既可以相互帮助，又互利互惠。根据时间长短，储金会分为日会、月会、季会和年会。这种非正式的金融方式，由发起人（俗称会头）邀请若干人（俗称会脚）参加，按时各缴一定数量的会款，轮流交给一个人使用。一般来说，会头可以优先无偿使用第一笔会款，以后依不同方式确定次序，轮流交会脚使用。

开城的“会”主要依托亲情、乡情、友情等人缘关系发展，在资金链不断、会费收缴正常的情况下，急需资金的邀会者可以筹集所需的资金，无须抵押和担保，符合普通百姓小额融资需求。

开城有一张写在杭罗上的“会券”，其文如下：

会 券

立请会书字人张庆枝，今请到亲友名下谢友福、丁友元、王家长、杜满仓、任克玉、任克纲助会一局，各助洋蚨叁元，共凑成洋蚨拾捌元整。每洋每年计利贰角伍分，照等会纳。无论天年，不等不厌不让，期定每年十二月十六日，聚齐拈阄摇号为定，点多者得会，同点者让先。临期务要先钱后酒，不得记久分文。倘有此情像，首会一身承管。恐口费无凭，立此会书，一样六纸，各执一纸存照。

该“会券”，是请人用毛笔在暗红色的杭罗上小楷书写的。它竖行排列，后面写明六位参会人各占“一会”。它称银币为“洋蚨”，为清朝人所常用。值得关注的是，这个“会券”上没有证人。大概因为会头和会脚都是本地人，他们的房屋和田地都在本地，大家可以相互监督吧。

开城地域3000多年的经济和社会活动产生过许多契约，包括借贷契约、租佃契约、婚嫁契约、典当契约，等等，这些契约是研究开城地域历史文化、物产资源、风俗民情、教育思想的宝贵资料。

算盘高手包清廉

清末民初，开城私塾先生除了教学生识字，也教学生经商的技能。开城的陆淦杰既是清末名儒，又是名医，还会打算盘。民国时期田间的塾师程慎卿也为人书写买卖田产的契书，说明当时的文人也参与一些商务活动。

有商务活动就要算账，要会打算盘。从前开城人的算盘技能是从哪里学的呢？一是跟师傅学习，即送初识文字和加减乘除的男孩到商店“学乖”，跟师傅学习打算盘；二是家学，即跟父母或者宗亲学习打算盘；三是跟私塾先生学习。

算盘高手包清廉是开城镇旺盛村人，当年他打算盘、教算盘的名气不但在开城、无城和芜湖等地影响很大，而且名闻皖苏两省。

包清廉，因为过继给舅舅当儿子，取名郭跃溪，人称“郭先生”。他虽然开馆教书，却有一项绝技名闻天下，那就是打算盘，即使金陵（南京的古称）、上海的算师也对他佩服有加。据说包清廉研读过珠算鼻祖程大位的《算法统宗》，又接受珠算民间野路子高手的指点，是清朝末年闻名安徽、江苏的珠算大师。

有一天，无锡粮商讹了无为州粮商一笔钱，无法查出来。无为州粮商请了两个人查账，包清廉负责打算盘，另一个人负责核对数字。他们一同来到无为城的中和楼，与无锡粮商见面。那无锡粮商看包清廉一身黑衣皱巴巴的，没有把他放在眼里，再看他连算盘都没有带，不禁对他有些轻视。

让无锡粮商想不到的是，盘账的时候，包清廉坐到一个矮凳子上，先脱鞋，再脱袜，之后把双手从破衣袖里伸出，只见他口中念念有词，那白皙细长的十根手指，根据数字的变化在自己十个脚趾的关节上蹦跃不停，而那十个脚趾随之伸曲，随即答出数字。无锡粮商从来没有见到以脚趾代替算盘的，十分惊诧，知道无为州粮商请来了算账高手，慌忙递茶。

也就半天的工夫，包清廉和另一位无为州高手清理出账目，查出被无锡粮商讹去白银200两的来龙去脉。那无锡粮商心甘情愿赔偿白银，又为发现算盘高手而高兴，想请包清廉到无锡为他们管账。包清廉一口拒绝，说自己不愿从事商业活动，只想做私塾先生。

从此以后，包清廉的私塾不仅教小孩识字、识数，还有许多成年人托关系、攀亲戚来学打算盘。包清廉对学生要求非常严格，他经常手拿竹鞭，检查学生算盘口诀的背诵情况，背错了是要挨打的。

听说无为州有个算盘高手，无锡许多人专程来无为州跟包清廉学打算盘。他们回无锡说自己是包清廉的学生，薪水便会高出许多。

2019年9月初，我到开城镇的旺盛村，在包氏宗祠采访包清廉的孙子。年过八旬的他说起自己祖父包清廉以脚趾为算盘的技艺，滔滔不绝。

据介绍，有个叫陈恩来的人继承了包清廉的绝技。民国时，襄安粮商和芜湖粮商产生纠纷，请陈恩来核对账目，并把陈恩来经常使用的那把大算盘带到芜湖。那芜湖粮商使坏，故意把陈恩来的大算盘碰掉到江里，之后拿来一把小算盘。那小算盘的珠子小得像鱼眼珠，陈恩来的粗手指根本无法准确拨动它。襄安粮商一看事情不好，情急之下暴跳如雷，责骂芜湖粮商故意使坏。双方吵了起来，眼看就要动起拳头。

不慌不忙的陈恩来说别急别急，没有算盘照样可以算账。他脱了上身的外套和内衣，伸出双手，让十个手指根据数字的变化，在自己的肋骨上滑动。也就是说，陈恩来以自己的肋骨为算盘进行算账，很快就清算出账款，芜湖粮商只得归还襄安粮商大笔的欠款。

河畔，青砖小瓦石板路的老街；山麓，苍松掩映的寺庙。

走在夕阳辉映的古街巷里，看石雕的狮象和木雕的百子图；泛舟小河，看鸥鹭翩翩飞过青山绿水，一不留神就与神话故事、与祖先的传奇碰个面对面。

清丽的山水，神秘的气息，动人的传说……

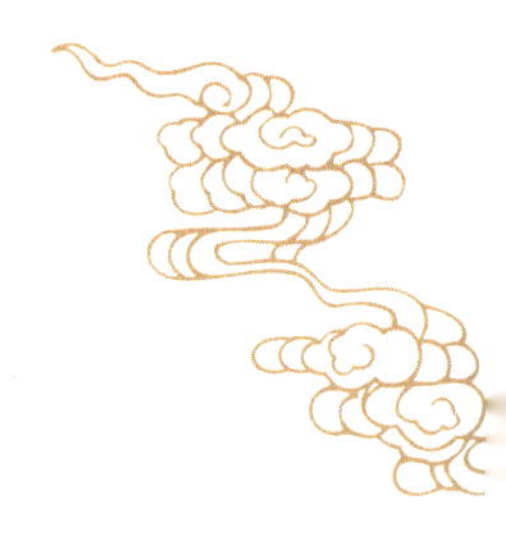

山水胜境

名山

都督山

它是长江和巢湖之间最为峻峭秀美的大山，有“秀出江淮”的盛誉；它是历史底蕴深厚的大山，东吴大都督周瑜曾经在此练兵，留下试刀石、跑马道等遗迹；它是一座佛教圣山，地藏王菩萨曾经在此修行，相对于江东的九华山，它被信教群众称为“西九华”……这座蜚声天下的名山，就是坐落于开城镇的都督山。

清无为州《全辖图》把都督山标识为“猪头山”，当地百姓也称它为“猪头山”。都督村的村民说从东北的某个角度看，都督山的山形很像猪头，并且有猪拱嘴、猪耳朵，那两眼泉水颇似猪鼻孔。

清《无为州志》把都督山又标为岩台山：“岩台山，距城西北五十里，山有高岩如台，故名。” 唐朝时岩台山上曾经建有岩台寺，所以“岩台山”是都督山的另一个名字。

清《无为州志》又记载：“豹儿寨山，距城西六十里，俗名猪头山。”这样看来，都督山曾经又有“豹儿寨山”的名字。

有人认为现在的都督山其实是三座山，东北是猪头山，中间是豹儿寨山，西南是岩台山。

东汉末年，周瑜任居巢长，曾经退守都督山抵抗曹魏。为了鼓舞士气，周瑜走到一块巨石面前说，如果我一刀能把这块石头劈开，就能挡住曹操的去路。士兵们看看巨石，再看周瑜手里的大刀，根本不敢相信。周瑜举起锋利的大刀劈向巨石，火花四溅，那块巨大的石头竟然被周瑜一劈两半。后来曹操攻不下岩台山，只得改道由巢湖东的濡须口向南进攻。千年风雨里，都督山上的周瑜试刀石依然矗立在那里，讲述“雄姿英发”的周郎力挡强敌的故事。

都督山的出名，还因为北宋进士、南宋太师王之道曾在此领兵抗金。宋钦宗靖康年间，金兵南下，无为地域盗贼横行。王之道辞官回到家乡无为军，率领百姓退守豹儿寨山。他让弟弟王之深坚守在山中，自己率领人马转战山外。因为守寨有功，皇帝宋高宗曾经前来巡视，并住到王之道的家里。

都督山是无为市和巢湖市在开城一带的分界线，也是长江和巢湖在开城一带的分水岭，山上白鹭在绿叶间翩飞，山下农田四季变幻着色彩。特殊的地理位置、茂密的植被，使都督山成为动物王国——从前是豹、虎的肆虐之地，现在是各种野生动物的天堂。

登临都督山，向南可以眺望广阔的长江冲积平原，向北可以欣赏连绵不断的大别山余脉，向西可以看到历史文化底蕴深厚的毛公山，向东可以看到缓缓流淌的独山河……“秀出江淮”的美誉真是一点也不虚夸。

↓ 佛光映都督

毛公山

位于都督山西南的毛公山苍松叠翠，修篁林立，是个四时之景都可入画的好去处。毛公山下依偎着毛公塘，塘中荡漾的清波里倒映着山影石形，美丽异常。

毛公山是历史文化底蕴深厚的名山。《太平广记》记载：秦始皇焚书坑儒时，毛苌、毛亨携《诗经》刻石南逃，将其藏于毛公山东侧石洞之中。后世称此石洞为“藏经洞”，称这座山为“毛公山”。

清《无为州志》记载，毛公山“距城西六十里，山之西属庐江县，东属州”。又说：“北半里许，为莲花洞，有石莲下垂，巧倖追琢，世以洞中石壁刻毛诗，因谓为毛苌读书处。”自汉唐到明清，毛公山一直是文人雅士悠游歌咏的好地方。

↑毛公山藏经洞

毛公洞极深，通常一两人不敢入内，即便多人结伴也不能探到终点。“文化大革命”时曾有造反派持火把进入，想毁坏《诗经》刻石，不料中途火把熄灭，他们吓得仓皇逃出。

传说西楚霸王项羽在垓下被刘邦打败后，逃往毛公山。当时天色已晚，他们爬到毛公山顶，搭建临时行营。第二天，他们沿着崎岖山路逃到巢县的“楚歌岭”。因为项羽曾经驻扎，毛公山又称“霸王山”。

又有记载，毛公山的得名源自东汉的孝子毛义。清《无为州志》记载：“汉毛义隐此，有毛公读书洞，石凳、石窗犹存。”《安徽无为县小志》记载：“汉毛义隐此，有毛公读书处，石凳、石窗犹存。”

毛公洞一带的风景被许多文人雅士诗咏词

赞，誉为“秀绝”。《无为州志》记载，毛公山“所据虎陵口，三坞六岛环二十里，胜甲西南诸峰。汉安阳令毛义读书处，中有石莲花仙人掌”。可以说，毛公山的自然景观胜绝无为、巢湖、庐江三地。

毛公山北侧的巢湖市境内，旧有“捧檄庵”；毛公山西的庐江县，旧有“捧檄桥”；毛公山南旧有“毛公集”，是一个古老的集市，也是当年六店乡政府的驻地。说明毛义在毛公山一带的影响非常大。

明朝进士、著名哲学家吴廷翰曾经到毛公山游览。他的《西山纪行》具体记录了登临毛公山的经过：“极高难行，众扳缘而上。予复不能。与善可易履，得杖拄之始达。至则罗坐洞中，小酌。山高见白湖，予因有‘晚来湖水上，飞尽白鸥群’之句。”吴廷翰实在攀不上去，只得与人换鞋，拄起拐杖，这才登上毛公山。到了山顶，他向西眺望，看到了烟波浩渺的白湖和白湖上的白鸥。

毛公山与都督山之间的峡口，名为“狐狸口”，又作“虎啸口”，是无为州到巢县的关卡。战国时期吴楚交战，吴楚兵马南进北往，多经过此山口。宋元之后，这个山口建有驿站，是无为州与巢县、庐江、舒城、肥西商

↓毛公山下的度假村

道上的重要节点。

传说毛公山下埋有宝藏，是宋室逃往江南时丢下的。民间俚语："毛公山72个山洼，里面藏着金犁金耙。谁人得它，买动天下。"这宝藏到底埋在哪里？许多人还在寻找。

狐狸口附近旧有毛公庙，明末毁于兵火。乾隆间，开城乡居民移建毛公庙于毛公塘边，内祀文昌、关帝二神。毛公山顶有块平整的巨石，人称"钓鱼台"。平整的巨石旁，有一块歪斜的巨石微露石脊延伸到山脚，很像一根斜靠于"钓鱼台"的钓竿，钓竿边还有石鱼篓。山下毛公塘的清波里，有两块条状石微微露出水面，如一对戏水的鲤鱼。这个地方被人称为"仙人钓鱼"。

现在，毛公山藏经洞已经列入《无为市不可移动文物名录》。

羊山

"环以乔木千樟，周遭阳翳，夏凉而冬温，禽鸟翔鸣不去。池清泉洁，殿宇精严，芥之人往往爱慕而就读书。"清朝文人汪有典在《圆通庵记》里，把

↑春来羊山

羊山描述成树密、鸟多、池清、泉洁的好地方，是隐在世俗世界的天堂。

羊山俗称“羊山头”，位于开城镇羊山村境内，因为山形颇似羊头而得名。虽然羊山海拔最高只有60米，但它四面都是平原，因而显得突兀而挺拔。又传说无为西乡形胜似羊，羊山只是羊身上的一个痣，俗称“羊山痣”。

羊山又称阳山。三国时期，无为地域是曹魏和孙吴争夺的焦点，传说曹操曾经屯兵羊山的南面，这座山从此被称为“阳山”。羊山地域的古氏、汪氏明朝编修宗谱，谱序都称羊山为“阳山”；宋、明、清诗人留下的诗篇，也称羊山为“阳山”。

羊山南麓有磬塘。磬塘是古塘，内有三眼泉水汩汩涌出，长年不干涸。曹操屯兵阳山时，曾取磬塘水饮用。现在，磬塘在羊山学校的校园里。

明末清初，羊山顶上有“羊山寨”。清军占领无为州后，无为州士民不忘反清复明。1648年正月，宣城人朱国材在巢县假称史可法反清，无为州生员沈士简等人“头巾蓝衫”前往巢县谒见。正月二十九日夜，无为州乡宦吴光宇和生员吴乾生做内应，帮助义军打下无为州城。二月初五，他们派出朱道甫前往羊山寨，招抚羊山寨的人马。

↑ 羊山古井

抗日战争时期，羊山的许多人投身抗日武装。日本军对羊山人恨之入骨，1943年占领羊山时，一把火把阳山别墅等古建筑烧毁。

羊山的土质为一半红土一半白土。传说当年地藏王菩萨路过羊山，一只脚踏下来，把神羊踩得七孔冒血。血流到的地方成为红土，血没有流到的地方是白土。那红土是普通的红壤，非常细腻，是制作模具、陶器的好材料；那白土是瓷土，能够烧制瓷器。从前景德镇人曾经来羊山考察瓷土矿，准备在这里建厂。

1974年9月，羊山出土了隋代青釉双龙鋬鸡首壶，体型之高大，装饰之精美，可谓隋代鸡首壶之冠，为国家一级文物。这个双龙鋬青釉鸡首壶盘口、长颈、溜肩、深腹、平底，颈部饰两道凸弦纹，柄为龙形，龙首曲垂，龙身细长，高高挑起，衔于壶口；肩部有一鸡首，肩两侧各有对称的双耳，均作双瓣重合状；腹部上下对称细刻莲瓣纹，腹间饰圆形戳印纹一周。通体施黄釉，釉色呈半透明玻璃质。此壶造型新颖，釉色莹润，曾于1990年先后在北京参加亚运会文物展、在安徽省博物馆参加古代文明陈列展。

隋代青釉鸡首壶里隐着羊山怎样一段辉煌历史，需要我们作进一步研究。

羊山的旅游景点有“擂鼓诗人”田间的纪念馆。

狐避山

这座山是神仙的栖居之地，是抗金英雄的立寨之所，有皖中为数不多的古矿洞遗址……这座山，就是开城的狐避山。

狐避山又作胡避山，位于毛公山的东南隅。从远处看，它与毛公山似乎连成一体。进入山中，行走在两山之间的森林防火隔离带中，才发现它与毛公山其实是两座山。

↑ 狐避山

“山不在高，有仙则名。”狐避山海拔不高，没有多少云遮雾罩，但因有许多神话传说故事而成为历史底蕴厚重的大山。

现在巢湖市北有 “子乔洞”。传说周灵王的太子王子乔曾经在江淮一带修炼成仙。当年，神仙王子乔在开城的西山修道，落脚在狐避山的山洞里。一日雷神驾云而来，要击打山上的妖狐。那妖狐担心小命难保，逃到王子乔的身下躲避。王子乔走到哪里，它就跟着躲到哪里，使雷神不好下手。雷神让王子乔快快离开。王子乔指指自己身下的狐狸说："它现在已经听从我的指令，不再蛊惑众生，应该饶它不死才是。"

因为有了神仙王子乔的保护，那妖狐躲过一劫。后来，王子乔乘着白鹤升天而去。他掩护狐狸躲避雷击的这座山，被人称为"狐避山"。

狐避山与毛公山、都督山呈三足鼎立之势。北宋末年，进士王之道辞历阳县丞，回乡奉亲。金兵南侵时，王之道率领百姓在豹儿寨山即都督山结寨抗金。那时，狐避山上也驻有义军。有盗匪袭击狐避山，狐避山上的百姓如惊弓之鸟，向王之道求救。王之道率领部下在狐避山东南设下滚木雷石阵拦截盗匪。直到现在，狐避山腰还可以看到王之道当年率众设置滚木雷石阵的遗迹。

入选《四库全书》的王之道《相山集》里，有七言古诗《次韵因老胡避游》，全诗如下：

新诗滚滚江流东，一泻万里谁能穷。
平生清峭不近俗，雪山突兀江头峰。
相逢一笑莫相避，自古高人苦难致。
涪翁骨冷唤不醒，且向新诗求笔势。
君于涪翁真后身，有同次律前身僧。
语言直下见理窟，何须辛苦从张冯。
对君令我思秋菊，何须褒山如一宿。
君看玉局感秋吟，叹息流光岂予独。

诗中，王之道称狐避山为"胡避"，并说狐避山"雪山突兀江头峰"，说明南宋时期长江水可以淹没到狐避山的山脚。

王之道曾经在狐避山打过井。在《胡避山祭井文》中，王之道这样写道：

源泉混混，行于地中。有神司之，非感莫通。岁在庚戌，首卜南峰。石不我穿，遂已厥功。我北之隅，庶几决洪。有石凿凿，人不倦终。二年于兹，我心忡忡。念欲改图，谁当诱衷。爰相山形，乃得行龙。乃问龟筮，龟筮是从。乃告山祇，山祇是容。泉既有在，人意佥同。日吉时良，今当僝工。神其格思，报不敢空。

南宋李廷忠的《贺五侍郎启》说：“且夫门阑独著于淮乡，而福祚实基于魏国。山名狐避，活何止千人？”这里说的，就是王之道家族在狐避山的抗金之事。

任和州历阳县丞时，王之道与褒禅寺长老相交甚欢。回无为军后，王之道曾邀褒禅寺长老来狐避山一游。在《次韵因老见赠》中，王之道这样写道：

扁舟历阳来，访君得少息。登堂默无语，见老称目击。去年㴲江上，群盗罗剑戟。君时濡须游，入山笑相揖。肩担祖师禅，问答挥榔栗。岂惟警聋聩，亦足慰岑寂。春容褪丹青，雨意铺水墨。定将傥赴感，澄霁自端的。麦秋数日间，饥肠颇贪得。兵余敝庐尽，何独空四壁。维摩幸无恙，胡避有新室。白云本无心，能归定能出。岿然三杰峰，况是旧相识。我有半仙丹，和剂等昌木。为言山中人，蟠桃已成实。

诗中说“兵余敝庐尽，何独空四壁。维摩幸无恙，胡避有新室”，维摩指佛教《维摩诘经》。王之道约褒禅寺长老同游胡避山，将维摩诘经藏于禅房。

风从北方来，又向南方去。雨从南方来，又向北方去。风里雨里，历经千万年风雨的狐避山沉默无语。

督兵山

风景秀丽的督兵山位于无城西50里，它的西北环立着龙骨山、狮皮山、虎皮山、眠牛山、麻鹰山和猪头山，稍远处还有相山。左右环顾，这里的地形如将帅督兵山在前，神兽拱护左右，后面有丞相把舵，真是风水宝地。

督兵山的得名，源自东吴大都督周瑜曾经在此练兵。周瑜任居巢长时，招募士卒练兵自保。他遴选士卒的方法是要求愿意当兵的汉子拎起盛满水的两只水桶，从山下徒步登山，中途不得停歇。督兵山没有山尖，山顶是十来亩的平地，那里就是当年周瑜操练兵马的地方。

督兵山一带流传有霸王项羽的故事。当年西楚霸王项羽败走垓下，逃往江东，经过督兵山时，他一脚踩下去，成为现在的魏家大洼；又一脚踩下去，成为现在的和尚大洼。督兵山的山顶和山腰有几块圆形巨石，附近的老人都说它们是当年项羽排兵布阵留下的。

↓督兵山出土的汉代陶罐

督兵山被人称“独石山”。它的山场占地大约十多里，山顶如斗笠；山顶的平地上，有一块巨型方石突兀而起，形似飞来石。附近的放牛娃如果谁能够爬到它的上面，是最勇敢的表现。清代编修的《丁氏宗谱》称督兵山为狄避山，有人说军用地图标注督兵山为独兵山……

督兵山西北，环立着六座神兽山，后面还有一个丞相（相山）掌舵，是龙兴之地。传说明朝朱元璋登基后，派谋士刘伯温四处查找犯上作乱者。刘伯温来到无为州，看到开城有龙山、狮山、虎山、鹰山、牛山和猪山，前面是督兵山，后面还有一座相山，十分害怕，立即强令给这些山改名，否则血染开城。

实在没有办法，开城人只得把龙山改名为“龙骨山”，龙只剩下骨头，不会对朱家江山产生威胁；把狮山改名为“狮皮山”，把虎山改名为“虎皮山”；把鹰山改名为“麻鹰山”，麻鹰即麻雀，只能吃点虫子；把牛山改名为“眠牛山”，睡着的牛有力也使不上；把猪山改名为“猪头山”，神猪有头无身，已经无力作乱。相山怎么改呢？刘伯温想了想，说就改成“象山”吧。因为附近的山名被改，督兵山已经无法“兴风作浪”。

督兵山必传寺门前曾有一棵九个成年人合抱的银杏树，远远望去，它的树冠如督兵山的山峰；夏季下小雨，银杏树下大约有5亩地没有潮湿的痕迹。当年六店、尚礼一带的人们外出江南谋生，要是思念家乡，他们打开家里的水缸，看到水缸里的影子，便觉得那是家乡督兵山上的那棵银杏树。20世纪40年代，新四军七师砍了这棵银杏树，用于修建碉堡。

人们告诉我，督兵山是一座空山。有人在山南猎獾子，如果点火往獾子洞里灌烟，山北会飘出烟来；山腰的树丛里，有一个幽暗曲折的山洞，不知深浅。

秀水

永安河

它一端挑起大别山余脉，一端穿越肥沃的皖江平原直下滚滚长江；它的形成历史，记录着我们先人辟水垦荒、垒土成圩的辉煌；它的现在，展现出和天谐地、寻梦山水的科学理念……它就是开城的母亲河——永安河。

宋元时期，现在开城镇的西都圩、严桥镇的湖塘圩、泉塘镇的临湖圩一带是广阔的水域，被称为“西湖”。那时候，无为西北山地的雨水汇入西湖，人们在岗地也就是畈田上耕地，当时没有“永安河”这个地名。

明朝以后，无为东南长江滩涂渐渐被开垦，无为大堤的雏形慢慢形成。因为长江被束水入槽，“西湖”滩涂也渐渐被无地的农民开垦为随潮田，又陆续开垦为湖田、圩田。到了明朝中期，无为西北大山流往西湖的水也被束水入槽，永安河渐渐形成。

清《无为州志》记载，永安河“源出白石山，入马家渡”。白石山，坐落于现在严桥镇境内。民国《无为县小志》记载：“永安水，源白石山，到范家凹，合源出毛公山之小河，南下而达襄安。”

↑ 永安河

永安河流域面积447.6平方公里，河道总长28.64公里，来水范围涉及开城、严桥、红庙、泉塘、蜀山和襄安六个乡镇，人口约22.9万，流域内耕地面积27.8万亩。阴雨连绵的春夏，永安河接受流域来水并排入长江；春秋干旱，开启长江闸口，可以引江水进入永安河流域，为抗旱提供水源。

现在永安河部分河段存在河比田高的现象。雨水集中的夏天，这种现象尤为明显。河比田高的现象，记录着开城人辟地圈圩的艰难历程，映现了开城人战天斗地的开拓精神，也凸显了开城人向低洼处要耕地的智慧。永安河边存在的河比田高现象，是开城人为了生存，与天斗、与地斗的阔大宏伟的纪念碑。

永安河是重要的交通要道。在陆路交通不发达的年代，永安河连同它的支流花桥河、独山河、横塘河等，构成水上网状交通线，把开城镇与严家桥、尚礼、红庙、徐岗、泉塘、蜀山、襄安沟通起来，并把上述地域与长江、巢湖连通起来，形成一条重要的商业和人员往来的大通道。民国时期，开城镇永安河段樯帆林立、舟楫相随，它们把严桥、开城的大米运往襄安，或者更远的芜湖、无锡、南京，再把芜湖、南京的煤油、洋布等生活用品运往内地销售。

↑ 静静的永安河

旧时，无为州到开城桥的铺兵即通信兵多骑马来往，而开城桥到六店、徐岗、严家桥的通信则通过水路即坐船的方式来往。现在，永安河的运输功能已经萎缩，但是它依然用自己清澈甘甜的河水、迅速泄洪的能力，把流域内六个乡镇连成一个整体。

永安河是一条风景如画的河。泛舟永安河，河面清波荡漾，两岸绿草如茵，令人心旷神怡；行走在永安河两岸的河堤上，放眼西都圩、湖塘圩万顷稻浪，看到翩飞的白鹭或在缓流的清波上飞翔，或在平阔的田野翔动，让人感到这片土地的闲适和自在。

永安河畔，最古老的寺庙当数迎河寺，它是安庆迎江寺的姊妹寺。迎河寺原名广德寺，位于永安河西、开城老街东南的水鼓墩，始建于唐贞观二年（公元628年）。因为位于无为州城西，志书称它为“西广德寺”。历史上的迎河寺丹楹炫日，翘角迎风，磬声迢递，香雾氤氲，曾经是开城一景。

花桥河

花桥河源于毛公山与周家大山之间，全长10.5千米，由西向东，它穿越开城、蜀山、泉塘三个乡镇，浇灌西都圩、临湖圩肥沃而富饶的土地，在开城镇神坛附近汇入永安河。

花桥河是一条充满诗意的清流。它源出国家3A级景区——都督山风景区的毛公山，与国家3A级景区——天井山风景区之间，由涓涓细流汇成考涧溪，再汇成滚涌的花桥河；它是一条风吹稻花香两岸的小河，肥沃的西都圩、高王圩、潘家圩、董家圩、孙家圩、童家圩、临湖圩十万多亩金黄的稻田，把它拱护成蓝色的飘带；它是一条讲述游子和母亲故事的小河，泉塘镇宝山村一带曾经是开城乡一图，许多人家的宗谱、古碑都称此地为“开一图”或者“开一汛”，后来因为河道整治，宝山一带划归泉塘镇管辖，而宝山人至今依然习惯赶开城集、上开城街。

花桥河的得名来自明朝的一座单拱石桥，它位于花桥河的上游，在蜀山镇境内。《丁氏宗谱》记载，生于明末的丁元朴捐资在考涧建造了花桥。传说花桥河的南岸有地方名为伏虎嘴，山形如老虎蹲伏；北岸有猪头山，即都督山。神虎和神猪隔河相对，打闹不休，地方百姓不堪其扰，请玉皇大帝协调解决。玉皇大帝一看，此地南北相对，势如水火，应该化解，遂建议在河上建造石拱桥一座，化解两岸的冲突。花桥建好后，神虎和神猪和谐相处，花桥河南北的人们从此过上了幸福生活。

因为位于开城镇和泉塘镇众多圩口之间，花桥河是一条重要的商业通道。当年，花桥河东南的宝山上有一座砖塔，名为湖背塔，它是由长江进出“西湖”的航标；河道形成后，花桥河成为重要的航运通道，沿岸人家出产的稻米、油料被人们用船运到开城、襄安，或者芜湖、南京等地销售，运进这里的有煤油、食盐、洋布、茶叶、木材等生活必需品。民国时期，开明商人王子樵曾经在双胜圩的花桥河边开设木棚，销售来自江西、湖南甚至四川、云南的木材。

因为圩口低洼，经常遭遇洪涝灾害，花桥河两岸的人家对土地神、龙王十分崇拜，一些地方修建了府君殿和龙王庙，这里还流行请龙王定水桩。每年正月十五的白天，女人和小孩忙着准备闹元宵，男人则敲锣打鼓放鞭炮，去请龙王定水桩。那龙王的塑像不大，头上有两个角，许多小孩称它为“牛王”。龙王坐在两根杠子上，把抬他的四个汉子压得左右摇晃。四个汉子中的一个脚下打滑，身子跌倒，他肩上的木杠戳在某处，预示“今年的河水将会涨到那里”。随行的和尚高声喊，让围观的人们看清龙王的水桩定的地方。

现在国家加大基础设施建设，花桥河堤防工程得到加固，两岸的防洪工程能够抵御洪水。

都督文泉

都督山东侧有两眼四季长涌的泉水。甘甜清洌的泉水从都督山汩汩涌出，潺潺流淌，不但供附近村民饮用，还浇灌山下的庄稼。因为三国时期东吴大都督周瑜曾经在此练兵，饮用此泉后盛赞“其泉甘洌，涌若文思”，这两眼泉水被称为“都督文泉”。

从地理位置上看，都督山不仅是无为市和巢湖市的分界线，还是长江和巢湖的分水岭。一山矗东西，雨水南北流。直到现在，都督文泉附近还流传有泉水与长江、巢湖的许多故事，述说着都督山与长江、巢湖的关系。

传说唐朝时都督山上岩台寺有一位得道高僧，转世为附近农家的儿子，佛祖答应满足他两个愿望。一天，这个男孩到岩台寺上香，岩台寺的住持本是高僧的徒弟，他看到这个男孩，觉得与他似曾相识，却又不知何时认识，便邀请他经常来寺里游玩。一日，男孩从岩台寺出来，登上都督山顶。他临风四望，向北可以远眺烟波浩渺的巢湖，向南可以俯瞰波澜起伏的长江，清风吹拂，顿觉心旷神怡。流连许久的他忽然觉得渴了，可这山上到处是石头，到哪里才能找到水呢？他望望无边无际的巢湖，叹道："要是巢湖的水能从这里涌出来就好啦！"佛祖马上满足了他的愿望。刹那间，都督山脚下涌出一股清泉，巢湖水哗哗地涌出。男孩喝了口水，觉得很舒心。

↑ 都督文泉

附近的百姓看到有泉喷涌，立即引水灌溉农田。遗憾的是需要灌溉的农田面积很大，这眼泉水量有限，无法灌溉附近的全部农田，许多人为引水争吵起来。那男孩看到枯焦的庄稼，叹息："要是再有一眼泉水就好啦！"佛祖马上满足了他的第二个愿望，在第一眼泉水的附近，又涌出一股清泉，巢湖水哗哗地喷出。

又有传说，都督山南侧遭遇长江洪水，夏天破圩，到冬天积水仍不退去。附近百姓不但无田可种，而且无地立足。观音菩萨知道了百姓的疾苦，立即在都督山上架起水车，水车头放在三里外的岗地，用毛公塘过水，一天一夜就把积水抽到巢湖里去了。

都督山地下存在丰沛的泉水资源。有地质考察报告分析，巢湖市的半汤到庐江县的冶父山一线存在泉水分布带，都督山正好位于这条泉水分布带的中间。有人在都督文泉北侧大约200米的山腰发现双獾洞。稍低的大獾洞，主洞悬顶若苍穹，四周有多处洞隙，不知深浅，分明经水流冲刷而成；上面50米外是小獾洞，它由大洞小洞相连而成，洞窟里的山石经千万年地下水的侵蚀，气象万千。有人进入小獾洞，听到地下泉水哗哗作响。

这只是都督文泉水源的一角。它是不是真的与巢湖地下水相通呢？需要进一步考证。

古宅

丁祠门楼

坐落于六店村大燕里自然村的丁氏支祠门楼，是无为境内现存最为精美的砖雕建筑，既代表明朝江淮一带民间建筑的最高水平，又能体现开城地域的装饰风格、材料质地和礼制特点，是江淮之间现存最为精美的民间建筑之一。

↑ 丁氏支祠门楼的外貌

建于明朝末期的大燕里丁氏支祠早年已被毁坏，只剩下一座砖雕垂花门楼。门楼长5.2米，宽1.45米，为青砖、小瓦、木梁结构。

主体结构的砖块泥质细腻，形态厚实，与无城的城墙砖类似；门边及墙角下层用青石砌护，坚固耐用。非常突出的是丁氏支祠门楼的门顶，左右有三层砖渐渐伸出，形成拱形；门拱上面暗铺承重的木梁，外镶青砖，美观实用。

前后立墙的下层，左右各有一个砖砌的方框，方框里现在只剩三块平面青砖，当年的青砖上外镶的石雕已经被破坏。

这座砖楼最精美的地方是部分保存完好的砖雕。砖雕在前后立墙的上端，金银花饰，左右对称排列。前后左右墙边各自安放一个三角形的砖雕，几百年时间已经过去，花纹依然清晰。这个砖雕布局的形态，对研究江淮民俗学、建筑装饰学具有重要的参考价值。

檐口仿木结构的鸳鸯交手斗拱，变化中呈现流动的美感。上沿的仿木斗拱，有坐斗、栱、小斗、昂、升等构件，别致精美。左右墙角的上层，用砖雕各构建一个莲花垂柱。设置这个垂柱是礼制的需要，显示这个门楼类似牌楼。门楼的内顶设置斗拱。门洞最下面是石门槛。门洞中层左右的里侧嵌石墙，设置两个凹槽，那是放顶门杠用的。

丁氏支祠门楼前，原先有上马石，现在不知去向；用鹅卵石铺成的长约百米、宽约三米的马道，现在埋在地下。

明嘉靖三十五年，即公元1556年，建成的丁氏支祠门楼，虽然占地面积不足8平方米，但它代表着明朝江淮地域门楼建筑的风格，具有重要的建筑史学价值和美学价值。目前，它已被列入《无为市不可移动文物名录》进行重点保护。

↑ 丁氏支祠门楼的垂柱

钱氏支祠

如果有人问：开城哪家房子的木雕最有价值？专家可以负责任地回答，钱氏支祠的木雕无与伦比。

钱氏支祠坐落在开城河西老街中街的南部，原先三开五进，一直到南边的河沿，现存三开两进，是一座民国初年的古建筑。

据房主介绍，钱氏支祠是钱氏荣七公后代筹资建造，主持建造的钱鸿熙毕业于黄埔军校，曾任南陵县县长。现存的两进房屋都是硬山式屋脊，左右山墙的里架为穿枋式架构，中间为抬梁式架构，如此使这座房屋中间的厅堂显得十分宽敞。

这座房屋的柱础阔大，它们都是青石，或雕成圆鼓形，四面饰象、鹿、马等图案，表示吉祥如意；或雕成南瓜形，精美活泼。

它的墙砖薄而细密，可能是河西老街西侧窑棚岗烧制的；青砖或实捺，或空斗，小刀泥砌法，百年时间过去，青砖与白灰沾在一起，凝成精美的图案。

钱氏支祠最有价值的，是屋梁上的木雕。高大的抬梁，雕有大象，喻家族要出丞相；枋下雕饰金银花的雀替，喻金粉世家；有双狮抱绣珠，活泼生动，虽然已经被岁月的烟尘熏黑，它们依然透出庄重、典雅的气质。

有资料显示，钱氏支祠建造于1929年。那时，钱家请郑少悦和杨惠堂两班木匠承包工程，两班人马各自承包建造每一进的房屋。虽然没有互下“战表”，暗地里却比起手艺，又不约而同地用雕成的两个翻手狮子托住大梁，那狮子像活的一样。

上梁那天，工地上披红挂彩，锣鼓喧天。郑少悦和杨惠堂身穿新衣，手持雪亮的斧头。鞭炮一响，各自爬上屋架，把吊上去的大梁往木雕狮子上一放，三斧一捶，榫头卯眼天衣无缝地吻合，引得来宾拍手叫绝。

钱氏支祠现存的横枋和抬梁的木雕上涂抹着一层白灰，那是房屋的主人“文化大革命”中为保护木雕想出的一种方法。直到现在，这些白灰依然粘在木雕上，讲述着当年木雕面临的危险，也为这些木雕增添了一分历史的气息。

2019年8月，两个古文物专家来到这里，他们打着电筒查看，来来回回。即使房顶随时有小瓦掉落，即使有芦席棚挡住了他们的视线，他们依然

↓钱氏支祠精美的木雕

四处查看。他们认为，钱氏支祠的木雕和石雕十分精美，代表着无为西乡清末民初的最高水平。

钱氏支祠东侧是一排青砖白泥的高墙，那是一座高大的四合院院墙，它是钱氏族人居住的地方。因为有芦席棚遮挡，无法看到屋里的木架构，不知道它里面有没有木雕、砖雕或者石雕。问居住在里面的人，大家都不清楚。

有老人介绍，那幢房屋当年是钱家的厢房，也就是日常起居的地方。它没有屋脊，屋面由外高墙向里斜披，俗称“披厦”。

↑ 花瓣柱础

刘氏宗祠

无为市有许多宗祠，但保存下来的明清建筑的古宗祠不多，具有480年历史的开城镇都督村的刘氏宗祠，因为曾经是湖东办事处的办公地点等多种原因而被保存下来。

↑ 刘氏宗祠

刘氏宗祠三开三进。大门的翘檐有宋朝建筑风格，门前摆放着风蚀得很严重的八个石鼓，记录着刘氏家族曾经的辉煌；门边有保存完好的石门当、雕花石门槛，让人感觉踏在脚下的石头也是文化。

↑ 刘氏宗祠门前的石鼓

一进为前庭，名为“万年台”，是一幢二层的抬梁式建筑，其中的二层是刘氏族人开会的讲台和过年唱戏的舞台。前庭和中庭之间的左右厢房，各自建有楼道，俗称“跑马楼”。

穿过铺石的天井，是中庭和后庭。中庭的穿枋式架构建筑是族人聚会议事的地方；后庭名为“祖先堂”，是祭祀祖先的地方，它的中间为抬梁式架构，左右为穿枋式架构。

刘氏宗祠的山墙为夹墙，即内外两层。外墙为青砖砌出的高墙，下层为实砌，上层为斗子墙；内墙是在穿枋式木架构间砌出的砖墙。内墙和外墙之间有空隙。内墙的每一根木柱上都打有铁钉，这铁钉与外墙外面铁耙相联系，使内墙及木构架与外墙构成一个整体，提高了建筑的抗震性能。内墙和外墙的结构，是建筑装饰的需要，也是建筑稳定的需要，客观上为族人防暑和遇到突发事件躲藏提供了方便。

《刘氏宗谱》记载，“校书堂”刘氏原居于舒城，明嘉靖年间迁居开城乡都督山下的瓦屋村，嘉靖十六年，即公元1537年始建宗祠，经过7次修缮，宗祠基本保持原貌。

新四军七师驻扎无为时期，刘氏宗祠一度是湖东办事处所在地；1943年，七师巢南大队在都督山区域活动，曾在刘氏宗祠制作炸药等武器；1944年，湖东办事处曾在刘氏宗祠召开“精干班”民兵大会，用爬“光荣台”的方式征兵。

1949年后，刘氏宗祠一度成为六店乡政府办公用房。1952年，原六店乡准备拆刘氏宗祠建六店小学，巢南大队抗日老战士刘启怀、刘启科联名给当时的无为县政府写信，建议把刘氏宗祠作为公共设施和历史文物保护下来。这座历经明、清、民国的古建筑才得以保存下来。

“万裕泰”酱坊

由开城河东进入河西老街，首先映入眼帘的是一幢二层的古建筑，它的墙壁青砖外粉着石灰；一层是木铺板、石门槛，二层是木楼板、木栏杆；屋顶盖着黑色的小瓦，是典型的徽式商铺……

这就是曾经名闻无为、庐江、巢县、枞阳、青阳的酱坊“万裕泰”的店铺。

↑“万裕泰”酱坊

“万裕泰”酱坊店铺，是范姓人家明朝末期建成的，有500多年的历史。当年，万氏兄弟二人挑着一担箩筐，从严家桥来到开城做酱坊，生意越做越大，买下了范姓人家的店铺，再重新装修，这才有了现在的模样。

兴盛时的“万裕泰”有多大呢？除了这个三间二层店铺，一直到南边的河沿，大约几十间的房子；它的斜对面，“万裕泰”还有六间门面房，直到北边的河沿。

↑“万裕泰”留下的民国初年的老照片

“万裕泰”前铺是销售板酱、豆腐、糕点的地方，后院是制酱、制糖、做豆腐的地方。当年，“万裕泰”的泡姜和酱姜远销南京等地。斜对面是“万裕泰”的子公司“万泰隆”，它是销售杂货、窑货的地方。另外，万家在西都圩的“徐王夏”，也就是石山村一带还有100多亩田呢。据说鼎盛时期的“万裕泰”每天晚上要把家里的老人小孩集中起来，专门数卖酱得来的铜钱，数得每个人都头昏脑涨的。

民国时期，万氏有兄弟二人，老大万午桥是个儒商，他一直秉持与人为善、吃亏是福的理念。有一年腊月三十，长工吃过晚饭回家，万午桥睡前按惯例四处查看，发现柴屋里躲着一个小偷。那小偷说家里实在不能过了，想偷点米回家过年。万午桥熄了灯，装了半袋米，外加过年的菜，从后门把小偷放出去。万午桥说如果不是日子过不下去，谁会出来当小偷呢？

老大和老二分家后，万午桥主要经营杂货店。一日，某人来买竹席，明明只付够买一床的钱，却乘人不备卷走两床竹席。伙计想追回来，万午桥始终不发话。第二天，那个买竹席的家人到万午桥的店里买孝货，说买竹席的人昨夜死了。万午桥回头对家人说：“那个买竹席的人已经身患重病。如果我昨天抓了他，当时他的病情发作死在店里，责任就在我了。幸亏昨天我们放了他。”又告诫家人：“做生意，遇事要忍，只要大账不错，小账错一点没有关系。吃亏是福呢！”

店里赚十分钱，二分是为别人赚的；只要大账不错，小账吃点亏没有关系！这是“万裕泰”的经营理念，也是万家人遵循的原则。现在，“万裕泰”的后人捐款一百多万元，为开城建造了一个气势宏伟的牌坊，更是发扬光大了这一理念。

李建唐旧宅

平整的青砖用小刀石灰泥砌成，线条清晰，青花蓝一般典雅；高高的屋顶盖着黑色的小瓦……这就是位于开城镇河西老街的李建唐旧宅。

李建唐旧宅五开二进，外看是二层小楼，内里只是一层；它每个梁下都有柱子落地，后墙角用石板护住，虽然没有砖雕和木雕，却平稳厚重，至今保存完好。

李建唐的女儿介绍，这幢房子由自己祖母丁氏建于20世纪20年代。丁氏是开城一个有钱人家的大女儿，她丈夫是湖北人。因为觉得姊妹排斥她外乡人的丈夫，她拼尽一生之力建成这幢房子，为的是和姊妹比一比。李家在严桥大黄店村还有许多土地，雇用了长工。丁老夫人当医生的丈夫后来在大黄店村去世。

因为得到父亲的真传，李建唐在接骨、妇科等方面都是高手。李建唐的女儿介绍，父亲20世纪40年代曾经给妇女助产，这在当时的无为县是不多的。李建唐的原配是羊山童伯恒的妹妹。因为父子是医生，亲家是有钱人，李家境况很是不错。

↑ 李建唐旧宅

李建唐的女儿介绍，当年祖母建这幢房子时，曾经把屋上的瓦全部“立着”，这样盖上的瓦片多出许多，可以让子子孙孙“捡漏”时不用再买瓦。细问，才知道她说的把瓦“立着”，是指把瓦密密地排在屋顶，如同立着，以后即使有瓦破碎，“捡漏”时把瓦铺平一点即可。

当年李家临河西老街的中街还有门面。后来家道中落，只好把门面当给人家。为了给大儿子读书凑费用，又拆卖了一排房子。等到小儿子李建唐抗战时到立煌县读书，家道已经中落。

石桥

开城桥

开城地域位于水乡向丘陵山区过渡的地带，水系发达，古代建有许多石桥，其中开城乡与无为乡交界处的平安桥、横步桥，开城乡与太平乡交界处的魏家桥，都是三孔石拱桥，另有赫店镇境内的赵公桥、开城缪家山下坡附近的蛤蟆桥（又作红巴桥，传说由一个80多岁的老奶奶捐建）。1949年后开城境内的古石桥主要有三座，其中最著名的是开城桥。

开城集镇的河东街道坐落在三座土山上。一股山水常年从凉亭一带的缪家山由东向西流入永安河，在开城集镇和先锋村双胜圩之间形成一条小河。为了方便行人，明朝时期人们在小河上建造一座石桥，取名“开城桥”。有人口误，把它读成“开板桥”。

开城桥北接开城街道，南接双胜圩的坝埂，曾经是先锋殿、大童岗到开城集镇的主要通道。因为是开城集镇最古老的建筑，又位于集镇上，所以成为地标，人们便称开城集镇及其附近的地域为“开城桥”。清代的开城乡下辖四个汛，其中之一的开城桥汛就在开城桥附近。

开城桥是座时建时废的石桥。清《无为州志》记载：“开城桥距城西四十里。久废，设舟以渡，后复建石桥。”清《庐州府志·津梁志》记载：“开城桥，州西四十里，同治年间丁宅仁、帅菁华、童金兰、吴丙台督修。”

开城桥最后一次被毁是1969年。那年发大水，缪家山一带的山水奔泻而下，开城桥因为是单孔，下面的河道过水量有限，也就是说开城桥锁住了下泻的洪水。为了排泄洪水，不得不把它拆除。

需要说明的是，开城桥的著名不是因为桥而著名，而是因为“开城桥”后来成为开城集镇一带的地标，成为“开城桥汛”“开城桥乡”等行政单位的名称。

顺带说一句，由缪家山即凉亭往西走，到开城集镇第一个商店杨家粑粑店，原先需要过蛤蟆桥。蛤蟆桥是石板桥，修新无六路时被拆除。

永安河桥

现在开城人记忆里的开城大桥是永安河桥，它是连接开城河西老街和河东老街的重要通道，也是当年无六路的咽喉要冲。

古代庐州府和无为州志书没有关于永安河桥的记载，有记载的是此处有永安河渡，说明清朝初年此地没有桥。传说旧时永安河桥是一个路过此地的寡妇化缘建造而成的。这个寡妇是清廷的皇亲国戚，她从舒城到无为州，被永安河阻隔，不能过去。想到当地百姓苦于无桥已久，顿生怜悯之心，于是她四处化缘，从福建买来造桥的麻石，在永安河上建造出一座七孔大桥。

老永安河大桥不是石拱桥，它是用麻石在河中垒出桥墩，再在桥墩间平铺暗红色石板做成的桥。石栏杆立起，中间穿木头当扶手；桥面的麻石中间有一道深深的车辙，那是过往的独轮车轧出来的。桥有多宽呢？从前，开城街上的人家夏天乘凉，在桥面左右各放一张竹凉床，两张凉床之间刚好能够通行一个人。说明那时的永安河大桥宽度大约3米。

1941年，日寇侵入无为。他们开着小火轮从襄安到了开城，把碉堡修在谢家山头，即后来的开城粮站附近。为了防备新四军七师的进攻，日寇用炸药炸这座石桥，但没有炸塌。1948年，国民党守军为阻止解放军的进攻，派人把大桥上的麻石板拆下，扔到永安河里。

↓ 1976 年建造的永安河大桥

1949年后，政府在永安河上建造了一座木桥。因为木桥太窄，货车无法通行。1976年，开城区政府拆除了木桥，建造了现在的永安河桥。

独山桥

独山桥，又名永固桥，横跨永安河支流独山河，南侧是现在的开城镇独山自然村，北侧的独山仍属开城镇管辖，再往北为严桥镇的明堂村，是古开城乡西北通道上的咽喉。

清《无为州志》记载："独山距城西五十里，独山桥旁有潘明王王庙。"

作为永安河的支流，独山河接纳西面都督山附近的孙桥水系和北面即严桥镇的明堂水系。独山河虽是船运的通道，却阻隔了旧时开城镇西都圩与严桥镇明堂村、尚礼社区一带的交通。

明朝嘉靖六年，即公元1527年，开城地方乡绅捐资修建独山河石桥。清末秀才丁翰清的《斐然修独山桥序》记载，旧桥有"桥垛四，旧围石条一周，填以石卵，外坚内窳，山洪冲之辄圮；又木梁，水流则漂，大为行者病"，意思是明朝建造的独山桥经常垮塌，桥面的木梁经常漂走。

1894年前后，太学生、候选左堂丁寅斗了解到这个情况，请地方乡绅帮忙，筹集经费990多元，购买500多丈的石条。他让工匠把桥墩压实，桥面改用石条铺成，上面构筑了栏杆。从此，往来独山河两岸的人们再也不受阻隔。

↑ 独山桥

清末丁寅斗募捐建造的独山桥，四墩三拱；桥墩是一块块厚重的条石垒成，十分坚固。抗日战争时，为阻止日军进攻，新四军七师拆了南侧一拱的桥面。1949年后修复独山桥时，只有中孔是拱桥，左右两孔上面铺着长长的条石。

2019年3月，政府新建钢筋混凝土独山河桥，独山石拱桥被拆除。我赶到施工现场时，只看到独山桥残存的石构件扔在河边。当时如果把钢筋混凝土的独山桥往左移10米，就能保住老桥；让老桥成为新桥边一景，岂不更好！

众修桥

都督山下，独山河畔，从前有一座五孔六墩的古桥，青山衬托它的秀美，绿水倒映它的倩影，它就是“秀出西山”的众修桥。

众修桥位于六店村桥头自然村南侧，横跨独山河，全长22.8米，宽3.7米，其中的二孔是拱桥，三孔是石板桥，桥墩由青石板垒砌，桥面中部为青石板铺设，两侧边孔上方铺麻石板。有资料显示，众修桥是民国时期无为县县长李众兵带头捐资出银20两，携众人修建而成。“众修桥”之名是双关，一是李众兵自谦，说是众人出力建造；二是取自己名字中的“众”字，也有李众兵修建之意。

从留存的照片看，众修桥的五孔是不同时期建造而成的。它左侧的石拱由规整的石片垒成，是规规矩矩的石拱；右侧石墩和构成石拱的石块并不规整，应该是后来建造的。

↓ 众修桥

众修桥不但是交通要道上的咽喉，还是原六店老街一带著名的地标建筑，“桥头自然村”“孙家桥头”地名即由此而来。

建筑是凝固的音乐。六店老街附近宋朝的陆家第因火灾已经消失；六店老街许多老建筑已经被拆除。2016年无为县实施旧桥改造，众修桥也被拆除。如果当时把新建的钢筋混凝土大桥向某侧移一点，让老桥和新桥并立，应该是最明智的选择。

寺庙

西九华寺

都督山南麓的悬崖峭壁之上，西九华寺呈南北向壁立其间，既有危峰映衬、绿树环绕，又有云雾笼罩、清风吹拂，被誉为皖中“庄严胜境”。

都督山位于皖江北岸，隋唐之前无为地域被称为“江西”。为了纪念地藏王菩萨曾来此地修行，又区别江东的九华山，人们把都督山上的岩台寺改名为“西九华寺”。

唐贞观年间，新罗国王子金乔觉来到无为游历，曾经在都督山的九丈石上搭棚坐禅。金乔觉在都督山与开城地域的僧众结下深厚的友谊。他渡江到青阳县的九华山修道，曾带走一个开城的男童。后来男童思念家乡，金乔觉送他下山回开城。金乔觉把这件事写入《送童子下山》，入选《全唐诗》。全诗如下：

空门寂寞汝思家，礼别云房下九华。
爱向竹篮骑竹马，惯于金地聚金沙。
瓶添涧底休招月，钵洗池中罢弄花。
好去不须频下泪，老僧相伴有烟霞。

历史上的岩台寺屡遭战火。宋景德二年，即公元1005年，开城地方为纪念地藏王菩萨在都督山修行，在九丈石上建岩台寺。后来金人南侵，岩台寺被毁。元至正元年（公元1341年）重修的岩台寺，毁于元末农民战争。明朝重建，又毁于清初战乱。康熙年间重建，咸丰年间毁于太平天国农民运动。光绪年间重建，“文化大革命”时被毁。

明嘉靖《无为州志》记载：“岩台山，去城西北五十里，开城乡四图，山有高岩如台，故名。”同时记载：“岩台寺，在开城乡，宋景德四年妙胜和尚开建；明洪武六年僧果谭重建。”清《无为州志》承续记载：“岩台寺在开城乡，宋景德二年僧妙胜开建；明洪武六年僧果谭修；乾隆二十七年重修。”佛光承照湖江，赓续脉络清晰，西九华寺真乃巢湖和长江之间佛家第一胜境。

改名后的西九华寺占地20多公顷，建筑面积4000多平方米，分上中下三层。由山门进入，映入眼帘的是对联“都督灵山蕴藏南北千般景，九华古寺永结江淮万里缘”。拾级而上，可以看到天王殿、三圣殿、钟楼依次壁立于

↓西九华风景区（国家3A级风景区）

危岩之上；如来佛端坐大殿，观音手提杨柳，十八罗汉百态千姿……最是耸立于山顶的佛塔，壁立白云间。人站在塔旁，天气好的时候能够看到东南方的长江如白色的飘带。

现在的西九华寺是无为市重点文物保护单位。依托西九华寺打造的西九华风景区，把毛公山的毛义孝亲和都督山的佛文化、生态茶打包在一起，按照“山水如画、礼孝禅境、养生天堂”的思路，建成了佛文化、孝文化、茶文化三大园区，成为国家3A级风景区。

西九华寺的山下，每年有两次传统庙会，即农历二月十九观音生日、农历九月十九观音出家日。庙会吸引了远近八方的信教群众前来敬香，也吸引了全国各地的游客前来观光。庙会期间，当地民间灯会、地方小吃，让远道而来的人们流连忘返。

报国寺

羊山古称阳山，是无为州城西向的第一座山，最高峰蜡烛台海拔约58米。站在蜡烛台上，东南可以俯瞰开城全境，西北可以远眺红庙镇徐岗的山水。蜡烛台的附近，即现在羊山中学校园里曾有一座著名的寺庙——阳山寺。阳山寺被称为古无为军三大寺之一，现在是无为市重点文物保护单位。

“阳山寺”改名为“报国寺”，要从朱元璋无为州战败说起。当年，朱元璋领军攻打占领无为州的陈友谅。陈友谅的军队一路西撤，朱元璋率军一路西追，由无为州城经过开城乡的赫显（现在的赫店镇），继续向西挺进。没想到那陈友谅是诈败，他在阳山一带布下口袋阵，打得朱元璋大败而逃。

损兵折将的朱元璋逃到阳山寺，化装成和尚躲了起来。陈友谅派兵包围阳山寺，把阳山寺所有的和尚赶出来，搜寻朱元璋。找了半天，没有找到朱元璋，陈友谅竟然把阳山寺的和尚全部处死。

朱元璋逃出阳山寺后，重新集结军队打到鄱阳湖流域，一举消灭了陈友谅的军队。为了纪念阳山寺被屠杀的和尚，朱元璋赐名阳山寺为“报国寺”。

历史上的报国寺经过多次修缮。清《无为州志》记载，报国寺“元至正元年僧宗明开建，明天顺五年僧定浦、元衡及州民花文贵重建。正德、万历间寺僧继修。国朝顺治五年住持僧祖诚置田九亩，复募骆正纲、潘应捷施田九亩，以供香灯。乾隆五十七年寺僧募修”。

三面环山、一面临水的报国寺最兴旺的时候，有庙舍99间半，并有一画廊与西南一公里外的圆通庵相连。现在易地重建的报国寺有殿堂36间，建筑面积860平方米，其中的大雄宝殿、地藏王殿、天王殿气势雄伟。

报国寺的大雄宝殿楹联是：

浮生真若梦，且放屠刀，毋当明镜台前，空贻悔恨；
果报岂无因，须岂太璞，免致尘寰劫里，合家蹉跎。

游人在此，想想朱家王朝已经全无踪迹，记起“是非成败转头空”的诗句，出了山门，再看到报国寺大门的楹联“羊岐不返何须问，山静忘归自在多”，顿时会释然许多。

↓报国寺

神墩

独山神墩

高耸在独山河畔，三面被河水环绕，位于开城镇独山村山里童自然村北部的独山神墩，矗立在“九里十山头的”东北端，如一个巨大的绣球。

独山神墩位于独山河的北岸，归开城镇独山村管辖。它与开城镇独山村，从前有独山桥相连；独山桥被拆除，现在修建了钢筋混凝土大桥。

独山神墩是一块面积较大的岗地，高出周围5米到10米，面积24 112平方米。1985年，考古人员在独山神墩发现大量古城砖，推断这一带可能是古代的城堡。独山神墩遗址一侧高3米处，由河水漫溢形成断层，下层为原始碎石层，上层为商周文化堆积层。从前，独山神墩上有神农祠，祭祀潘明王。现在，独山顶上建有万云庵，成为佛教寺庙。

↑ 三面环水的独山

明朝诗人吴廷翰游独山，曾留下诗歌《独山远眺》。全诗如下：

乱山高木寒云里，万石孤烟野鸟祠。
不知竟是何王垒，其上犹存饮马池。

民间传说认为独山神墩附近的地脉为“九龙戏珠”，独山为宝珠，它四周的山脉为九龙。严桥镇尚礼社区财山上的神龙，被尚礼老街（状若宝剑）挡住了，未能腾起；湖塘圩的神龙与独山隔了一条河，潜回去化成“石牯牛”……石山村境内丁岗山脉本名老虎山，它也去抢宝珠，结果掉到吊罐（现在调贯自然村的一口池塘）里烫死。竹山附近的几条神龙靠近独山，它们最终抢得宝珠。

牛王岗神墩

牛王岗神墩位于六店村刘老自然村南侧，距离六店村委会南约3000米，周围是连绵的岗地。它是一块圆形的3米左右的高台，上面种植着庄稼。

具有4000年历史的牛王岗神墩，是新石器晚期到商周时期开城先民加工陶器的窑场遗址。遗址东侧是一口水塘，与渠道相通；六店至尚礼的公路，自南向北穿岗而过，把遗址分成左右两块。神墩南侧有一块与众不同的红烧土，那是陶器作坊柴草烧焙留下的痕迹。红烧土附近，残留有红陶、灰陶的碎片，包括灰色绳纹陶片和圆锥形鬲足等。专家推测，这里原先是开城先民烧制陶器的地窖。当年，地窖里木柴红红的火苗把泥坯烧成陶器，也把地窖的内侧和下侧烧红，留下厚厚一层红烧土。

牛王岗神墩陶器作坊遗址的发现具有重要意义，它不但表明开城地域新石器时期就有人类活动，而且说明这个时期的人类已经有了专门的作坊制造生活用品——陶器。这里烧制的陶器运往驾邑、舒庸、南巢等地，能够换取粮食、衣物，说明那时开城古人类的劳动生产已经有了分工，并开始进行商业活动。

20世纪90年代，一个刘姓村民在神墩附近种植棉花时挖出三件石斧。石斧表面光滑，器身厚重，无孔。通过比对，专家认为这三件石斧是新石器晚期到商周时期的器物，可能是当时这个陶器作坊的劳动工具。

宇家神墩

远远望去，位于羊山村宇圣自然村境内的宇家神墩，如一座椭圆形的土墩台，高出周围4米左右，面积大约5200平方米。

现在的宇家神墩被永安河支流——横塘河四面环绕，南北为河堤，终年被绿树掩映。古时候，宇家神墩一面或者两面临水，其他几面是岗地，是一

↑ 宇家神墩遗址遗存的陶片

个背山面水的好地方。

因为是“神墩”，附近的宇氏家族和其他家族对此有敬畏之心。开河或者挑土筑堤时，由于人们从不动用、也不允许动用宇家神墩的土，这个神墩才保存下来。宇家神墩遗址上遗存有许多残碎的回纹灰陶片和鬲足，其地貌保存完好，没有开挖的痕迹。

班家神墩

班家神墩位于开城镇旺盛村班家大村东侧大约100米，为不规则的长方形台地，东西长100米左右，南北宽80米左右，面积大约8000平方米。

很久以前，班家神墩为一大一小两个土台，如今小神墩已经被夷为平地，成为农田；大神墩高低起伏，上面长满杂树和野草。细细观看大神墩可以发现，神墩地表层散落着许多陶片、鬲足，有红、灰、黑三种颜色，陶片上有回纹、弦纹、席纹等。

↑ 班家神墩远眺

班家神墩是商周时期开城先民的聚落地。它是古代先民祭祀神灵的地方，破碎的陶片是祭祀神灵的陶器破碎后留下的；也可能是因为此处为烧制陶器的窑址，破碎的陶器是作坊留下的。

班家神墩的南侧是班氏宗祠，东侧为水面。夜幕降临，面水临风，站在商周先民生活过的神墩边，看月映班祠，听风吹稻浪，别有一番情趣。

老街

河西老街

在百度上搜索“开城老街”，可以看到朝鲜的油画《开城老街》，画里小河的两侧古宅沿河排列，远远还能看到小河上横跨一座小桥……如果两侧的房子换作江淮民居，还真与无为市的开城老街有点相似。

开城老街坐落在永安河东西两侧，当地人习惯上称为“河西”和“河东”。旧日，河东和河西在功能上没有明确的划分。

“河西”老街建在东西走向的土山上，长约270米，宽约35米，有七条深巷。街巷幽深，两侧商铺民居多为清代建筑，青砖小瓦马头墙，地上铺有青石板。

旧时，从河东过永安河大桥，走十来步，会被一道闸口拦住。这闸口相当于城门，俗称东闸口，它白天打开，晚上关上，是防备土匪用的。过东闸口进入中街，路中间顺向铺有三块光滑的青石板，中间青石板上有一道深深的车辙印，那是独轮车轧出来的；青石板两边用鹅卵石铺着。马路两边是一层或者两层徽派建筑的店面，店铺的木板晚间关上，白天打开。

↑ 工笔画《河西老街》（童天庆作）

河西老街曾经是开城最繁华、最富裕的地方，绸缎庄、布店、米行、酱坊、糟坊、机坊一字排开。白天里中街人来人往，叫卖声此起彼伏；夜幕降临，东闸口和西闸口的门关上，机坊的织布声渐渐大起来。机梭“嘀嗒嗒”的声音，伴和永安河的波涛声，伴着酒楼茶肆的说笑声，告诉人们这座小镇活力四射。

从前的中街，南北依次排列着众多机坊、商店、酒楼，还有开城小学堂和“卍”字会。“卍”字会是慈善组织，它是妇女们周末聚会的地方。走过中街，那里是西闸口。西闸口外，有铁匠铺、木匠铺、米行、小猪行、糠行等。

过永安河桥如果不经过东闸口，折转向南行30来步，是个大澡堂，再由南拐向西，是一条石板路，它的左边是小河，右边是河西的民居。一到夜晚，人们全部关起临路的后门，用以防土匪进城。

这条小路东南是水府墩，那里距离永安河不到50米的地方有个镇水将军台。开城是圩区，每到夏天，大雨倾盆，河水猛涨，经常发生洪涝灾害。镇水将军台的基石是青石，高约1米，上面站立着一尊高大的武将军石像，他头戴盔甲，身穿战袍，手执长刀。据说这尊石将军原先站立在永安河的波涛上。人们看他镇龙王、降河妖，便把他请到岸上，四季香火供奉。

“河西”老街南边的河沿比较平坦，那里是人们购买柴草的地方。早晨，晨雾袅袅。浓雾里，一艘从严家桥装运柴草的小船缓缓驶来，泊到河边。不久，又一艘装运柴草的小船泊到河沿。开城老街的人们，一年四季从这里购买柴草，用它烧火做饭，于是开城西街和东街炊烟袅袅。

不过东闸口，向北拐，也是一条石板路。路右边临河是一排房子，类似吊脚楼，它是河西的菜市场。过菜市场再往北，那里是火龙局，也就是现在人们说的消防队。旧时，开城河西火龙局配有三杆水枪，每三户配有一担水桶。遇到火灾，大家挑水往水缸里倒；火龙局的人不停地压阀，水枪里喷出两丈多高的水柱，可以喷洒到着火的地方。

开城河西老街的石板路是1979年毁坏的。当时的开城为了修建西都排灌站，提出“砸碎旧城镇，建设新农村”的口号，把河西老街的青石板撬起并运走。当时，河西老街的住户和有识之士纷纷反对，但没能阻止。结果旧城镇被砸碎了，新农村没有建设起来。

补充说一句，1954年无为大堤溃破，开城地域被江水淹没，开城街只有河东供销社一段街道和河西中街一段街道露出水面。

六店老街

北枕督兵山，南临竹子山，西边是都督山，东边是独山河，聚三山临一河，六店老街是传统意义上的风水宝地。

民国时期的六店老街人气冲天，巢县坝镇、三条垅和无为县蜀山镇花桥、开城镇西都圩，甚至严桥镇尚礼的许多人家，都经常到六店赶集，老街辐射方圆三十多里。

那时的六店老街有五家杀猪店。每天凌晨，凌姓、刘姓、孙姓等五个屠夫早早杀了猪，把猪肉摆上肉案，远近有婚丧嫁娶的、来客的人家早早赶来买肉，时间不长，肉案上就只剩下半个猪头。

一个月里总有那么几天，猪肉没有全部卖掉，那也没有关系。因为有农

↓ 六店老街

户打过招呼，请屠夫哪天留一刀肉卖给自己。这天，屠夫把剩下的猪肉打成一刀一刀的，用稻草系好，送给那户人家。要是那人不在家，把系着肉的稻草绳往门扣上一挂即可。开城俚语“挂门扣子”即由此而来。

六店一带的人们喜欢喝早茶，于是六店老街当年有好几家茶馆。说是喝早茶，待客的却多半为酒。上六店街的人们，特别是带着小孩的大人，他们领着小孩来到茶馆，专吃茶馆供应的油条和麻花。传说当年新四军七师江北游击纵队司令员孙仲德“挑着鹅毛挑”，在无为西乡开展抗日活动，他吃六店的油炸小饼，赞叹说：“好饼！”

现在已寻找不到六店老街茶馆的踪迹，只有附近山上碧绿的茶树能够说明这块土地与茶、与茶馆的联系。

小孩上六店街不只是为了吃油条麻花，冬天里他们上街还为了洗澡。当年六店街的澡堂是丁以康家经营的，有两个池子，一里一外。数九寒天的时候，大人牵着小孩来洗澡，通常是十天半个月洗一次。他们说冬天为小孩洗澡，是为他“出出洁”，形象生动。

六店位于无为西的商道上，当年六安、舒城、庐江、桐城、巢县的商人进入无为，一般都经过六店老街。六店人从六店坐船，翻坝进入串塘河，可以进入巢湖；经独山河到永安河，可以到达开城、襄安，还可以到达芜湖、南京等城市。

处在这个重要的商道上，六店老街的酒馆当然不会少的。从前六店老街最大的酒馆是丁家人开的，还有一孙姓人家开的酒馆被人称为“三开”，即在国民党、共产党和日本鬼子那里都吃得开。可以想象，六店地域当年曾经是各方势力的交错地带。

民国时期，六店老街有豆腐店、铁匠铺、黄烟店，还有杂货店，等等。因为濒临西都圩和花桥圩，每年出产大量的稻米，六店老街有米行四家，他们收购稻米，从孙家桥头装上船，经独山河运往开城、襄安，以及更远的芜湖、无锡销售。

六店老街的民居是典型的江淮建筑。墙壁底层是褐色石头，上端以及门边、墙角是青砖，顶上是小瓦。街道大约6米宽，原先是土路。1942年，六店成为皖江抗日根据地的核心区域，乡长徐晓龙动员街上的居民和商家积极参与铺设石板路。人们到督兵山开采石料交给政府，政府再安排人员具体铺筑。

↑ 六店铁匠铺

六店老街西有个很古老的“烟墩”，那是当年防备土匪、强盗，用以报警的烽火台。如果白湖或者巢湖的强盗来六店抢劫，人们会立即点燃烟墩上的柴草，向开城方向的人报信。开城的人们看到六店的烽烟，立即燃放烽火向无为州报警。无为州得到消息，立即出动人马赶往六店救援。

蒋家山口街

蒋家山口街坐落于六店社区，东接西都圩，西通蜀山镇花桥，南边是蒋家山，北边是黄家山，是明清就存在的一条老街。从前的蒋家山口街有蒋、宋、霍、张四大姓。老街的房子鳞次栉比，传说仅蒋家的房子就有一千根柱子着地。民国时期，蒋家山口100多米的老街，青砖小瓦石板路，有着典型的江淮山乡小镇的特色。

蒋家山口街受旧礼教影响较深，民间对语言多有讲究。一是重视话里玄机。传说，八仙之一的吕洞宾扮成乞丐来访，在蒋家要了一条板凳坐着休息。临走时，他说蒋家将来天天要死三个人，他坐的板凳走向就是蒋家的门相。蒋家听说自家每天要死三个人，立即破口大骂。乞丐立即改口说：“好好好，三十年死一个，年年起新屋，月月买耕牛。”说完就走了。蒋家人慢慢回味出乞丐话里的玄机，认为天天死三个人，起码会有三个人出生，那样蒋家肯定是人丁兴旺的大家族，而三十年死一个则人丁不旺；年年起新屋，则是说每年遭火灾；月月买耕牛，是说受疫病影响，买一条死一条。他们慌忙寻找乞丐，那乞丐早已不知去向。蒋家从此渐渐败落。

二是双关成谶。蒋家山上葬着一个姓倪的将军。明崇祯年间，朝廷召倪将军平定流寇。倪将军骑马从院内出门，妹妹看到门框相对较低，哥哥骑在马上可能出不去，提醒说："门头低，当心头。"她的话一语成谶，这倪将军后来真的被流寇杀了头。

三是支人上当。传说蒋家山口的张家因为把先人葬在牛嘴上，得了地力，子孙做了县令。一天，县令坐着轿子回家，到了山口没有下轿。蒋家人看到了，故意冷笑说："浪什么浪？他家先人死了，买不起棺材，是用稻草裹着埋的，有什么好浪的!"张县令听到这话，才知道自己先人是用稻草裹尸埋葬的，于是买回棺材，把先人的遗体挖出来，重新埋葬。没有想到的是，这一动败坏了家族的兴旺之气。没过多久，他竟然无缘无故被撤职。蒋家人编出的一句谎话，致使张家人上了大当。

↑ 精美的木雕上有寄托

民国时期，蒋家山口街最火的是王家和占家两个铁匠铺，四野八乡的农民来这里打农具、打刀叉，铁砧上一年四季叮叮当当，炉火一年到头红红火火的。最吃香的当数孙家肉铺，虽然每天都宰一头猪，却总是不够卖。冒着热气的永远是鲁本科家的豆腐店，山里的黄豆，山里的溪水，山里的柴草，山里的石磨，经山里人点卤，做出的豆腐黄嫩嫩的，最是鲜香。尤其是热腾腾的豆腐脑，浇上酱油，拌几根青绿的香菜，撒一把香葱，吃了让人觉得山里生活很有盼头。

蒋家山口街，还有染坊一家、篾匠铺一家、扎匠铺一家、糖坊一家、澡堂一家。木匠没有专门的铺面，谁家有什么木工活，是要把木匠师傅请到家里去的。

紧挨着蒋家山口街的，是山口大庙，庙里供奉着观音菩萨、牛王菩萨。牛王菩萨长着牛头牛角，是人们想象里龙王的化身。山野小庙，只有两个和尚，但他们按时撞钟，按规做法事，那清悠悠的钟声，使周边人们平淡的生活多出一分禅意。

实诚的山里人憧憬美好生活，重视子女教育，明清时期蒋家山口街就有私塾。民国时期，塾师王发堂教小孩背《三字经》和《千字文》。后来，有乡贤在这里办了初等小学。渐渐地，蒋家山口街多了些文气，也多了些现代科学的气息。

地无言，无数黎民百姓时时唱吟；歌有声，那是人们不屈的呐喊和抗争。开城的诗风，一直把“家”和“国”联系在一起，它托起“擂鼓诗人”田间的高度，铺长徐庭瑶兵家思想的宽度。

《诗经》录壁，“考槃”留诗；风雅谐趣，终成大器。

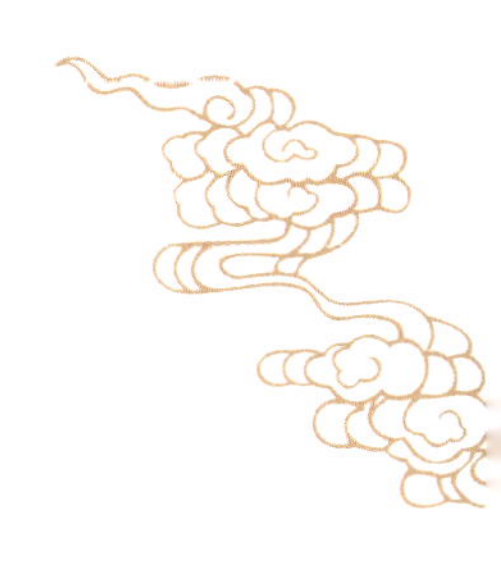

卷四

风雅永安

诗词歌赋咏开城

↑ 编钟

站在历史的高端回视开城的人文历史，可以发现许多歌吟开城的诗词歌赋，堪称杰作。

关于开城最早的诗，可能是唐朝元结的《无为洞口作》。有专家认为“无为洞”就是蕊珠洞，它们现在属于严桥镇，先前属于古开城乡。全诗如下：

无为洞口春水满，无为洞旁春云白。
爱此踟蹰不能去，令人悔作衣冠客。
洞旁山僧皆学禅，无求无欲亦忘年。
欲问其心不能问，我到山中得无闷。

另一首诗，可能是唐新罗王子金乔觉的《岩台寺》。全诗如下：

峭壁林暗松惊风，丈石周边水淙淙。
二十三点灵境在，只留胜迹山石中。

宋代名相吕夷简有诗《咏天宁院》，歌咏的是原临湖县的建筑。诗中的“鳌山”，有人说是泉塘镇境内的宝山，有人说是竹子山。全诗如下：

飘然吟魄到鳌山，好句空留水石间。
眼界清虚心不息，浮生能有几时闲。

北宋著名诗人杨杰是无为人，他与苏东坡交好。他的《双泉》写的是双泉寺，当时归开城乡管辖。全诗如下：

南泉甘滑北泉清，竹引潺湲远殿楹。
分派铜龙穿石过，两泓寒月隔室明。
金沙自是藏金穴，玉马长遗喷玉声。
曾倚栏杆一欹枕，梦回疑不在重城。

北宋著名诗人王之道的《和王觉民双泉道中》，写的双泉有些烟火气。

白云深处是吾家，山市归来日影斜。
独立前村聊送目，孤村流水闹寒鸦。

歌咏双泉寺的诗有许多，这里再录几首，以供欣赏。

过双泉寺

明・朱匡世

翠岩红寺出，双水到门前。
塔共烟萝合，钟随谷响传。
望中山有致，忙里客悭缘。
忆昔曾游历，流光去莫旋。

双泉流碧

明・徐赞

窈窕青山曲，行行驻马看。
源头分两派，混混碧流寒。

双泉寺

明・董仝

百里西山寺，双泉下石扉。
白云僧占久，红树客来稀。

野斋山如聚，清涟泡影微。
茫然望天海，空界是皈依。

初过双泉寺

清・陈廷乐

青山谁似武陵春，聊向双泉学问津。
到寺忽惊畴昔梦，前身疑是住山人。
危崖石洞供禅悟，古木泉声净俗尘。
谁谓巢由山不买，饮牛应作力耕民。

游双泉寺和同人韵

清・赵宽

世外寻幽一径偏，禅关指在小桥边。
霜烘柏叶欲烧寺，风送秋声将上天。
客座裁诗分片纸，僧厨瀹茗试双泉。
相携游屐好收拾，会探西岩巨石巅。

清朝诗人吕之兰《过双泉寺》是古风。看到当时“十围树分列”，想到现在双泉寺只剩一棵千年古树，不禁有些遗憾。全诗如下：

我行过崇冈，村回疑径绝。
迤逦更寻途，通幽得禅悦。
古寺创何年，有明表丰碣。
入门势萧疏，十围树分列。
乃为叩重关，香台尤杌陧。
金碧已凋残，天人纷漫灭。
宝塔尚森沉，终古依巀嵲。
萝苹老巉岩，与山成旋折。
何处问禅宗，青天正漻泬。

冥坐秋气深，红泉风外泄。

明朝著名哲学家、诗人吴廷翰的《广德寺简诸同游》，写的广德寺其实就是现在的迎河寺。全诗如下：

与客步春郊，青冈映白茅。
路斜双垅出，树直万松交。
钟隐破楼寺，僧居野鹳巢。
此中多胜事，再到莫相抛。

吴廷翰的《饭萝山道中》写得比较简约。饭萝山位于现在泉塘镇，明朝时属于开城乡一图。全诗如下：

水落庐江桥，云净饭萝山。
野田带寒日，萧萧红树弯。

吴廷翰的诗《晚过岩台寺》写得十分空灵。全诗如下：

岩台欲朝访，淹忽已斜阳。
问寺迷前路，寻钟到上方。
花灯然佛殿，萝月暗僧房。
记上经楼看，忙行笑却忘。

关于岩台寺，明朝无为州进士刘汝佳有一首流传很广的《岩台寺》。全诗如下：

岩台山下路，强半采樵行。
牧竖穿云滑，牛羊度岭平。
潭空摇树影，石冷咽泉声。
薄暮闲归寺，山僧进晚羹。

清代朱晋屿《岩台寺》诗里，有与吴廷翰、刘汝佳笔下不一样的风景。全诗如下：

已觉灵崖异，尤耽古刹幽。
竹凉侵客坐，花气入空楼。
树老偏宜夏，荷残别作秋。
耳边山鸟众，愁听是钩辀。

开城的羊山，又称阳山。明朝诗人张辙的《阳山别墅》里，阳山风景如画。全诗如下：

藜杖休撑破草扉，放他秋气入帘帏。
香消翠沼荷衣老，色荫青畦菜甲肥。
小燕欲归离故垒，闲鸥相狎浴斜晖。
不知落罢黄昏雨，梧叶枝头几个稀。

吴廷翰的《阳山感古》，把曹操与阳山的得名进行联系，引人思考。全诗如下：

我经阳山道，逶迤一何长。
暝烟生中林，疲马陨前冈。
古寺摧草蔓，欲宿无僧房。
径往为踟蹰，感此怆兴亡。
前途问山名，土人多迷荒。
传闻曹孟德，屯兵山之阳。
是时吴魏邻，此地互为强。
争战岁屡接，烽屯乃其常。
不谓奸雄迹，能令人播扬。
兹山一蒙名，至今郁不芳。
君观毛公山，千载为苍苍。

清朝杨永泰工诗文，尤其精通书法。他在《岁杪阳山感赋》里这样描写冬天的羊山：

北风号雪黯长天，祓被空山岁欲迁。
身似冻云沾远岫，心同衰柳结寒烟。
闲中作计寻僧语，梦里忘忧籍酒眠。
从此只须耽寂寞，羞将老朽趁新年。

明朝诗人丁最的《西山别墅》，写的是丁氏家族的聚居地竹山之景，突出的是夏日闲适的情怀：

遥对西山爽，幽通六月凉。
破苔长怪鹤，为月每移床。
久住渔樵狎，无心盥栉忘。
坐来浑不厌，白日到羲皇。

《登西山佛寺》是明朝朱治显的诗。无法通过诗文看出他写的是双泉寺还是岩台寺，但可以从诗中看到其境界的空灵。全诗如下：

石级凌云护碧苔，从旁一径到香台。
竹中不雨泉争迸，崖畔非春花递开。
梵罢垂帘猿暗过，斋初报磬鸟知来。
四时山色常清净，到此烦襟冷似灰。

清朝的陈景运有诗《登西山佛寺》。熟悉开城的人读了，就知道此诗写的是岩台寺。全诗如下：

丹梯直上气氤氲，秋色凭临迥不群。
红树影斑千涧水，黄花香煖半山云。
座当榛莽僧同悟，路入苍茫客自分。
见说会心何处远，忘言相对日斜曛。

清朝诗人王高诞的《过西山古寺》，写的则可能是双泉寺。全诗如下：

一径入林人迹杳，荒凉古寺枕崔嵬。
壁撑颓宇穿藤蔓，阶卧残碑没草莱。
浅水溪头双鸟下，斜阳山脚一僧来。
松阴盘翠宽闲地，藉草长吟破绿苔。

清朝诗人侯坤的《头铺道中》，写的是去开城路上的情景。“头铺”位于现在赫店镇境内，属于古开城乡。全诗如下：

村店当门系马桩，客过爱听水淙淙。
日斜前路知多少，墙外堆堆堠一双。
秧针刺水长新苗，亩夹东西路一条。
细雨青帘高不落，绿杨影里卖黄娇。

最后介绍两首诗名里有“开城”的古诗，一是清朝戴梓的《开城霁后观雪》。全诗如下：

小祓依残雪，孤城散积烟。
巨流坚渡马，断岸白胶船。
树老寒风劲，山空落日悬。
土人看瑞色，矫首祝丰年。

二是清朝桐城人许惠的五言律诗《开城桥》，真实地描绘了开城古镇河东和河西的风貌。全诗如下：

匹马去悠悠，西来暮色秋。
一桥流水渡，两岸夕阳楼。
争食笑鸡鹜，忘机怜鹭鸥。
酒家鲈脍美，小饮且勾留。

毛公山，诗歌之山

无为西北有许多山。若问哪座山在全国影响最大？可以肯定地回答是毛公山。毛公山是孝子山，它诠释了孝的另一个境界，即“束己而顺亲”。

古典诗词里吟咏毛义及毛公山的成千上万，如王安石的“岂慕王尊能许国，直缘毛义欲私亲”等。这里且把无为本地吟咏毛公山的古诗一一列出来，供大家欣赏。

北宋诗人王之道在狐避山、毛公山一带抗金，曾收编一支毛公山抗金力量，他对毛公山非常熟悉。王之道有《游毛公洞》六首，记录游毛公山的所见所思。全诗如下：

一

说诗人去想云车，千古青岩倚碧虚。
训诂未容端拜议，一言聊复问关雎。

二

旋披荆棘入山来，洞口晴烟翳不开。
试问真人竟何处，他年相就谒蓬莱。

三

须信桃源路易迷，野人遥指过山西。
由来石室非仙窟，漫向云中觅旧蹊。

四

山前踊跃见樵人，欲问神仙更问津。
指点长柯向东去，不知银穴又非真。

五

徘徊银穴送斜晖，散遣长须上翠微。
青鸟似知予意确，故传仙语傍人飞。

六

偶因青鸟遂幽寻，翠壁苍崖白日阴。
三扣石扉人不识，满山松竹自悲吟。

明朝著名哲学家、诗人吴廷翰，曾作诗《游毛公洞因柬三子》。在《送陈邦直教临海》里，他用到了“捧檄慰亲”的典故。全诗如下：

骏才驰艺苑，珍价重儒林。
韦氏传经业，毛生捧檄心。
但知勤斗禄，何用羡籯金。
忠孝君休忝，相知我独深。

明朝的董仝是无为州人。秋天，他和朋友游览毛公山，作《秋游毛公洞》记之：

秋到毛公洞，空山黄叶轻。
云流溪径湿，风洒石门清。
捧檄当年事，操觚此日情。
令人成感慨，苍界暮烟生。

吴世基是明兵部侍郎吴光义的孙子。他参加清朝的进士考试，皇上本来准备钦定他为状元，但因为他的回答没有讨得皇上喜欢，被置于下列。吴世基有诗《毛公山石壁》，全诗如下：

濡须襟带江之侧，西望名山峰岩崋。
山有洞兮屯烟云，旧传旁是毛公宅。

毛公至性高古今，青史犹芬捧檄心。
为亲屈兮非为名，至今石壁清风生。
我时跻陟访遗迹，四面平湖连山碧。
水帘石蹬列洞旁，翠竹苍虬疑手植。
毛公当日此栖迟，洞云高卧绝尘缁。
可知世外餐霞趣，即在桥头捧檄时。
相传石上镌诗律，此事从疑未可必。
苔藓纹深何处寻，空有云山相拱揖。
君不见山花山鸟自千年，尽是天然诗百篇。
我来登眺怀前贤，凌空长啸青峰巅。

清朝仓头人季国时，曾作《登毛公山顶》，写的基本是自然景色，与前人的角度并不相同。请看：

硉兀高峰翠接天，扪萝披棘直跻巅。
湖光泼眼堪盈掬，石势拿空可拍肩。
隔岭梵宫窥隐隐，匿岩花萼静娟娟。
云深何处寻仙窟，古洞招邀径窅然。

清代一个姓汪的无为人，不见史籍，却因为《毛公洞阻雨》而青史留名。全诗如下：

嶙峋峭壁削山腰，古洞空明射碧霄。
碑藓细磨支字碎，石床小憩雨风骄。
增人逸兴从相阻，何日晴游再见招。
欲向毛公问消息，飞泉聒耳响清寥。

清康熙《巢县志》收录了一些巢县人吟咏毛义的诗作，其中曹祖庆的《游毛公山》比较有名。全诗如下：

一

几年怀仰止，今日惬跻攀。
岩岫閟灵异，居人说貌颜。
亲庭须有嶶，国步岂无艰。
此意从谁质，千秋托此山。

二

毛公人自重，隐计在青山。
猿鹤邀何许，莓苔深作斑。
樵风迎树急，牧雨逐云般。
命酒前村去，终期乘醉还。

明朝开城的“考槃”诗社

明朝嘉靖年间，开城镇一带居住着许多文人雅士，他们聚结成社，经常在一起饮酒作诗。其中，最著名的诗社当属“考槃”诗社。

↑ 竹山

“考槃”诗社的集结地位于开城镇的竹山一带，应该在独山村“大燕窝地”附近。传说那里是九龙抢珠之地，独山是绣球，竹山是一条龙，竹山前的芦苇荡是龙须，泉水为龙眼。当年，丁氏六世祖丁最与朋友丁大价、仰松石、徐善可、董仝等人结社相吟，并与无为州城、巢县、庐江许多地方的诗友相往来，一时传为佳话。

关于“考槃”诗社的丁最，《庐州府志》这样的介绍：“丁最，字文选，无为人。积学淹雅，不干仕进，喜吟咏，与少参吴苏原、给谏许平湫诸公忘迹同游，联吟结社，所著有《槃涧集》行世。又有董仝，字子异，隐居不乐仕进，徜徉自怡，与槃涧诸君称莫逆交。”“少参吴苏原”指的是著名诗人吴廷翰，“给谏许平湫”应为诗人徐少游。

关于徐少游，清《无为州志》有介绍：“徐少游，字善可，号澜溪，家南乡之昆山。少俊逸，喜谈兵。年二十应学，使者试适题为论兵，合其意。构篇甫成，即自大呼称快。惊使者，取视其文，窃叹赏，欲首拔之。以犯规应扑，扑而后予以巾衫。游不肯受，使者爱而听之。由是绝意进取，放情泉石。构澜溪草堂，读书其中，吟咏自适，绝迹不入州府。吴公廷翰致政归，仰其高逸，结为忘年交。与丁槃涧、董仝时相唱和。晚号饭牛山人。”

“考槃”诗社的另一个重要人物董仝，字子异，号元夫，别号江野。他不愿做官，喜欢在山水间游玩，与吴廷翰、丁最和徐少游是莫逆之交。

明朝时的考槃是什么样子呢？吴廷翰的《西山纪行》有明确的记载。他上午由西北进入竹山，过绿筠居，经杏花村，中午在梅山道院饮酒；下午经过桃溪、鹤渚，到达考槃。考槃附近有黄石洞和赤松亭景点。再往前走，经白云生处和听泉亭，可以到达屏山的半若。

丁最的《西山记》记录得更详细。具体如下：

余居竹山之中，独与孤壁相向。水光山色，上下荡漾。居之西夹深巷，野芳幽邃。转悬岸绝壁上，多橙橘古柏；柏下砌石屏，曰“啸风台”。台后万竹荫翳，中有“绿筠居”；居内设竹榻，旁置竹炉，截竹为樽。每饮罢夜静，纳森森凉风，檀栾淅沥，若倒湘江而涌秋浦，非体完者不可久坐。竹下开径约半里，入梅山道院，院内堆《黄庭道德经》；右为白雪轩，轩下系药篮；左为明月房，房中支丹灶；门外横小桥，桥上编古柏为楼台，织蔷薇为户牖，穿木槿为屏障。五步一曲，十步一曲，散奇花怪石，咫尺迷离；清流潆绕，中有流觞曲水。亭南近杏花村，村中构茅屋两楹，曰“高阳酒肆”。肆中涤瓦器磁瓯，出青旗，卖竹叶酒。好事者典春衣、沽佳酿，风谈烟卧，多枕藉于长林丰草间。

再百武，渡桃溪，红香交错，下有武陵人家。客至话桑麻、具鸡黍，卜丰年气候。由溪下通鹤渚，渚中生菖蒲菱芡，两岸垂杨掩映，直抵考槃吟社。社前有池，池中有亭曰“洗云亭”。亭上有洞曰“十八公洞”，为名公羽士、诗豪酒客盘旋之乡。恋红尘者至此，清神爽骨，便学觉碍乾坤、小宇宙，靡不有餐霞物外之想。越此入丹枫坞，坞中产兰草、南星，八九月间霜条醉染，正昔人所谓“红于二月花”也。又结一草亭，可以小憩，两峰环抱，东偏微缺。月出照石，清光射人，名曰“邀月峡”。峡下为黄鹂谷口，谷中走支涧，有亭曰“听泉亭”。每阴雨，争流澎湃，穿林洗削，触石应响，琼珠玉液，散落寒溪。穿深窦中，出谷迳愈高，高处乱石蹲踞，曰“卧云岩”；岩上结庵，曰“太虚庵”。庵中放《周易》一卷、古琴一张，焚柏子香，操商声，弄秋思。云生窗上，烟流枕席；清心默坐，见不在玄空紫府、五城十二楼哉！

当然，“考槃”诗社的活动范围远不只这些，他们还经常结伴到毛公山、都督山、相山、天井山、临壁山、昆山、巢山、银瓶山游玩，并到无城、襄安、巢城、庐城参与活动，或者啸吟，或者饮酒，或者嬉戏。

需要说明的是，“考槃”与“考涧”不是一个地方。“考槃”在竹山，是其中的一个点。“考涧”虽然只是山涧，但它面积较大，应该包括“考槃”。又有人说，“考涧”在蜀山镇的花桥村附近，是花桥河的上游。

明朝“考槃”诗社的影响需要进一步研究。可以确定的是，“考槃”诗社留下的诗歌和散文，不仅记录了明朝时期开城人的情怀，还记录了开城地域地貌的变迁和建筑的存废。清《无为州志》选录有“考槃”诗社的丁最、吴廷翰、徐少游、董仝等的十几首诗，代代相传。

吴廷翰游西山留下的诗篇

明嘉靖二十六年（公元1547年）农历闰九月的十八日，饮过早茶的吴廷翰从无为州城的家里动身，准备在州城西门外与好友王思池会合，他们应“考槃”诗社丁最之邀，准备游览开城的西山。

吴廷翰，字嵩柏，号苏原，明正德十六年（公元1521年）进士，历任户部主事、山西参议等职。吴廷翰对哲学颇有研究，他的朴素唯物主义理论，在日本、朝鲜影响很大。因为仕途坎坷，他辞职回乡已经有两年了。这年春天，他接到开城乡丁最的邀请，邀约几个诗友游逛西山，现在终于成行。

如果允许，吴廷翰是想半夜就动身的。可是无为州城城墙宏伟，西门稻荪楼城门紧闭，不到时间是出不去的。终于，州城西门的大门打开，外面卖菜的农民潮水般往城里涌，吴廷翰挤不过他们；卖菜的农民挤进城后，到城外探亲访友的人潮水般往外挤，他又挤不过他们。等到稻荪楼下的城门可以悠闲通过，吴廷翰看到地上有好几只被挤掉了的鞋呢！

终于出了西门，吴廷翰远远看到住在城外的王思池、仰仲魁的轿子已经停在麻石街边，知道他们已经等待多时，慌忙上前行礼，连说抱歉。王思池笑着说怪只怪城门开迟啦，怪只怪进出的贩夫走卒不知道为进士大人让路，请吴廷翰快快上轿。

吴廷翰和王思池、仰仲魁分别上了小轿。那轿夫不紧不慢地走着，一路向西，时间不长，就过了平安桥，到了赫显也就是现在赫店镇的侯家桥。

“吴大人，我是谢三溪，诗翁丁最让我在此等候您的到来！”一个中年书生上前招呼说：“我们乘轿一同去开城吧。”

↑西广德寺，后改名为“迎河寺”

吴廷翰慌忙回礼，他和王思池等人也不推让，随谢三溪一同往开城去。

春风送爽，万里无云。小路两边的水田里，秧苗正茁壮成长。吴廷翰问轿夫今年的收成可好？轿夫说开城乡半山半圩，旱比涝好；今年开城干旱少雨，看样子倒是少有的好年景。听了这话，吴廷翰觉得那轿夫家似乎已经仓满鱼肥，自然为他高兴。

过了一个半时辰，轿到开城桥。他们一行人下轿乘船，在永安渡乘船过了永安河，来到广德寺。等候多时的丁最和丁大价从广德寺迎出来，他们相互见礼。丁大价忙请吴廷翰、王思池一行人到自己家小坐，他们愉快地接受邀请。

午饭后，他们乘船经永安河、独山河到竹子山。天黑时，他们下船，打起火把，终于登上竹子山。听说大诗人吴廷翰来访，南乡昆山的诗友徐善可、董仝早已迎候在这里。因为旅途劳累，吴廷翰当晚早早休息。

第二天，吴廷翰与丁最会面，感谢他的邀请，并随诗友一起游竹子山。吴廷翰知道，无为州地脉西北高，东南低，星象家认为无为龙脉自西北五十里外逶迤东南，开城居于龙脉的咽喉地带。竹子山的东侧是轩车山，有宋丞相王蔺的墓地；北侧是相山，那里有无为最早的书院——林泉书院；西边连着的狐避山，是宋朝进士陆随和陆毋必的故里；南边的关河，是毛义“捧檄慰亲”典故的出处……吴廷翰不禁感叹，开城真是人杰地灵的好地方。

↑ 吴廷翰像

边走边聊，吴廷翰随丁最由西北攀登竹子山，先入绿筠居，再到杏花村，饮于梅山道院；过桃溪、鹤渚，到了“考槃”诗社。这“考槃”诗社，是丁最和朋友徐善可、董仝平日吟诵诗词的地方，有黄石洞、赫松亭等景点。他们经白云生处听泉亭，落脚在屏山。为了纪念诗友相约的美好时刻，吴廷翰作诗《竹上》，请王思池书写在峭壁之上：

竹多曾见王官谷，若此山中竹更多。
今人亦说篔筜口，其奈萧萧数叶何。
少年爱竹似琅玕，解道题诗竹上刊。
此日题诗人忽老，千崖万壑不胜寒。

二十日一早，丁大价再来，邀请吴廷翰一行和谢三溪由独山河泛舟，顺流而下到开城游玩。当天，他们一同留宿在开城永安河畔丁大价的山馆。

第三天，吴廷翰作《送宿丁氏山馆》与丁大价作别。丁大价轻声念道：

邀我宿山馆，酒馔乐秋成。
寂寂饭牛夜，场场打稻声。
窗中溪月白，闲照野霜清。
起谢还难别，因感主人情。

吟罢此诗，丁大价朗声笑起来："寂寂饭牛夜，场场打稻声。好诗！借您的诗名，我要永垂不朽啦！"

因为有事，谢三溪没有告别就走了。吴廷翰与王思池、仰仲魁坐船返身前往丁最的家，回到竹子山小坐。中午和晚上，都被丁最的弟弟请去饮酒。因为喝醉，夜晚回丁最的住处，不得不坐到路边的石头上休息。

一晃到了第四天。早晨，吴廷翰和丁最一起游毛公洞。他知道毛公山是孝子毛义居住的地方，而世传秦始皇焚书坑儒时毛亨和毛苌在此山藏匿《诗经》。毛公山非常陡峭，众人攀援而上。为了攀山，他与徐善可换了鞋，又砍一棵树作拐杖，才爬到山顶。在毛公洞里，他们一同饮酒作诗。吴廷翰作《游毛公洞因柬三子》相赠：

↑ 吴廷翰集

毛公山洞庐江路，昔屡经过今始游。
双屐远将来石上，一筇直挂到峰头。
青天独照群鸥晚，红树高吟万壑秋。
不有诸君能挈我，白云何处可寻求？

第五天，太阳升起的时候，丁最邀请吴廷翰游玩相山。南宋太师王之道曾在相山书院读书，现在这里只剩下一个破败的古寺，那尊露天里的佛像，被人裹着破旧的席子。

吴廷翰问："这是什么地方？"

"巢县。"和尚回答。

吴廷翰又问："什么乡？"

"线香。"和尚手持一香，误以为吴廷翰询问香的类型。

答非所问。众人笑起来。

大家寻找林泉书院旧址。吴廷翰记得自己的外祖父曾经记录过林泉书院，依记忆寻找，他觉得古寺是林泉书院的原址。吴廷翰作《相山访林泉院》记之：

吾乡贤宰相，第宅到今传。
及见西山寺，犹题南宋年。
自从迷墓地，无复识林泉。
坏佛残僧在，相看一泫然。

他们来到相山边，手捧泉水喝下去，觉得甘洌无比。一行人往山顶爬，有的歇在山麓，有的停在山腰，只有一个人爬上山顶。在山顶的人大声歌唱，山麓、山腰的人们歌唱着相互应答，歌声在大山里回响，余音袅袅。直到傍晚，他们一行人才踏上回程。有人提到相山古寺里和尚的答非所问，大家都笑了起来。

为了纪念这次登上相山，吴廷翰作诗《登相山》：

直上王公岭，携尊酹苏纹。
秋藤援细路，凉石坐高云。
谷应歌声转，天空木叶闻。
晚来湖上景，飞尽白鸥群。

按照预先的安排，第六天吴廷翰游双泉寺。吴廷翰先拜访董良用，在那里用过午饭。过临壁山，到了双泉寺，在山林中步行几里，遇到先期抵达的徐善可一行三人。因为登山劳累，吴廷翰和朋友在双泉寺的后轩饮酒，与众僧作乐，如在异境。那酒清洌异常，有泉水的味道。当夜，一行人回竹子山住宿。

应朋友相邀，吴廷翰次日作《临壁山》留念：

昨从临壁寻诗过，贪看双泉忘却题。
一路青山红叶里，人家流水石桥西。

二十五日的早晨，吴廷翰一行人再到双泉寺游玩。双泉寺和尚索诗索对，吴廷翰笑着作《宿双泉寺柬同游》应之：

↓西山雪后

山寺倚红叶，僧居占白云。
我来鸣众乐，坐久散奇芬。
萝月生虚照，松泉入暗闻。
何应知此意，不染是真如。

中午，董良用又带着酒菜赶来，大家边喝酒边唱和，十分快乐。出门再看天井山，觉得它非常高远，想攀登已经来不及了，只得遗憾地踏上归程。吴廷翰作《望天井山》记之：

临壁行欲尽，瞑色忽在地。
钟声远迎客，遂宿双泉寺。
前望天井山，巑岏不能至。
寒云倚孤碧，断霭郁空翠。

中途路过考涧，丁最有诗让人传来。吴廷翰高兴地应和，作《西山别丁文选》留念：

西山巑岏许我登，我足蹒跚殊未能。
几日着破谢公履，时复一借秋风藤。
晚眠清倚竹根石，夜吟细落松花灯。
诸君豪放不可及，谈玄纵酒各自矜。
坐来谑浪转庞剧，遂令沧海俱翻腾。
衰年偃蹇少兴趣，得此不觉意态增。
人生会聚不常有，安得笑语相频仍。
明当晓发作诗别，明月满地清霜凝。

二十六日，吴廷翰一行都在丁最的诗社度过。二十七日，丁最为吴廷翰摆了一桌送行宴，大家以酒为菜，唱和乐游。

二十八日，吴廷翰辞别丁最、徐善可等朋友，作诗告别。他们先坐船由独山河到开城桥，先期到达的董良用已经在广德寺等候，于是吴廷翰留宿在他家里。丁最听说吴廷翰留宿在开城桥，依依不舍的他第二天一早赶来欢聚。吴廷翰作《广德寺》记之：

西行经此山，因得访南能。
路转寻孤磬，堂虚见一僧。
烟生逢午爨，拂挂近秋灯。
倦客堪幽憩，频过却未曾。

直到二十九日午后，吴廷翰一行才经横步桥返回无为州城。到家已是掌灯时分。

这次开城西山之旅，吴廷翰在十一天里写下二十首诗；同游的文人好友超过十人，写下的诗超过百首。三年后，吴廷翰作《西山纪行》，记录这次出游的经过。470多年后的现在，我们把吴廷翰游开城的故事展示给大家，是希望大家看到开城人的好客与儒雅以及开城山水的诗意，看到嵌进开城泥土里的文化底蕴。

清末开城一组人物白描诗解析

明清和民国时期，开城镇一带私塾很多，私塾先生当然也就多。私塾先生是文人，他们诗作的内容大多风花雪月，涉及现实的题材很少。近日，偶然看到一本旧抄本，内容繁杂，其中有一组描绘开城桥汛人物的律诗，读来很有味道。

组诗的题目是“开城桥汛董诗”。“汛”同“讯”，清代兵制，凡千总、把总、外委所统率的绿营兵均称“汛”，其驻防巡逻的地区称为“汛地”。后来，“汛”成为类似“社区”或者“乡”的行政单位，“开城桥汛”的意思是开城桥社区。“董”呢？相当于现在人们口头上的“领导”。“开城桥汛董诗”即关于开城桥社区领导的诗。

先看几首赞美的诗：

顺董余春和稳

春风吹去景云多，惹得人文唱好歌；
待等山山春意茂，管教无地不温和。

智董丁小峰香

惟他北地效丁香，大受非同小智看；
譬比众山均一览，高峰突出在云端。

正董郝采之

仰其郝范自钟仪，孰不尊崇孰不思。
共仰孝廉王者品，大家采得寿仙芝。

诗题“顺董余春和稳”，“顺”是人物性格特征，“余春和”是人名，“稳”是说他办事稳重，本句的意思是和顺的领导余春和很稳重；诗题“智董丁小峰香”，“智”是人物很有智慧，“香”是赞美，本句的意思是聪明的领导丁小峰让人觉得很愉悦。

其他诗题如“虎董丁某某害”，“虎”是形容人让人害怕，“害”是说他像害虫一样；“奸董丁某某绝”，“奸”是描绘他十分奸诈，“绝”是说他断子绝孙；“臭董帅某某丑”，“臭”形容很远就能闻到他的气味，大家都厌恶他，“丑”是形容他的相貌丑陋；“恶董帅某某除”，“恶”是形容他经常做恶事，“除”则是希望老天除了他……虽然诗的内容一般，只是普通的赞美或者批评，但诗的题目比一般律诗新颖，明显是白描诗，犹如一幅幅工笔画。

下面这组诗里，内容不空洞，能够联系实际。先看诗句：

虎董丁某某害

欲得西乡万户宁，趁时拔去眼前钉；
非然贻害于千古，如域伤人不见形。

这首诗排在组诗的开端，丁某某可能是开城桥汛的首领，因此他才有“虎”威。本诗还写出丁某某的奸诈性格，即伤害别人却令人看不出来，诡计多端。

奸董丁某某绝

无子无孙两开交，常用奸谋图学曹；
派费不公神鬼忌，问其果可出苞茅。

这首诗将丁某某的性格写得十分清楚，即学曹操“常用奸谋”，表现在哪些方面呢？即“派费不公”。

阿董丁某某

祖宰耕牛父杀猪，某某何不想当初；
而今只要逢迎好，哪问声家有苦无。

“阿”是阿谀奉承的意思。这首诗不仅写明了被讽刺者的出身，并且批评了他追名逐利的行为，说他忘记了当初，根本不管百姓死活。

臭董帅某某丑

庆贺其身穿美裘，傲然人物出人头；
问来腹内俱如草，细睹形容似野猴。

“臭”字突出的是他的习气。这首诗从外形入手，用他衣着的光鲜与知识的缺乏作对比，对帅某某进行讽刺。需要说明的是，“形容”的意思是外貌。

恶董帅某某除

子绝书箱泣祖宗，以公捐费想贪功；
在君自谓奇赢事，消耗民财恶太凶。

“恶”字突出他的作恶行为，并说应该把他“除”掉。诗里描绘的帅某某，通过不正当手段贪功，恶意浪费民财。

阅读这组形式比较活泼且十分接地气的律诗，可以看出以下几个问题。

一是“开城桥汛”的确存在。有资料显示，清朝中后期及民国初年，无为先设20个“汛”，后设40个“汛”，有监督管理职能。这组律诗，告诉我们“开城桥汛”是确实存在的。

二是可以看出清末百姓对开城地域社会管理方式的厌恶。《奸董丁某某绝》说的“派费”，就是摊派费用；《恶董帅某某除》里的“捐费”，则是鼓励民间主动捐资。而“奸”“恶”虽然表现的是百姓厌恶其人，其实揭示的是百姓厌恶这种管理方式。

三是社会矛盾比较激烈。一个私塾先生，用诗歌的形式指名道姓地为当地的社会管理者画像，极讽刺之能事，可以看出清朝时期开城社会矛盾的激烈程度。

四是诗的题目十分特别。细细分析，诗题基本由四部分组成，第一部分即第一个字是评，即表明作者对被描写者的感性印象，如“虎”“奸”等。第二部分是被描绘者的职位，即“董”。第三部分是姓名。需要说明的是，原诗指名道姓，为开城的历史留下一些宝贵资料。我在引述时，为了避免不必要的麻烦，有的地方用“某某”代替。第四部分是作者的批评，如“猴”“害”等字；也有作者的评价，如“丑”“直”“香”等。

以诗为史丁景尧

1918年，开城人丁景尧获得中华民国政府颁发的紫绶银质奖章和嘉奖令。嘉奖令全文如下：“据内务部呈，据安徽省长咨，据无为县知事呈报，该县官坝总董丁景尧，督办凤凰颈涵工最为出力，援例请褒一案。核与《褒扬条例》第一条第三款之行谊相符，拟请奖给紫绶银质褒章，‘急公好义’匾额，应照准此令。民国七年。”

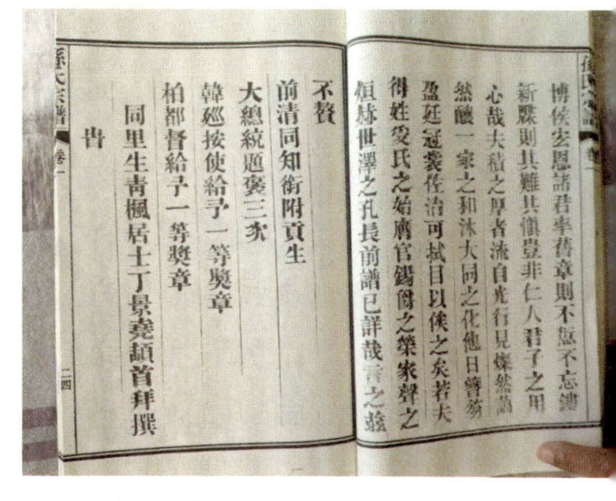

孫氏宗譜　卷一

博侯宏恩諸君事舊章則不恤不忘鍾
新猷則共難共愼豈非仁人君子之用
心哉夫積之厚者流自光行見燦然藹
然釀一家之和沐大同之化他日簪笏
盈廷冠裳佐治可拭目以俟之矣若夫
得姓受氏之始膺官錫爵之榮家聲之
烜赫世澤之孔長前譜已詳哉言之茲

不贅
前清同知銜附貢生
大總統題褒三次
韓巡按使給予一等獎章
柏都督給予一等獎章
同里生青楓居士丁景堯頓首拜撰
書

孫氏宗譜　卷一　二四

↑1942年，丁景尧为孙氏宗谱作序的署名

丁景尧，亦名云牖，字菊痴，号青枫居士，清同治三年（公元1864年）生。他参加过大清的乡试，列入副榜，获“同知衔”。民国时曾任无为县官坝坝董、开城小学校长等职。

1911年，无为西南因永安河出江口被堵，迭遭水患。1916年冬，丁景尧会同无为西南诸乡绅，向无为县政府陈情，建议在凤凰颈通江涵闸附近再置一涵。建议批准后，施工设计和监督事务落到丁景尧的身上。在大约十个月的时间里，丁景尧一边忙于施工管理，一边用诗歌记录凤凰颈通江涵闸建造的过程。

凤凰颈涵工局感成（时在民国丙辰仲秋月）

一

鬓染秋霜老更衰，那堪飘泊大江隈。
疏红枫叶挽霞落，浅白芦花卷雪来。
月下徘徊人影瘦，风前凄断雁声哀。
经营疏凿工犹巨，勉为枌榆一捍灾。

二

烟波来往一身轻，话到沧桑倍怆情。
紫蟹肥时霜气肃，白鸥浮处浪花平。
日斜远浦舟如织，潮落寒江夜有声。
阖辟灵通从此始，西南终古依长城。

本诗写于1916年。这一年农历八月，52岁的丁景尧任无为县“官坝总董”，负责筑建凤凰颈第二道通江涵，虽然他已经“鬓染秋霜老更衰”，面对“经营疏凿工犹巨”的工程，为了“西南终古依长城”，依然“勉为枌榆一捍灾”。诗题“涵工局感成”，是指有感于成功设置“涵工局”，即通江涵筑建工程的开工。

在诗《涵工局复成》里，丁景尧用诗歌记录了筑建凤凰颈涵的过程，字里行间充满勤勉和辛劳。

涵工局复成

一

几劳擘画几经营，欣见西南水土平。
十万甲兵胸自蕴，莫教轻量到儒生。

二

白石磷磷虎豹蹲，经营惨淡敢言烦。
心肝掬出腔尤热，洒向西风有血痕。

三

茧足荒江有数年，秋来白浪正掀天。
劳劳哪及渔人乐，红蓼滩头系钓船。

四

寒雨潇潇战岸芦，那堪庚癸听频呼。
千秋郑侠传遗直，绘出流氓一幅图。

五

疏凿随刊古所同，非夸鬼斧与神工。
岩岩似据雄关险，凸出惊涛骇浪中。

六

当年本是耕耘地，瞥眼洪涛梦一场。
太息白头诸父老，柳阴闲坐话沧桑。

七

涛声呜咽壮鲛宫，荡析飘摇一望同。
冷雨凄风中泽集，可怜点点是哀鸿。

八

双涵宛塞一丸泥，蝶翅排空与浪齐。
仿佛西湖留胜迹，苏公堤接白公堤。

九

洪水横流奈若何，长江隐患类长河。
宣防颇费经营力，太息当年瓠子歌。

十

宛似长虹卧碧波，灵通阖辟快如何。
茫茫销尽滔天劫，此后田家乐事多。

十一

马蹄驰骤怒涛奔，想到怀襄泪欲吞。
一水疏通工简易，非关大禹凿龙门。

十二

一叶扁舟一仆随，秋风江上屡奔驰。
愿将德政镌碑碣，留作髯翁去后思。

诗六有注，说“涵址向属大成圩，自道光年间穿废后，田尽坍入大江”；诗八的“双涵宛塞一丸泥”，说它仿佛“苏公堤接白公堤”，仿佛西

↑曾经的西湖，现在的西都圩

湖白居易和苏轼筑建的水利工程，充满了浪漫色彩；诗十一的“一水疏通工简易，非关大禹凿龙门”，把工程说得十分轻松；诗十二的“一叶扁舟一仆随，秋风江上屡奔驰”，是他对自己工作的描述。

1917年农历三月二十八日，通江涵竣工。正好遇上春旱，无为县开启双函引江水倒灌内河，十来天的时间里，无为西南乡几十万亩农田得以引江水灌溉，农夫欢欣鼓舞。丁景尧“心亦甚快慰，感成《绝句》五首，以志其事”。

绝　句

一

石函水笕法前贤，只手真能障百川。
河伯江神齐鼓助，始知人力可回天。
（注：白乐天有《水笕石函记》）

二

久歇翻翻灌水车，田畻龟坼实堪嗟。
双函幸引江流入，道路喧传活万家。

三

遗大投艰独自任，双涵倒灌抵甘霖。
从兹插偏西南亩，差慰枌榆父老心。

四

时事撄心百不如，客怀萧索上灯初。
江头剩有凄凉月，每到更深独伴予。

五

览镜伤怀两鬓华，那堪留滞水之涯。

一灯闪烁残更后，心逐江波梦到家。

“遗大投艰独自任”之后，看到“双涵倒灌抵甘霖”“久歇翻翻灌水车”，丁景尧感到“览镜伤怀两鬓华，那堪留滞水之涯”，这才“心逐江波梦到家”。

1916年端午节后十日，涵工局撤销，丁景尧作《绝句》二首，留给共同筑建通江涵的朋友。

绝　句

一

江上徘徊立落晖，思乡心逐暮云飞。

鉴湖风景应无恙，留取荷香待我归。

二

麦秋节候大工完，历尽艰虞胆已寒。

如水心情人共谅，清风两袖别江干。

涵工局撤销后，丁景尧依然关注双涵的功效。第二年，为双涵筑建了副涵，即出入水的引涵。

为了感谢丁景尧筑建通江涵的贡献，无为县开城乡、襄安乡、南乡、北乡的圩民联名上书民国政府，为丁景尧请功，并由许宾九作《菊痴先生改建凤凰颈双涵序》，刻石纪念。1918年，民国政府授予丁景尧紫绶银质奖章和“急公好义”匾额。之后，他获得大总统两次褒奖和民国巡按使一等奖章、安徽省一等奖章的奖励。

丁景尧于1942年逝世，有诗集《蜕园诗草》《枫窗笔记》存世。

无为地域文化与徐庭瑶

徐庭瑶，字月祥，无为市开城镇先锋村人。1914年武昌陆军第二预备学校毕业，考入保定陆军军官学校，与张治中、白崇禧等同期同科。曾任国民党军第十七军军长、第八军团总指挥、第三十八集团军总司令、装甲兵司令等职。徐庭瑶著有《步兵操典之研究》《战车兵操典》等19部著作，提倡“军备革命”“兵学革命”，推进“军人人生哲学”的研究，提出唯有实现军事现代化才能抵御日寇侵略的主张，具有战略家的眼光。

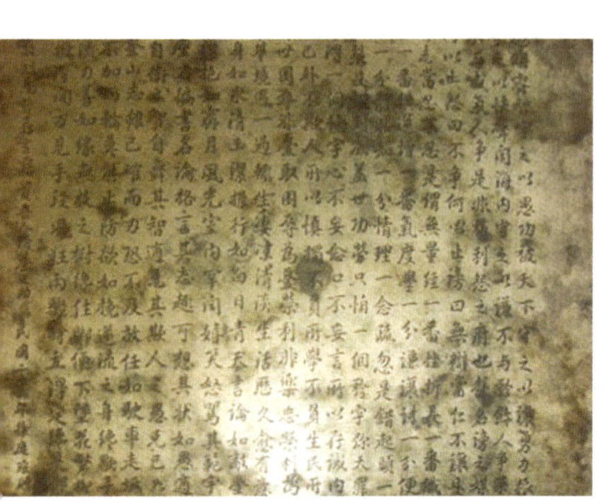

↑ 刻在墨盒盖上徐庭瑶的座右铭

读者要了解徐庭瑶将军的生平，可以阅读中国文史出版社2001年出版的《国民党军装甲兵之父——徐庭瑶将军》。本书要介绍的，是富有才情的徐庭瑶，是受无为地域文化濡染的徐庭瑶。

一、情趣与爱好

徐庭瑶，1891年生于无城镇后新街，后随父亲到现在赫店镇的朱家庄生活（朱家庄当时属开城，徐庭瑶也说自己是开城人）。因为父亲是晚清秀才，徐庭瑶幼承家训，跟随父亲识字读书。10岁时，徐家迁居无城的徐氏宗祠，徐庭瑶进了州立书院读书，跟随孝廉金仲石读“四书五经”，做八股文、试帖诗，具有很强的传统文化功底。

开城乡的林泉书院，是无为最古老也是最著名的书院；宋、元、明、清以来，开城乡出过许多进士举人，他们的传说故事影响了徐庭瑶，他们的诗文熏陶了徐庭瑶，使曾经的“文艺青年”徐庭瑶不仅颇有儒雅之气，并且有了远大的志向。徐庭瑶后来当了军长、集团军司令，成为中将，但他的文人气质一直保留。许多人说，徐将军“无论带兵办学，均恂恂然有儒将风”。

受父亲和老师金仲石的影响，徐庭瑶在诗歌和书法方面都有很深的造诣。军旅间隙，徐庭瑶经常作诗言志，留下《万里征骖吟稿》。在《何岭道中》，他记述了自己东征时在福建永泰县的见闻，体现了对民生的关注。诗文为：

长途百里无人迹，翠毓深山鸟自鸣。
一带人家空似洗，斜阳掩映树高低。

二、影响和支持

1907年，徐庭瑶考入芜湖皖江中学。在皖江中学，无为同乡李辛白为徐庭瑶打开了读书之外的另一扇门，从此徐庭瑶走上了武力救国之路。

李辛白是无为市洪巷镇人，早年拜举人方六岳为师，后留学日本早稻田大学，转而以济世经邦为目标，是首批同盟会会员之一。因为发表反帝、反清言论，被清政府通缉。洪巷镇李氏家族为求自保，开除了他的族籍。李辛白不能回乡，只得隐匿在芜湖从事反帝、反清活动，写下著名的《恶少年》：

无名无姓复无家，气贯长虹貌若霞。
一剑横腰千万里，杀人屠狗是生涯。

徐庭瑶读到李辛白的《恶少年》，被诗人的豪迈气概打动。经过多方打听，终于寻得李辛白的住址，前去拜访。在李辛白的影响下，徐庭瑶走上了武力反帝、反封建的道路。1912年，经李辛白的推荐，徐庭瑶进入武昌陆军第二预备学校学习。1914年，保荐进入保定陆军军官学校学习。

准备到武昌读军校，费用不菲。家境贫寒的徐庭瑶除了得到徐氏家族的资助，还得到朋友的资助。清末生员崔海崖和徐庭瑶是同学，去武昌读书前，徐庭瑶到崔海崖家辞行，崔海崖赠送他四块银圆和长衫一件。

1919年至1922年，不满旧军阀的徐庭瑶回到无为，在励志小学和竞存小学任算术和地理教员。1923年10月，在粤军司令部任总务长的无为同乡戴端甫来信，邀请他前往广州参加国民革命。他虽然喜出望外，却无远行的路费。看他着急，表兄姚达泉资助他大洋20元，他这才有了去广州的路费。

家乡前辈的引导，家族和朋友的支持，让徐庭瑶终于走出无为。

三、计谋和眼界

无为历史上出现过许多军事家，无为地域流传着许多军事计谋故事。秦末居巢人（后来的巢县，北宋时期开城乡由巢县划归无为县）范增设鸿门宴，三国时期东吴在无为东北“草船借箭”，元末桑世杰率领水军随朱元璋转战南北，清末开城人参加北洋水师见识过洋枪洋炮的威力……地域文化影响了徐庭瑶，使他从军之始就成为一个谋者。

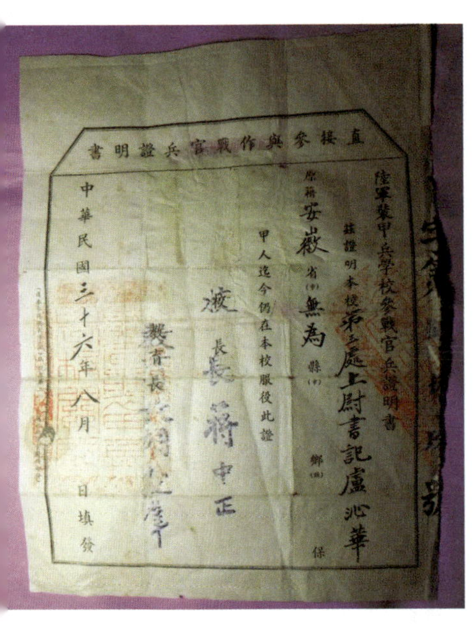
直接參與作戰官兵證明書
陸軍裝甲兵學校參戰官兵證明書
茲證明本校第三處上尉書記盧沁華
原籍安徽省(市)無為縣(市)鄉(鎮)保
甲人迄今仍在本校服役此證
校長蔣中正
教育長
中華民國三十六年八月　日填發

↑ 无为人卢沁华获得的陆军装甲兵学校毕业证书

1926年东征时，徐庭瑶率部佯装败逃，在肉包子的馅里放入泻药剂。敌军看到未出笼的肉包，以为是对手逃跑时带不走才丢下的，纷纷抢着吃。结果药性发作，全部上吐下泻。徐庭瑶立即组织反攻，终于大获全胜。

1934年，参加过长城抗战的徐庭瑶对中国国家的危机、中国军队状况进行思考，上书国民政府，痛陈中日战争无法避免，中国应当把日本当成主要敌人；要在未来的战争中打败日本，军备革命刻不容缓，必须走现代化、机械化的道路。之后，徐庭瑶奉命率团访问欧美11个国家，撰写60万字的《考察欧美各国军事报告书》，针对中国军队如何进行军备革命和现代化军官学校的设置，提出切实可行的建议。之后，徐庭瑶奉命筹办交通兵学校、辎重兵学校和通信兵学校，担任教育长之职（校长由蒋介石兼任），又在南京方山组建装甲兵团与战车营，奠定了国民党军机械化部队的根基。善于思考的徐庭瑶，由战争之外准备战争，被人称为民国时期“两个半军事家”的半个。

抗战胜利后的1946年秋，为了纪念为国捐躯的戴安澜将军，为安徽培养机电人才，由徐庭瑶发起并得到各方人士捐助，在芜湖复建安澜学校。经过合并和扩大，该校成为现在的安徽工程大学的一部分。那个时候，徐庭瑶还想在无为办一所中等职业学校，从合肥、巢县、舒城、庐江、无为五县中招收优秀的初中毕业生，后来因局势变化，没有付诸实施。

在家乡无为当过教师的徐庭瑶戎马一生，大部分时间却都在抓军事教育，这和他的高瞻远瞩是分不开的。

四、儒者和兵家

饱读诗书、几起几落的徐庭瑶，受父亲的影响，养成沉稳、隐忍的性格和中庸的处世哲学。1944年夏，徐庭瑶被蒋介石免去机械化学校教育长之职，调回军训部专任中将机械兵监。离校前，徐庭瑶撰写400字的座右铭，亲笔写在宣纸上并付诸石版精印。全文如下：

聪明睿智，守之以诚；豪迈英勇，守之以谨；功冠群伦，守之以让；广蒙盛誉，守之以谦。

不与矜饰人争荣誉，不与盛气人争是非。

权利，怨之府也；声名，谤之媒也。何以止怨？曰：不争。何以止谤？曰：无辩。

当仁不让，是谓有志；当忍不忍，是为无量。

经一番挫折，长一番识见；容一番横逆，增一番气度；学一分谦让，讨一分便宜；加一分体贴，知一分情理。

一念疏忽，是错起头；一念决裂，是错到底。

绝大勋劳，只怕一个矜字；最大过失，可贵一个悔字。

心不妄念，口不妄言，所以存诚；内不欺己，外不欺人，所以慎独；不负所学，不负生民，所以用世。

困辱非忧，取困辱为忧；荣利非乐，忘荣利为乐。

繁华境遇一过，辄生凄凉；清淡生活历久，愈有意味。

持身如冰清玉洁，操行如白日青天，言论如敲金嘎石，襟怀如霁月光风。

居间军闻嬉笑怒骂，以正其范宇；座右遍书名谚格言，以励其志气。

其状如愚，适成其自卫之智；自舞其智，适见其自欺之愚。

克己如负重登山，志虽已立而力恐不及；放任如驶车走坂，力虽不加而轮莫能止。

防欲如挽逆流之舟，才歇手便下流；力善如缘无枝之树，才住脚便下坠。

花繁柳密处，拨得开方是手段；风狂雨骤时，立得定才见脚跟。

《徐庭瑶座右铭》的内容多为如何处理荣辱、义利、言行的关系，讲的是军人修身和治军之道，是徐庭瑶从军心得和人生感悟的集中体现。

《徐庭瑶座右铭》通篇充溢着儒者的智慧，注重孝廉金仲石老先生倡导的“礼”和“理”，告诫聪明人应该守诚，告诉勇敢人应该谨慎，告知立功人应该礼让，劝诫声名显赫的人应该谦虚，教导人们正确处理怨谤和是非、挫折和横逆、繁华和平淡、困辱和荣利的关系，提醒人们克己宽人，体现了对立统一的辩证法思想。读了《徐庭瑶座右铭》，不只让人想到《朱子家训》，还让人想到《论语》名篇《子路曾皙冉有公西华侍坐》里孔子对学生的教诲。可以说，《徐庭瑶座右铭》是儒家和兵家思想的完美结合。

徐庭瑶作为民国时期著名的军事家，他儒雅、智慧、沉稳，在兵之上谈兵，在兵之外用兵，淋漓尽致地展现了其在家乡受到的教育和影响。

《田间自述》（前四节）解读

田间，原名童天鉴，现代著名诗人，1916年生于无为市开城镇羊山村，1985年在北京逝世。田间的诗形式多样，他在自由体、民歌体、新格律体方面都有探索，在新诗的民族化、大众化方面做出艰难的尝试，形成平朴的描述和激昂的呼唤相结合的形式，以及质朴明快的风格。他的诗作《给战斗者》《假使我们不去打仗》《义勇军》影响深远，被称为“擂鼓诗人”和“时代的鼓手”。

↑ 田间

田间小时候长什么样呢？我们问遍羊山附近的老人，大家都说不知道。这可能与田间的家一迁再迁有关。著名作家周而复与田间是上海光华大学的同学，又是同租室友，在《从冬天到春天》一文里，他写道：“童天澗长得矮矮胖胖，面孔黝黑，嘴角常带微笑，不大爱说话，那时他17岁……”这是我们能够寻找到的关于少年田间描述最真切的文字。

需要说明的是：田间在上海光华大学读书时的名字是“童天澗”，而非“童天鉴”。1934年之后，他发表诗作正式署名“田间”。“田间”并非“天澗”的谐音，用他自己的话来说，“田间是什么意思？就是要到田间去，要到大众中去的意思”。

1983年，田间为《中国新文学史料》撰写《田间自述》，共7章52节。参考田间研究专家郭仁怀教授的研究成果，对照田间夫人葛文的回忆录，联系在开城新搜集到的材料，我们对《田间自述》前四节进行解读。

一、桂花树

我不是天才。我没有天才。只有一些对乡土之爱。大概是这种爱，使我逐步成了一个写作者。

解读：田间是苦吟诗人，他写诗很少凭借“灵感”，而是通过对生活实感的分析加工抒情达意，因而他反对过分倚重“灵感”。

不知为什么，虽然我离开故乡已经四十多年了，仍然要想起一棵桂花树。也许这桂花树，是我童年的一个象征，是我出生之地的一个记忆吧！

解读：评论家认为田间早期的三部诗集，都是由农民的心态出发观照人生；到了晚年还忘不了家乡的桂花树，说明他骨子里是农民的儿子。

我出生在安徽省无为县的一个农村，这个村的名字，据我知道的，叫法不一，有的叫作“潘家岗”，有的叫作“羊山”。阳山湾位于一座小山的脚下，村子不大，十来户人家，比较分散。村子里有两口池塘，我家的门口，就有一口池塘。池塘的岸上除了几棵小树外，还有一座土地庙。

解读：羊山由三个山头组成，自西向东渐渐升高，形如卧羊。羊山又称“阳山”，所以作者称“阳山湾”；“潘家岗”位于羊山东南角，那里有大面积的畈田。田间故宅上的小瓦，现在盖到另一户农民的屋顶上，保存完好；土地庙没有了，田间家门前的那口池塘依然清波荡漾。

幼年大约三四岁时，一个秋夜，母亲拉着我，在后院里，坐在她身旁。月光之下，她给我谈古叙今。我们坐的这地方，离桂花树不远。这桂花树，有一人多高，叶盘很粗壮，栽在一座土台上。秋夜那桂花树，正是满树金花，香味能传到院外。我家后院，有三间茅屋，还有稻草堆。母亲讲着讲着，忽然用手指着一个白的影子，瞧！那是一个鬼！还是一个仙？我似乎也望望，却什么也看不见。

解读：田间的母亲童张氏娘家是严桥镇人，外公张柳絮是远近闻名的中医。出嫁前，张氏曾随兄弟在私塾开蒙识字，读过《三字经》《女儿经》《孝经》《千家诗》等，是一位有见识的女性。田间说的后院的三间茅屋，是老二房分家后，他父亲盖的。

母亲说："孩子，人长大了，往后要好好念书。我们这里虽然好，有人要霸占的。"又苦笑说："你好好念书，望你也像那桂花树一样。长得绿莹莹的，花儿金灿灿的。"

恰好这时，月亮钻出乌云，像一盏天灯，照在那桂花树上。夜渐渐深了，我们就回到前面卧室去。此后，在我的脑海里，有时总记着那桂花树，金花累累，绿叶纷纷。甚至有时做梦，我也待在那桂花树下。

前屋是几间瓦屋，是祖父和大房分家时分下的。我的祖父是一个地道的老农，长年种田，大字不识。我家在南方，算是一个中小地主，有租地，还有自耕田三十多亩。这自耕田，就是靠祖父和一个姓孔的帮工来耕种的。所以我自小也爱到田里去，拾掇谷穗。我在傍晚时，骑着老牯牛下山来，让它在池塘里饮完水，把它拴在大门前的树上。

解读：田间祖籍开城乡一图，即泉塘镇宝山村的坞里。童氏字辈是"洪文开万祀懋业达天朝，忠孝传家宝贤才振国豪"。自田间曾祖始，迁至羊山的潘家岗。到田间祖父时，老二房有500来亩地，盖起九开三进的砖瓦房。

田地房产如果按祖辈的二房分，田间祖父应该分得一半；按田间父辈五

↑ 让田间念念不忘的池塘

房（另四房是大房的兄弟）分，田间家分得的房产少了许多，田产也少了许多。所以，田间的母亲说“有人要霸占的”。

田间家有自耕田30亩，靠祖父和一位长工耕种。在母亲的影响下，少年田间见长工家揭不开锅，曾经回家装一袋米送去。田间勤劳、节俭、勇敢，完全没有大户人家孩子的跋扈不羁之气。

有时，也跟祖母一起，提着竹篮，到园子里摘瓜豆，擒蝈蝈，我很喜欢那些瓜果，紫的花爬满竹栏杆。到晚上，还常常跑到打谷场去，稻谷的香味吸引着我，于是我和帮工做伴，夜晚睡在棚子里。帮工也很喜欢我和他在一起。写到这里，现在，我似乎还闻到那稻谷的香味，似乎还攀在园子里的紫花上。

解读：后花园其实是菜地，只有一棵桂花树。后来添盖了三间茅屋，就是田间说的“棚子”。田间家雇的长工只有一个，不是孔繁圣就是孔繁鱼，有时也雇用陈贵根。田间和他们的关系很好。田间逝世后，孔家孙辈孔墨曾经被田间夫人葛文介绍到中国作协“文彩阁”上班。那时，孔墨叫葛文“干妈妈”。

渐渐大了，父亲在家里为我办了一个私塾。他自己是读过一些古书的，是个“书虫”。但他自己很少教我，请个姓程的塾师来教，教我读唐诗，读《诗经》，写大字之类。一本《诗经》从头背到尾，甚至要倒着背。这时，我也能倒着背，只是不解其意。

解读：田间堂祖父童业山，清光绪年间曾经中秀才。田间祖父童业发以务农为业。田间6岁时，家族办了私塾，先生名叫程慎卿。羊山村有人收藏着程慎卿为别人写的分家纸，秀逸的字迹说明他基本功好；被人邀请当分家中人，说明他人品好。田间常常与程慎卿吟诗作对。程先生出“水车车水水灌田”，他对“米筛筛米米充饥”；程先生出“雨打桃花桃花落”，他对“风吹柳絮柳絮飞”。

父亲有时出远门，一面去卖稻谷，一面换些木材回来。有一次，他竟买了不少新书。其中有商务印书馆出版的文学研究会的一些白话文体书，我记得的，有郑振铎、沈雁冰、叶绍钧等人的小说。这些书，我那时也读不懂，但常翻翻，觉得中国有古文、新文之别的两类书。这样，以后在相当长的一个时期内，两类书，我都要看看。

解读：田间的父亲童达奎（童冠群）自小受到很好的教育。青年时曾经闯过码头，到上海、无锡卖过稻谷，到广德县和江西省贩运过木材。后来，他在凤凰颈开办销售木材的摊点，是一个见过世面的人。由于他的教育和影响，田间很早就接触到中国新文学的作品。

一次，我跟母亲进山去。我们住的这地方虽也有山，却不叫大山。这次是要到深山去，去姨家，他们那里叫“山里”，路上要经过一座高山，高山上有一座大庙。我记得我在那高山之顶时，像是在半空中似的，向下一望，山下的众多房子，全像是一些鸟窝似的伏在那里。呵，这使我后来有一种想法，人，总是要站高处。而要站在高处，就得攀得远，也只有攀远登高。日后，当我读到杜甫的《望岳》一句诗：“会当凌绝顶，一览众山小。”我自己似也有这感觉。而读王之涣的《登鹳雀楼》时，也不禁口中念道：“白日依山尽，黄河入海流。欲穷千里目，更上一层楼。”也总想到，他们没有到过这些地方，是写不出这样的诗句来的。

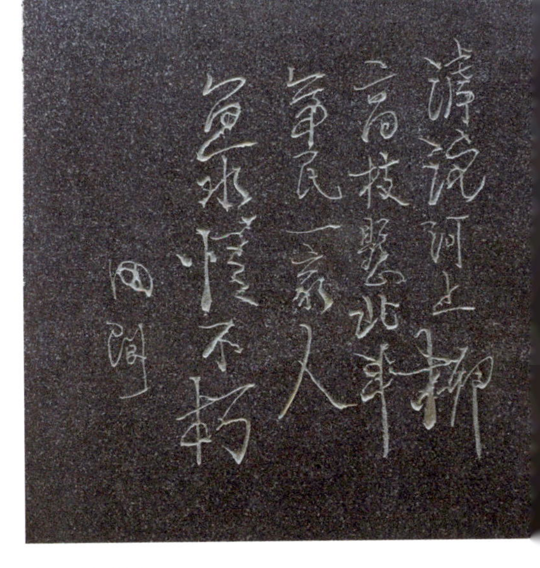

↑田间手迹

解读：田间说的“山里”，是现在严桥镇的大山。路过的高山是开城镇都督山，民间叫作猪头山；半空里的寺庙是岩台寺，现在名为“西九华寺”，供奉地藏王菩萨。读书，联系实际，让田间懂得了许多人生的道理。当时，田间的父亲把东厢房收拾出来给田间做书房，为他建了一个藏书室。田间藏有的旧体书和白话文新书刊大约4000册之多，他为藏书室取名

“晓蓬书屋”，并刻一个圭形木印“晓蓬藏书”，在每册书上盖上印章。

待我们到了姨家，我还问：“你们怎么没有桂花树呢？我家有的。”

姨母笑着说：“孩子，你不知道你们家后院中那棵桂花树，听说是一位神仙种的。当初分家时，要不是它长在茅屋边，哪里会分给你们呢？”

母亲也插言道：“我们就要那桂花树，不要那片新式瓦屋了。”

“那么下次我们再来时，给你们山里带一枝来吧！”

“呵，树上尽是金子哩！”不知谁插了一句。

“那么，你们这山会不会变为金山呢？”

“孩子，就等你把那棵树送来时，我们这里也会变的！”

解读：桂花又称“桂子”，与“贵子”谐音。母亲对桂花的喜爱，表现了对田间的期望。在私塾读书时，田间放牛看书，牛跑到田野糟蹋庄稼，程慎卿出“天鉴放牛牛下田间稻遭殃”上联，田间以同学阮仲的经历拟出下联“阮仲牧羊羊进园中菜被啃”。人们回忆说，田间自小喜欢看书，非常聪明。

二、迁居

阳山这个地方，距开城桥不远，十啦八里。开城桥是一个镇市，约有一万多人吧。

解读：开城桥，是历史文化名镇，是无为西、巢湖南最重要的集镇之一。

它是一条长街，中间是一条小河，常有舟船通航。每年五月端阳时，有一个盛会，河上竞赛龙舟，划船的人，头上裹起白的头巾，光着肩膀。竞赛时，许多小舟似鸟在飞奔，惹人爱看热闹。两岸绿男红女，人挤人的，夹在紧迫的锣鼓声、狂呼声中。后来有人告诉我，这是为了纪念几千年前一位楚国爱国诗人屈原的。

呵，屈原这位爱国诗人的名字，也流传至今，还为乡民所不忘，它也时不时打动我的心弦。

解读：《田间自述》说了他自小受爱国思想的熏陶，没有说的是田间是听祖母和母亲的摇篮曲长大的，是听开城悠扬的民歌长大的。民歌，对田间后期诗歌的民歌化产生了积极的影响。

大约10岁时，有强盗来抢。强盗在门外一枪打来，子弹穿过堂叔的大腿，擦破田间脚踝上的皮。这是田间父亲要搬出潘家岗的原因之一。

镇上，生意兴隆，有很多酒馆。那时也有小学校了。大约七八岁时，我家搬到开城桥镇附近一两里的一个大村子，叫王家大村。我父亲在那里买得几间旧房，平地上又新盖起三间小房，靠大门一边，砌起一道高墙。

解读："王家大村"实为"王家大墩"，位于先锋村，家主王子樵也在凤凰颈有木材生意，又到南京八卦洲开垦荒地，他和田间的父亲是好朋友，也是亲戚。王子樵迁居南京八卦洲，这也是田间的家人，包括他的弟弟和妹妹后来搬迁到南京八卦洲居住的原因之一。

我家为什么要搬家呢？我家虽算一个富裕人家，但在阳山，断不了也受同族人的气，他们横行霸道，吵吵嚷嚷，就连我回来，也不得不同意迁居。这里一则离镇子近，二则是王家要开办一所私立小学，我好在这里正式上小学。果然，我就在这村里，进了小学，英、汉、算三门课都有教员。

以语文说，古文虽然还是教，语文老师一方面给我们讲《左传》，另一方面也给我们讲新语文。郭沫若的《司春的女神歌》，给我们油印出来，发了讲义。所以，这是我第一次接触到中国新诗，而且反复读来，也很有兴味。（省略引诗《司春的女神歌》）

解读：说是五房，论起亲疏，其实是田间父亲一人，对伯父和叔父四人。因为受他们的气，田间的父亲童达奎不得不搬走。

王子樵是童家的姻亲，王家的"荫槐学校"1926年开办，设语文、算术、外语和自然等课程，老师有朱德声，还有一位小朱老师。1927年田间到荫槐学校读书。1929年该校毕业的两批学生都考取外地大学或高中，首批学生有王世衡、王玉衡、童天宝和田间。后来，田间和王家二儿子王世衡一道到无锡读书的。1949年后，王世衡成为复旦大学教授。

因为米市的关系，当时无为人到无锡较多。1925年，无为竞存小学有9

名学生，包括张恺帆等都曾到无锡中学读过书。

我从这里毕业后，便随王家大户的儿子到了无锡。他是到无锡国学专修馆的。我则进无锡辅仁中学。辅仁中学是个教会学校，注重英文，我又跟一位老师补习英文。由于到了无锡，地方更大，除了学习之外，一有机会，便观赏那些有名的山川景色。无锡的惠山，距市稍近，自然是先去的，除了爬山顶外，对那些做惠山小泥人的匠人，也甚感他们有一副妙手艺。

（以下省略两段关于无锡风景的描写）

然而，我在无锡上学不过是一年。第二年，我又到南京安徽中学读书了。这是因为，我有一个舅舅，在南京国立中央大学学数理，他对南京很熟，家里人觉得我跟他在一起可靠些，于是便转学了。

解读：王子樵大儿子王玉衡曾是国民党高级文职官员。新四军江北游击纵队进驻开城时，他曾经致辞表示欢迎。1949年后，王玉衡在苏州从事中学教育。

王子樵的二儿子王世衡在无锡读到第二年，他家已经无钱供读了。王玉衡问父亲不让弟弟读书的原因，王子樵说无为县县长经常来家借钱，却只借不还。王玉衡给无为县县长写了一封信，那县长看了信，这才立即到开城还钱，并赔礼道歉。

三、南京

安徽中学，据说是陶行知办的一所中学，有人也向我介绍陶先生的简略生平，说是从事平民教育的，还有进步爱国思想，等等。我是安徽人，当然给我印象很深。

原来我在王家大庄的几位同学，他们大都也到了南京。有的在金陵中学，有的在南京中学。现在又终于到一起了。想不到他们也都是爱好新文学的，我自然断不了从他们那里借些新文学作品看。蒋光赤的《少年漂泊者》便是从他们（那里）借的。每到一起，闲谈之中，他们都比我思想进步多了，我不免觉得自己落后。

（以下略去记述在南京读中学时的一些的内容）

解读：在南京，田间和一些同学组成小队，宣传爱国思想，抵制日货。有一次，田间亲眼看到士兵押解一个犯人，那犯人高呼：打倒卖国的蒋家王朝！东三省是我们的！田间思想受到很大触动。

在南京的安徽中学，田间读到初中毕业。

↑ 田间老家附近的古树

进高中，我是跳了级的，我以一个初中毕业生考入芜湖安徽省立第七中学高二年级。芜湖是我自小出外时必经之路，但我没有停留过。这回已在赭山顶上读书了。我以英语和语文两门功课见长，不断受到老师称赞，数学便一窍不通，每每交白卷，虽然不致留级。

有人说，我在芜湖上学这期间，和几位朋友在一家报刊办个什么副刊。倒也有这回事，不过，由于时间短，我只不过是赞助者之一而已。前几年，我奔波往返，很少有什么习作。对于文学，我也有些懂了，而摸不到门，这是一个事实。那时，我觉得自己多少还是一个探望者。向祖国探望，向世界探望，究竟哪里是人生之路？究竟人应该走哪一条路？

解读：芜湖曾经是中国新文化运动的人才基地，陈独秀、李辛白等新文化运动的主将，都曾经在芜湖工作过。在芜湖期间，田间虽然以读书为主，思想已经受到新文化运动的影响。

1932年至1933年，又是我家寻找新居的时候。

果然，我的父亲又在无为县县城内找到一所杨家大院，是杨家一所还未竣工的空院子。里面房子不多，院子也还宽敞。我们搬进去，不过稍加修一下，再盖一两间小房子。我母亲也想过，县城离开城桥不过三十华里，既然找到这么一所院子，又是新的，搬到那里住，也好，这对我外出读书更方便些，也就同意了。

解读：“杨家大院”位于无城前新街一带，那里是无为当时粮食外运的主码头之一。后面田间说“新居离城墙很近”，又说由城墙“又到城隍庙附近看热闹”，说明田间家的“杨家大院”肯定在无城老城区的东门一带。

那一年，我从芜湖上学回来。过年时，门上的对联，父亲不请外人写，就让我写。我写的什么，记不清了。大年初一，有些亲戚朋友来门上一看，看到这副大对联，都猜想这是我写的，不能说是赞扬，但是有些惊叹：“笔墨不多，多少与众不同。”

正过节嘛，我也在城里转悠。我们这新居离城墙很近，我先在城墙上转了一回，接着便下来，又到城隍庙附近看热闹。想不到，就在大年初三，在一个高坡内，挤满了人，围成半个大圈子，前面留下一块空地，说是军政命令，等着在此处枪毙一批犯人。观众窃窃私语。不久，便有一群士兵押着几个犯人前来。那几个犯人，和我在南京见过的相似，手上镣铐当当，面容坚决，喊声洪亮，一路高呼：“共产党万岁！”“打倒土豪劣绅！”……最后倒于国民党反动派的枪声中。

（以下省略四段感受和引诗）

解读：1930年6月，无为人民的“赔当斗争”取得胜利；当年9月，六

↑田间纪念馆收藏的田间著作和研究专著

洲武装暴动失败；1931年9月，为了处理“军桥事件”和“真武殿事件”，张恺帆代理无为县委书记组织开展活动；同年，与鲁迅通信被收入《集外集拾遗》的无为中学教师王淑明编辑刊物《女娲》，刊载进步文艺作品，发表对丁玲、茅盾、巴金、老舍文学作品的评论文章；1932年秋，参与黄埔军校创建的戴端甫在洪巷镇创建仁泉学校，被通缉的许多共产党人到该校担任教员。

当时的无为笼罩着白色恐怖的气氛，地下却又涌动着反抗的激情。

四、渡口

大年已过，我又增加一岁了。像是早春的树枝又添了一片新芽。这新芽，仍是在寒风之中摇曳着，这也像是对自己童年的一个写照，在风中茫然，看不清路也看不清方向，不知何去何从。（以下省略六段关于彷徨和求索内容的心理描写）

船从无为县城开到芜湖，迟则一天，快也大半天的时间。我又从书箱里翻翻……想不到，这时坐在我身边的客人，也是出门上学的，也是一位学生，看来他比我要大几岁。当然也比我有知识。我恐怕他看见，躲着偷阅。不久，那位客人开口：“小朋友，你在看什么书？”伸手向我要那书。（以下省略交谈的内容）

解读：1930年左右，无城东门外“河下”码头有帆船，经西河、裕溪河，过长江，通往芜湖、南京、无锡、上海等地。来来往往的，除了商人和务工者，还有大量学生和进步知识分子。曾经在无为中学教书的评论家王淑明也从这里到了上海，成为“左联”的评论家，并为田间的第一部诗集《未明集》作序。

田间文中说的“那位客人”，可能是王淑明。

我索性把《聊斋》一书打开。世界不就是作者写的这样吗！我的手捧着书，浑身有些懔栗。心头上，又像有一股不灭的火焰，在轻轻地燃烧着。那位客人一直正视着我：“小朋友，江岸快到了！”他提醒我把书拾掇起来。

船上的汽笛拉响了。他已经走到船舱外，向我挥挥手：“上海见！”

“不！我就到这里。我在赭山上学。”

“那……那日后还会见面的。再见吧。”

他撩起长袍，手提一只木箱子，朝岸上走去。我似乎还听见他对我说：“小声点。”“唉，这是一个什么世界？中国，你在哪里呀！春天，你在哪里呀……”

解读：1934年，17岁的田间考入上海光华大学外文系，后来真的与这位同乡在“左联”的活动中见面。那时，田间的父亲在上海购买了房子。田间1935年出版诗集《末明集》，即请王淑明作序；1936年，田间出版《中国牧歌》和《中国农村故事》，其中《中国牧歌》的校样由“左联”聂甘弩送给胡风，由胡风作序；1936年，茅盾在《文学》杂志上写文章推荐这两本诗集。这两本诗集后被国民党政府列为禁书。

无论田间走到哪里，他始终不忘母亲的期许。他说：“我愿撕开自己的心，种上一棵桂花树，哪怕是开小的金花，那是谁也吹不倒的金花、折不断的金花！”

↓ 何应钦序

何应钦为《范氏宗谱》作序

“忠恕堂”范氏宗祠坐落于开镇镇龙太村的范家洼，是一座颇具文化魅力的祠堂。祠堂里不仅绘有二十四孝图，还有“精英亭”“粥家井”等历史遗存。

“精英亭”位于范氏宗祠东南角，是1927年范氏为庆祝本族青年范啸谷考取黄埔军校而建造。2011年范氏二建宗祠时，重修“精英亭”以示纪念。“精英亭”的柱子上有对联“精钢百炼成国器，英才万砺作栋梁”，表明范氏修建“精英亭”，是为了鼓励子孙读书报国，希望他们“亭下读书出奇才，亭外思考有志向”。

范氏宗祠的东北侧有口水井，名为“粥家井”。清乾隆二十八年，即公元1763年，无为大旱，开城范家洼一带的水塘全部干涸，人畜饮水困难。范氏十世祖时栋公集全族之力，在村南挖一口水井供人饮用。听说范氏挖出一口甜水井，乡邻们纷纷前来挑水。为了方便挑水的乡邻，范氏家族在井边搭棚供粥，给挑水的乡邻充饥。因为是在井边供粥，人们称这口水井为“粥

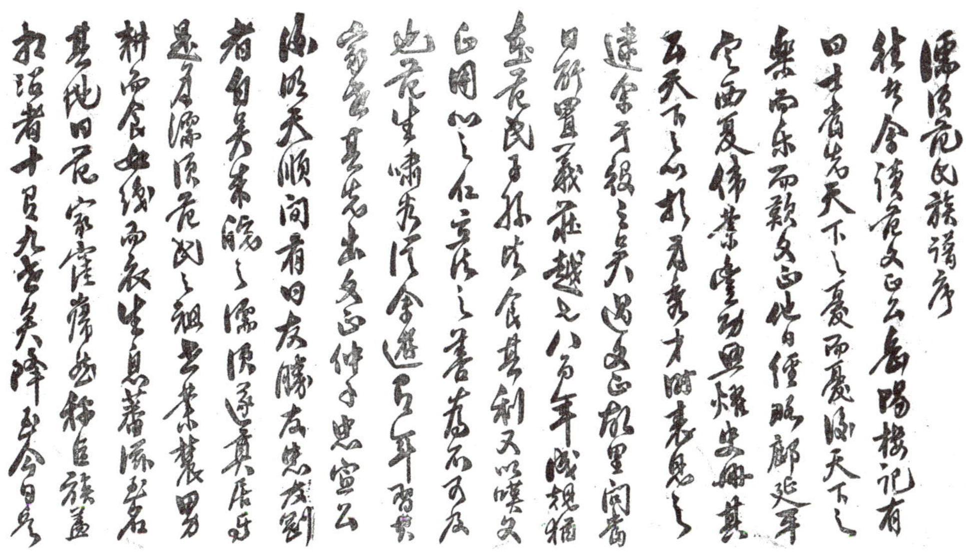

井”，又称它为“粥家井”。

注重家族子孙教育，又慷慨资助乡邻，这是范氏家族做人的传统。如果说这两个历史遗存尚不能充分展现范氏宗祠的文化底蕴，何应钦为《范氏宗谱》作序和范曾为范氏家祠的题字，则让许多人另眼相看了。

1929年，毕业于黄埔军校第七期骑兵科的范啸谷进入国民党军训练总监部工作。正遇家族修谱，范啸谷请总监部部长何应钦作谱序，何应钦愉快地接受邀请。全文如下：

往者余读范文正公《岳阳楼记》，有曰士当“先天下之忧而忧，后天下之乐而乐”，而叹文正他日经略鄜州、平定西夏伟业丰功，显耀史册。其正天下之心，于为秀才时表见之。逮余于役之吴，过文正故里，问当日所置义庄，越七八百年，成规犹在，范氏子孙皆食其利。又以叹文正用心之仁、立法之善，为不可及也。范生啸谷，从余游有年。习其家世，其先出文正仲子忠宣公后。明天顺间，有曰友胜、友忠、友刚者，自吴来皖之濡须，遂奠居焉。是为濡须范氏之祖。世业农，男耕而食，女织而衣，生息蕃滋，至名其地，曰范家洼，岿然称巨族，盖相沿者十有九世矣。降至今日，兵燹灾祲，接踵而至。乡曲之中，荒凉满目。欲求当日优游雍穆之气象，邈不可得，又无义庄以经系之。宜乎族之老成才隽者亟起而谋，敬宗收族之道也。比者生述其尊，人瑞荪学博之，命谓范氏肇修谱牒，在清乾隆时。厥后三四十年，则一续修之。今届五修之期，学博被推董其役，且秉笔焉，不日将付剞劂，请序于余。余闻学博笃行士也，睹异说之蜂起，慨来日之大难，惧其离也，谱以合之；惧其晦也，谱以明之。苏氏明允曰：观吾谱者，孝弟之心可以油然而生矣。其学博秉笔之意欤，生承父之志，从事戎行当益劬于学，当异日捍国卫民之选，以恢张其门阀而增宗族交流光宠，慎勿数典而忘先忧后乐之遗训也。

于其请也，故序以遗之。

民国十九年九月，古黔何应钦序于首都训练总监部

何应钦撰写的谱序先联系范仲淹“先忧后乐”的人生态度，提及自己路过范仲淹故里的见闻，再谈范氏迁居濡须的历史，之后提及自己为范氏宗谱作序的缘由，希望族谱能起到“惧其离也，谱以合之；惧其晦也，谱以明之”的作用。最后，告诫人们“慎勿数典而忘先忧后乐之遗训也”。

范氏宗祠里还有一幅著名画家范曾的题字。2011年初，范氏家族建造宗祠，请得著名画家范曾题写“范氏宗祠”四字，并留有署名。

郑养法书赠开城老对联

20世纪80年代的一天，早年毕业于华东师范大学的郑养法先生携夫人杨正方老师回开城探亲，被一个荷锄的老者拦住去路。

↑ 郑养法挥毫泼墨

郑养法问：“老人家，有何指教？”

老者放下锄头，说：“锄头锄草是为了庄稼丰收，毛笔写字是为了传道授业。现在许多写毛笔字的人才把字写端正，就自诩什么书法大家，我想请你评评理。”

郑养法大学毕业后分配到内蒙古公安厅工作，后调回家乡，先后在开城中学、无为县教育局、无为师范学校工作，是著名的书法家。郑养法不知道老者拦阻自己的用意，他和夫人笑而不语。

“农民会锄草，能称为锄草家吗？”老者问。

郑养法朗声笑起来："使用锄头有铲、扫、钩、顿等把式，使用毛笔有点、横、捺、撇等笔法，其实是一样的。字写得漂亮，没有什么可显摆的，只是手熟一点罢了。"

说话间，附近有人抬出一张方桌，摆上笔墨纸砚。郑养法拿过毛笔，蘸墨舔笔，在纸上写了个"土"字，说："俗话说：锄头下面有水也有火。如果仅写这个字，就如在寸草不生的黄土地上锄草，无所谓水，也无所谓火。这个'土'字，其实是死土。"

老者笑着问："怎样才是活土呢？"

郑养法笑道："文以载道。"四周看看，发现左侧正是开城集镇老土地庙的位置。虽然土地庙已经拆除，他还记得土地庙的对联，随手在纸上写道：

我二老故地重游，有求必应；
尔众生安居乐业，广种博收。

没有"土"字，却暗含土地公公和土地娘娘保佑地方平安之意，还暗含郑养法夫妻二人回开城。

有人递上一张纸，说自己是祈雨山的，想求一幅祈雨山土地庙的对联。郑养法想了想，在纸上写道：

公公十分公道，婆婆一片婆心。

郑养法把两副对联吟诵一遍，拍拍手说："我这是把锄头伸进庄稼地里，锄草呢。"郑养法的声音刚落，他的墨宝已经被人抢去。

拄着锄头的老者说："这里是开城的老戏台，不是土地庙呢！"

郑养法想解释说左边是土地庙，右侧是戏台，但没有出声。他想起庐江人孙维祺为开城老戏台拟就的对联，提起笔问："哪个唱几句，助助兴，我就为开城老戏台写个对联。"

立即有人唱起庐剧。郑养法铺纸运笔，写下康熙辛未年（公元1691年）进士孙维祺为开城老戏台拟就的对联：

或为君子小人，或为才子佳人，出头便是；
忽而惊天动地，忽而欢天喜地，转眼皆空。

荷锄老者看郑养法书写的对联被人抢去，敲敲锄头，发出“嗒嗒”的响声。他说：“那对联没有写戏台上的土呢！”

郑养法写下开城桥秀才帅小舫关于开城老戏台的对联，说有桂花树、有菊花当为有土：

依然蟾宫秋高，留一瓣桂枝香，聊明丹悃；
好似凤城夜宴，饮之杯菊花酒，且听红腔。

石山村牛王岗的寺庙有和尚来开城集镇办事，看到郑养法为人写对联，挤到前面，却一声不语。郑养法问他为何不语，他用铅笔写一副对联。郑养法知道那是佛家的禅语，不敢点破，依葫芦画瓢，写道：

丙吉相、那识阴阳，惜喘月、不曾问我；
华佗术、虽有手段，论医经、未得传人。

又把牛王岗前戏台的对联写好赠给和尚。那对联是：

石上踏红花，羡绿野风和，愿凭优孟高歌，处处奏来安乐曲；
山头余紫气，趁黄梅雨霁，且假牧童短笛，声声吹出太平音。

有人请郑养法书写开城丁菊痴为无为举人方六岳拟的对联。郑养法知道方六岳曾经随李鸿章出山海关，拟就天下第一联，他还知道丁菊痴是清末的附贡生，内心佩服，提笔写道：

忆公跌宕少年扬，长揖傲王侯，豪气博、台海榆关以外；
惟我独深文字感，骚坛失诗伯，吟魂恋、芝山绣水之间。

看着几个人评说自己的书法作品，郑养法放下毛笔，准备走开。听到荷锄的老者在后面说："不过是我锄地锄倒的草，不过是妇女缝衣留下的针脚，有什么好抢的呢！"

已经在大街上挥毫，想收笔已经很难，更何况都是乡亲，怎么好为这个写了，却拒绝那个！丁家巷口有人挤上前来，请求郑养法为他书写曾经的贞妇坊上的对联。

其一是清末秀才帅小舫拟就的对联：

大罗天，有香火前盟，甘于今威同鹤化；
小弱妇，是纲常首选，岂徒道蕴擅鸣才。

其二是清末秀才、民国时曾任南陵县县长的丁葆光拟就的对联：

烈妇即忠臣，地道无亏，千古家风追枋得；
表节亦旌孝，天恩不朽，一门世德绍丁兰。

完成了任务，郑养法轻松地笑了起来，他转身走回老者面前，摆摆手说："不过是锄倒的草被铲了根，不能够再发芽；不过是针脚匀称，缝合两片布罢了。"

听说郑养法在开城街上为人书写对联，陈氏家族有人备纸前来，他把宗祠的对联写在纸上，请郑养法书写。郑养法想了想，提笔写下万颐庵为陈氏宗祠拟就的一副对联：

撷八百里鄱阳灵秀，发迹而来，人物尤饶湖海气；
溯三千年历代名贤，追维以往，家声允绍颍川风。

迁自鄱阳湖，发脉于颍川，陈氏宗祠的对联真的不错。听到围观者的赞叹声，郑养法放下笔。陈氏家族的人指指另一副对联，请求说好人做到底吧！郑养法不好推辞，他提笔挥就万颐庵为陈氏宗祠拟的另两副对联：

诡谲阴谋，道家所禁。想乃祖，夙有诲词，须鉴传家六计在；
诗书执礼，夫子雅言。顾吾门，别无长物，唯留教子一经尊。

其地坦而平，其水清而淡，果然毓秀钟灵，排闼烟岚祈雨伞；
元方难为兄，季方难为弟，信乎敦恭笃友，一门贤俊德星来。

回到开城中学，往日的同事已经聚在学校门口相迎。开城中学校长说：“今天你为别人写了许多对联。现在，应该为你曾经工作的地方留下墨宝啦。”

郑养法让人搬来桌子，拿来笔墨纸砚，问开城中学校长：“写什么呢？”

“想为学校留什么，你就写什么！”开城中学校长说。

郑养法想到开城最早的新式学校是开城桥小学堂，先是初等小学，后设高级班，渐渐成为完全小学，它是开城中学的基础。开城地方名儒丁菊痴曾经为开城小学堂拟有一副著名的对联，于是他提笔写道：

胶庠新辟，仿经义治事规模；溯当年振铎尼山，红杏坛中绵道脉。
童冠偕来，萃沂水春风乐趣；待他日挐舟河畔，绿杨影里听书声。

写完这副对联，郑养法想到荷锄老者说过的话，哈哈一笑，说：“没有什么严谨的法度，没有什么融入个人的修养，没有什么充满飘逸的动感。譬如锄头锄地，譬如针线缝衣，毛笔的点横捺撇没有什么神奇，因为经常写，我只是手熟一点罢了。”

科举时代开城的教育

宣和六年，即公元1124年，北宋科举试场出了一件天大的奇事：无为军开城乡林泉书院的王氏三兄弟王之义、王之道、王之深同时考中进士，成为北宋科考史上的一段佳话。

一、书院

魏晋南北朝时期，由于战乱的影响，官学衰废时多兴盛时少，巢湖流域私学渐渐兴盛起来。隋唐时期科举盛行，进一步刺激了无为地域私学的发展。

北宋时期，开城乡西北的相山出现了巢湖流域最早的私人书院，即林泉书院。《无为州志·堪舆志》记载："相山，距城西六十里，宋王之道以太师枢密使魏国公退居此山，有林泉书院，是其读书处，因自号'相山居士'。"清《无为州志》记载："林泉书院，在相山，宋枢密王之道读书处，遗址无考。"

史料记载，林泉书院稍晚于绩溪的槐溪书院，和歙县的紫阳书院、当涂的天门书院、黟县的石鼓书院、六安的龙山书院一样，是安徽省最著名的古代书院之一。

关于林泉书院，《巢县志》也有记述："林泉院，在湖南，今为相山寺。"又说："相山寺，即林泉院，去县南一百里，在南山之中。"说林泉书院原名林泉院，是道教徒修道和举行宗教仪式的场所。与《无为州志》的记载基本吻合。现在，严桥镇象山（相山）西麓，与巢湖市交界地带有两处古村落遗址，还遗存有相山寺的遗迹。

二、私塾

明清时期，无为州城的官学远近闻名，开城乡的私学作为官学的基础和补充，十分兴旺。

当时，开城乡的私学分蒙馆和经馆两个层级。蒙馆也叫蒙学，是对儿童进行启蒙教育的学校，相当于现在的小学。入蒙馆的学生小的六岁，大的十多岁，入学时先在“大成至圣先师”孔子的牌位前恭立，向孔子和私塾先生各磕三个头，即表示取得入学的资格。教学内容是识字、写字和道德的常识，识字课本是《千字文》《三字经》《百家姓》；诗文课本一般是《千家诗》《唐诗三百首》《幼学琼林》《童蒙训》等。蒙馆的教师一般无功名，即没有考取秀才或者举人，他们采用个别教课的方式，注重的是背诵和练习。蒙馆又分村塾、族馆、坐馆、门馆四种类型，其中门馆是取得功名、有声望和学识的人士在自家开馆，招收学生，这类私塾按教学水平可以称为经馆。

经馆层次的私塾，教学方法是一对一或者一对二的面授，主要讲授“四书五经”，对照科举考试，为将来考举人或者进士做准备。经馆的教师起码要有秀才及以上的功名，教授的内容为《大学》《中庸》《论语》《孟子》等。成绩优秀者推荐到州学、府学甚至太学集中学习。西都圩李氏家族的先祖李春，被推荐到南京读书，后来考取功名。

↑清朝私塾先生的座椅

私塾教师的束脩即筹劳来自学生的学费。书院教师的待遇非常好；坐馆和门馆的教师待遇一般；村馆和族馆的教师比较清苦。普通私塾每生每年两担稻，少的一担稻或者先欠着。

宋、元、明、清时期，开城的私塾教师名录已经无法获取。我们搜集到清末和民国初年开城乡宝山村一带塾师的名单，其中教经馆的有太学生章景林、廪膳生陆淦杰、秀才许宾九等，还有童达壿、陆栋材、侯兴伦等近20位村馆的塾师，虽然他们吟诵诗文的形象已经消失在岁月的风尘里，但他们的经历可以印证科举时代开城地域教育的兴盛。

三、社学

明清时期，开城乡已经有官办小学，即社学。《无为州志》记载，清初“社学，旧设凡十有三所，城五乡八……一在开城镇西”。

社学教师的束脩来自学田。为了解决学资不足的问题，开城乡于明万历二年把“原系仰之久欺隐田”的“陶家墩另二十亩”充作学田。

为了支持地方兴学，开城地方绅士捐钱捐物。史料记载，清末两淮泰州盐运分司的侯铸，“捐资办学宫祭器，又捐银买田，永备乡试卷烛”；清末“钱联辉，庠生，家贫课读，得馆谷辄食饿者”。

四、进士

古开城乡人杰地灵，出过许多进士。其中的“三桂堂”王氏除了一次得中三进士，王之道的儿子王莱、王蔺、王逌和孙子王杜、王栐、王柞、王瀹也先后中了进士。“三桂堂”王氏一门十进士，在中国科举史上是十分显赫的。

开城林泉书院最著名的学子当数状元焦蹈。北宋神宗元丰八年，即公元1085年，曾经就读于林泉书院的焦蹈参加会试，成为状元。焦蹈，字悦道，精通经史百家，先祖唐朝时自陕西奉调入开城县为官，子孙定居于现在泉塘镇建国社区一带。当年，焦蹈参加会试夺魁，因为神宗刚刚去世，哲宗刚刚即位，没有举行殿试，会元也就成了状元。

焦蹈之前，开城乡已经有进士，他们是陆随和陆毋必父子。陆随和陆毋必家住开城乡六家店。这六家店本名“陆家第”，即陆家的府第；这附近除了“陆家第镇”，还有陆家圩，即现在的西都圩西侧，明朝圈圩后改名为“西都圩”。清《无为州志》记载：“陆随，天圣八年庚午，王拱辰榜。”又说：“陆毋必，五年癸巳，郑獬榜。官尚书，随子。”关于陆随，光绪年间重修的《安徽通志》也有记录。

明朝，开城地域学风依然兴盛。丁毅，字士宏，永乐十三年（公元1415

年）进士。他为人刚直不阿，虽然幸臣权倾朝廷，但他依然直言弹劾。丁镛，字元声，正统元年（公元1436年）进士，曾任户部主事、广西参议等职。

开城科举时代的进士多，举人秀才更多。我到开城搜集历史材料，遇到80多岁的童天星老人，他原在安徽省党史办工作。童老指着开城河西老街一幢老房子告诉我，说那是霍武举家的房子。他介绍说自己小的时候，看到霍武举家门前有两个石鼓，插着彩旗。后来查阅《童氏宗谱》，发现童氏姻亲有个叫霍邦荣的武举，曾任两江督标、候补千总。这两个霍武举，应该是同一个人。

五、著名的塾师

明清时期，开城乡的社学、私塾先教会学生认字、写字，能够作一些简单的文章。之后，选拔优秀的学生到州学、府学进修，考功名之前还要到南京或者北京的太学游学，以长见识。

明朝中期之后，开城著名的塾师多为秀才出身。陆淦杰，清末廪膳生，每月可以从儒学领得一石米。清亡后，补贴的米没有了，他只得设经馆、课生徒，当时开城桥一带的名流几乎都是他的学生，如丁晓侯、车吉侯，甚至还包括襄安的沙秀南。陈金镛有文评价：陆淦杰“为人读书好学，早游泮水，旋以优等补廪……宣统三年，推翻清朝，科考停试，翁乃隐居求志，绛帐宏开，桃李盈门，化雨群沾……”《陆氏宗谱》收入太学生童景林对陆淦杰的赞文：“其秉性也忠且厚，其持身也谦而光。处世轻财而尚义，遇事睦族而和乡。食饩上舍名远播，肩修华乘明且详。伫看兰枝叶秀，桂萼生香；振箕裘以勿替，绵瓜瓞于其昌。信是承先志士，启后文郎。瞻彼君子，能不称扬！”

↑清朝私塾先生留下的文具

陆淦杰靠舌耕维持生计，偶尔也悬壶济世，或写点诉讼状，又因家里人口众多，生活并不富裕。陆淦杰晚年曾作一联，不但工整，而且联中有联，道出自己生活的无奈。其联是：

自有生以来，九转肠回，百般肘掣，伤心哉，到暮年仍碌碌劳劳，瘦骨寄寒窗，日随学子共生涯，试问世界哪个像我？

恨造家太薄，几亩荒田，半弓瘠地，可怜呀，怎养活这些男男女女，啼饥防冷灶，为嘱儿曹须努力，莫怨老夫命不如人！

查阅《丁氏宗谱》，发现开城人丁作宾、丁遇顺清末中了秀才，他们后来曾在经馆当塾师。

襄安人徐伯开是清末秀才，他曾在开城开过经馆。因为汉学水平高，三修《闻氏宗谱》的序即由他撰写。

襄安人许正枢，字宾九，号潜斋，曾在开城乡宝山即现在泉塘镇宝山村一带教书。许宾九工骈体文，著有《华诗三百首》。教学方面，许宾九留有《新编孝烈扬芬集》，不久前还有人在网上拍卖。

民国时期开城的学校

民国时期，开城地域旧私塾、新学堂、洋学堂并存，新学堂还包括公立小学和家族学校。调查发现，民国时期开城不但私塾教育与家族文化、乡绅文化相关联，而且公立学校、私立学校甚至洋学堂的建立和发展，也与家族文化、乡绅文化相联系。

一、私塾

虽然科举已经被废除，民国时期开城地域依然有许多塾师，他们或在家里设堂课子，或到家族私塾舌耕。国际著名混凝土和砌体结构专家、东南大学教授丁大钧幼居开城镇六店村，他回忆儿时教育说，“余世居皖之无为，儿时祖母延师授孔孟书”。丁大钧先生生于1923年，七岁左右时他的祖母请私塾先生来家教书，说明旧的教育体制即私塾教育1930年左右依然发挥作用。

在私塾里学什么呢？在《往事》一文里，丁大钧先生回忆：“旧社会乡间有很多塾师教授儿童、青少年读《论语》《孟子》《大学》《中庸》《诗经》《尚书》《资治通鉴》。余家请塾师教笔者、大业弟和长遗表弟及两表姊同读。”又说：“笔者因未入学前，先慈金太夫人已教笔者认识近千字，入塾开始即读《诗经》，而后《论语》《孟子》《大学》《中庸》，可以整部背诵如流。师恋栈，又无能力授新书。先祖母朱太夫人与师言，不得已，授《幼学琼林故事》。”这说明20世纪30年代，开城私塾教授的内容与科举时代私塾的蒙馆和经馆教授的内容相同。他还记录了上课的细节，说：“师也教笔者读《千家诗》。教至杜牧‘千里莺啼绿映红’，改书上印的‘千里’为‘十里’，曰‘千里如何能听到和见到？’曰‘吾师和师之师都如此。’”由丁大钧教授的回忆，可以推知民国初年开城私塾的教学内容。

新四军七师在皖江立足后，对旧私塾进行改造。1943年7月皖中参议会成立，曾就“如何改进教育案”提出议案。皖江行署开展塾师讲习会，要求各私塾必须按政府规定进行登记，塾师必须按时接受培训，必须学习新的教学法，用启发式、讲解式、问答式新方法开展教学，让学生对教材会认、会写、会讲，争取会用，改变两耳不闻窗外事、一心只读圣贤书的旧习俗；大量印制新版教材提供给私塾，禁止使用科举时代蒙馆和经馆的教材，也禁止使用伪教材。

这个时期，开城地域残存的私塾终于得到彻底改造。

↑ 铜书签，俗称“书搭子”

二、公立学校

开城最早的现代学校，可能是民国初年开城文人曹楚白创办的“开城桥小学堂”。开城桥小学堂位于开城集镇永安河西岸的中街，是一所公办学校，起先只是初等小学，后来增设高级班，成为完全小学。

《无为县教育小志》记载：“据查国民党留下档案《全县公私立学校概况表》说明：县立十三初级小学，校址开城桥。创办时间是民国十八年（1929年）。创办时教职工三人，学生计六十五人（其中男生五十五人，女生十人）。国家确定常年拨经费为陆佰元大洋。”

曾在县立十三初级小学读书的金其干回忆说，该校创办于1929年左右，与《无为县教育小志》的记载基本一致。他还说，当时人们称该校为“洋学堂”，首任校长是杭绍俊，教师有帅铎、程清华；第二任校长是金探真。1930年至1932年间，县立十三初级小学改名为“开城小学”。《缪氏宗谱》记载：武术高手缪志聪曾经受校长杭绍俊聘请，担任县立十三初级小学武术教员。

金其干回忆说，县立十三初级小学，原址位于开城集镇河西街北包圣庙前面河边，是土墙草顶的五间“院盒屋”（可能是檐合屋）；大约三年后，搬到现在的开城中心校一带。民国十九年，即公元1930年，安徽省教育厅督学叶明辉视察无为县教育事业状况，在书面报告中提到了开城，说“开城、牛埠两处之小学，均已拨款改建校舍”。对照金其干的回忆，说明这个时候开城小学“改建校舍”已经完成，即有了瓦房。

1940年后，日寇把建于河东的开城小学校舍拆除，把砖运去开城河西的谢家山头建造碉堡，开城小学不得不搬迁到陶家祠堂，后又搬迁到河西的丁家北仓房。皖江抗日根据地发展起来后，开城小学师生自发组织了“抗敌服务团”进行抗日宣传。

日寇投降后，开城小学更名为“开城镇国民子弟学校”，有教师10多人、学生200多人，马龙翔、范生钰当过校长。据说当时凉亭乡还有一所学校设在缪家大村的缪氏宗祠，校长为骆汉生。

三、洋学堂

民国时期，开城还有一所洋学堂，即四维小学。

1934年，国民党军著名将领徐庭瑶深感教育的重要，捐资1000大洋，回乡创办学校并任董事长，聘请早年在励志小学的同事汪太诚为校长。初创阶段，学校借用徐家新屋徐文质家的房子，取名“四维洋学堂”。校名既有“礼义廉耻，国之四维”之寓意，又用“洋”字突出现代小学的特征。

两年后，学校移至村西阮家大山上扩建，占地约为30亩，成为当时全县农村规模最大的小学。四维小学校舍全部为砖木结构，前后分别为九间二层跑马楼，即带走廊的楼房，左右两侧是平房。

《徐庭瑶将军》一书记载：“1936年，徐又捐资在徐家新屋近旁山地，兴建30余间的楼房一栋，作为四维小学的新校舍，这在当时的无为县，可谓是规模最大、最为气派的小学了。”当时站在无城西的八里畈或者襄安，都能看到四维小学校舍的白墙。

四维小学筹建具体负责人徐冬荣，曾任无为县政府财政长、农民借贷所主任。徐冬荣和烈士吕惠生是安庆农校的同学，1940年任南苏初中校长。应吕惠生的邀请，徐冬荣曾任皖中行署文教处长、黄丝滩工程局副局长。为了建设四维小学，徐冬荣请人在阮家山北边建起一个砖厂和一个瓦厂，专门烧制砖瓦。学舍建成后，学校从徐家新屋迁至阮家山。四维小学有六个年级，还有图书室、音乐室和大礼堂，教师曾经集中到南京接受短期培训。

曾经在四维小学读书的徐先觉夫妇和缪克友介绍，四维小学有教师12人，学生一百多人；学制为四二制，即初小四年，高小二年；课程有习字、修身、读经、数学、历史、体操、图画、音乐、英语和舆地（地理）。据介绍，学校的运转费用由徐庭瑶资助，学生远近不限，入学一律免费并穿校服。学校有四个门：大门朝南，正对孔大自然村，门口建有升旗楼，校长经常在升旗楼前训话，不遵守纪律的学生会被关到升旗楼下的禁闭室惩戒；东门外和南门外是操场，操场上有沙坑、篮球场、单杠等。徐先觉老人后来在繁昌县黄浒中学当教师，年近九旬还能流利地用英语说话，足以说明四维小学当年教育训导的效果。

2019年4月，我们到开城镇先锋村采访96岁的缪世银老人。他介绍说，四维小学建成后，徐庭瑶回乡察看，觉得房子建矮了，像鳖趴在地上。缪世银说自己读过四维小学的夜校，知道学校有篮球场，还有禁闭室。有一次，调皮的他到四维小学玩，曾经被校长关到禁闭室里。

1938年，无为中学一度迁往开城桥，借四维小学校舍。1940年7月，开城沦陷，四维小学停课，人员解散。有人介绍说，当年日军在大同村的包塘自然村架起小钢炮，轰炸四维小学，把无为中学搬迁到四维小学的图书馆炸毁，无为中学许多有价值的古书付之一炬。

据《无为县教育小志》记载，1944年“驻无城的日伪县政府为了扩大占领地，看好西乡镇村，准备派土桥、襄安的日本驻军开进四维小学。抗日根据地皖中行政公署得知这个动向，经吕惠生主任批准，由行署文教处处长徐冬荣先生下令，提前拆除了四维小学校舍，阻止日军推进”。

现年96岁的缪世银老人回忆，当年徐氏家族六房中的五房商量后主动拆除校舍。徐家先派几个人望风，然后青壮年劳动力快速拆除了校舍。

在建设四维小学的同时，徐庭瑶还捐资在他曾经住过的赫店镇朱家庄办了一所四维小学分校。

四、家族学校

民国时期的开城，有几所私人开办的学校比较有名，它就是位于先锋村的荫槐学校和位于六店村罗塘自然村的种德小学。

荫槐学校是开明乡绅王子樵所建，位于先锋村的王家大墩，是一所私立小学。据田间夫人葛文介绍，这所学校大约建于20世纪20年代末，学校在旧学基础上增加了英语和算术，还油印过郭沫若的新诗《司春的女神歌》。因为打下很好的英语基本功，在荫槐学校读书的诗人田间后来才能到无锡辅仁中学读书。

还有一所小学就是种德小学。东南大学教授丁大钧先生的《翠屏集》记载："当时夫小（夫子庙小学）招六年级插班生四名，报考近五十人。教导主任王某某见余年幼矮小，劝余考五年级，余答以试试看，结果余考第一名。杏小组五年级某生考第四，识余，心颇不平。余报考是以丁氏族学种德小学五年级证书报考的，当时班主任第一节课时问余来自何校，余以种德对。某生起立大叫，彼杏小四年级生也。"

这些回忆说明三个问题，一是因为有五年级，种德小学应该是完全小学；二是1935年丁先生报考夫子庙小学时，已经是种德小学五年级的学生，说明种德小学最迟建于1931年；三是虽然是家族办的小学，非私塾可比，却已经与现代小学接轨了。

关于种德小学建校资金来源，原六店乡丁仍松乡长说，当年丁家有9000亩地的族产，租给佃户，每亩收两担稻子为租，这是一笔很大的收入。为了丁氏家族子弟的教育，丁家新建了种德小学；丁氏家族的子弟入学，全部免费。1993年《无为县志》记载："私立学校办学经费来源以生养校为主，族办学校由族产支付。如民国三十五年前，开城丁氏办的种德小学，就以祠产养校。"

因日寇入侵，种德小学1941年停办，校舍改为罗塘"难童教养所"。

独山村山前朱自然村老人回忆，1942年国民政府补贴给朱德梦一笔钱，要他在山前朱村自己家族居住地办一所小学。第二年，朱德梦在朱氏宗祠里办了私立"明池小学"，维修房子的砖块是各家各户捐的，课桌是砖砌加板的，老师只有两个，一人教初级班，一人教高级班，学生60来人。学校建成后，在南京国民政府工作的朱惠群（朱英）向白崇禧要了题字："发展儿童教育，培养国民新生"，他们后来用漆把这副对联漆到门边。

一路风雨兼程，一路披星戴月，负重前行的开城平民教育走过民国，走进中华人民共和国。现在的开城早已普及了九年制义务教育，每年有许多学子到大学继续深造。在政府重视教育的基础上，徐庭瑶后人在无为设置"徐庭瑶奖学金"，许多家族推行族内教育奖励和资助办法，开城家族文化、乡绅文化里重视教育的基因得到延续，并将继续发挥作用。

从古到今，人们时时渴望与英雄豪杰和文人雅士相遇。遇见项羽，是在阅读《项羽本纪》的夜晚；遇见李白，是在诵读“天门中断楚江开”的时候；遇见莫言，是在观看《红高粱》的电影院里……

有一种特别的遇见，明明遇见高耸的大山，却觉得十分亲近；明明遇见远方的大海，却觉得近在咫尺……这便是遇见家乡历史上著名的人物。

都督山、毛公山每年都遇见南来北往的大雁。世世代代的开城人，把毛义、王蔺、田间、徐庭瑶……记在心里。

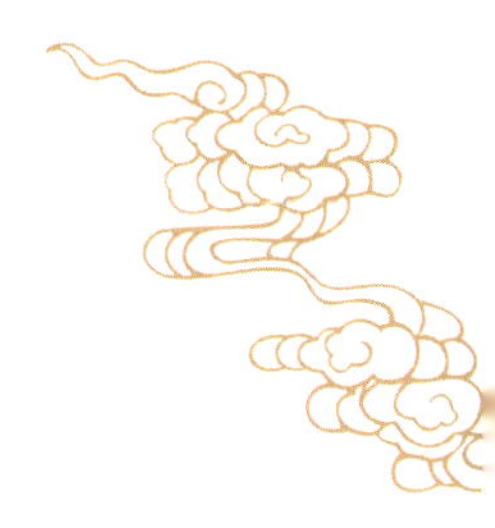

卷五

名人春秋

毛义孝亲

他的事迹被写进《后汉书》，汉语里“孝顺”一词的形成，从他开始；他的“捧檄慰亲”，成为无为地域留在中国语言和文化史上的第一个成语；他的事迹时常出现在村头巷口的宣传栏里，成为几千年来人们孝老爱亲的榜样……他就是东汉时期生活在开城镇毛公山一带的毛义。

一、“捧檄慰亲”的由来

毛义，东汉时期庐江郡临湖县人，父母以种田为生。种田为生的父母把他送到学馆读书，期待他能多学些本事，因为成绩优秀，他被推举为孝廉。

父亲病逝后，家中只剩下母亲一人，毛义辞学回家陪伴母亲。朝廷得知毛义贤而好义，多次授予官职。毛义以奉母为名，辞而不受。

东汉末年，文人群体里出现了崇尚归隐、鄙视为官的思潮，许多读书人不愿意出仕为官。毛义辞官不受，其实是受这种思想的影响。

因为多次辞官，许多人认为毛义是隐士，因此他的名声更大。某日，南阳人张奉千里来访。他刚刚落座，门外响起马蹄声，钦差大臣进门大声宣读圣旨：“临湖毛义，侍奉父母，关爱乡邻，其性至孝。皇上有旨，召毛义出任安阳县令。”

张奉想看看毛义怎样拒绝圣旨，日后好夸赞一番。没有想到，那毛义竟然十分高兴地接过圣旨，再递给母亲，说：“皇上召我出任安阳县令。我这就去收拾行李，准备赴任。”

母亲高兴地说：“这可是光宗耀祖的事啊！”

错愕的张奉简直不相信自己的眼睛和耳朵，怎么也不会想到毛义竟然如此爱慕虚荣，朝廷用一个小小的县令职位就让他高兴得手舞足蹈、原形毕露！张奉觉得毛义原先表现出的一切都是假的……与贪图虚荣的人来往有辱自己的清誉，更何况毛义又是这等擅长作假！张奉没打招呼就气呼呼地走了。

几年之后，因为年迈的母亲经常生病，毛义毫不犹豫地辞了官职，回到家乡，在毛公山结庐读书。张奉这时才明白自己当初错怪了毛义，明白毛义是为了换得母亲高兴才出去当官，为了母亲生活得好一点才用自己的清名换取俸禄。毛义高兴地“捧檄”，目的是“慰亲”。

毛义是用自己的孝行告诉后人，子女的“孝”不只是给长辈提供物质享受，还应该顺应老人的心理需求、生活习惯和思维方式，为子孙后代树立了“顺”的典型。

二、洗心和洗脑

从前的无为、巢县和庐江交界地带，流传有用毛公茶为忤逆之子洗心、用毛公塘的清水为忤逆之子洗脑的习俗。

先说洗心。

传说，当年毛义得知母亲年迈体弱、行动不便，就辞官回乡一心一意服侍母亲。一日，背着母亲在山间游玩的毛义闻到一股清香扑鼻而来，感到神清气爽。母子二人四处询问香气从何处飘来？有老翁告诉他们，不远处的山上有莲花池，池畔山崖生长着18棵白牡丹，这清香是白牡丹的香气。他们母子二人找到毛公山上的白牡丹，觉得它是圣洁之物，便在山中定居下来。

过了几年，母亲病倒了。毛义背着母亲四处寻医问药，因为劳累过度，在山中睡着了。睡梦中，有仙人告诉毛义：“要治好你母亲的病，必须用鲤鱼配新茶服用。”毛义惊醒过来，他知道自己这是在做梦，但思前想后，认为还是应该按照梦里仙人说的办法试试看。

正是隆冬时节，到哪里寻找鲤鱼和新茶呢？毛义打破厚厚的冰层下网捕鱼，三天时间过去，一条鱼也没有捕到。冰下的鲤鱼被毛义的孝心感动了，主动跳上冰层，被毛义捕到。

冬天的鲤鱼难捕，冬天的新茶根本无法得到！毛义奔波在毛公山的茶林里寻找茶叶的嫩芽。冬日的毛公山、都督山覆盖着厚厚的白雪，离新茶上市还有4个多月的时间呢！万般无奈的毛义在莲花池边走来走去，恍惚中发现山崖上的18棵牡丹变成18棵茶树，18棵茶树长满嫩绿的新芽。因为是破雪的嫩芽，碧绿的叶片上沾满点点雪花。过了一会儿，雪花化成叶片上的茸毛。毛义立即采下新茶，配鲤鱼炖煮，再给母亲服下。母亲吃了新茶煮鲤鱼，果然药到病除。

从此，开城毛公山一带出产的茶叶得名“毛公孝茶”，据说“毛公孝茶”叶片上的白色茸毛是雪花变成的。远近许多人来毛公山游玩，都要购买毛公孝茶，因为它不仅味温性凉，有清热润肺、醒脑健脾的功效，而且据说患有“不孝病”的人喝了它会洗却心里的忤逆，能够变得孝顺起来。

再说洗脑。

从前，无为、巢县和庐江三地的家族长老为了教育子孙，常常把他们带到毛公山下的毛公塘边，用毛公塘的清水为他们洗头。据说用毛公塘的水洗过头，便是洗脑，逆子从此会变成孝子。

三、白牡丹

毛义的母亲非常喜欢毛公山上的白牡丹，经常给白牡丹浇水施肥，除草整枝，过年时还把自己喝的鸡汤省下来浇到它的根上。遇上狂风暴雨，母亲总是在家念叨别伤了白牡丹。白牡丹开花时，她便在牡丹花边结庐，日夜守护。看到白牡丹开放，母亲高兴得手舞足蹈；看到白牡丹凋谢，母亲便伤心落泪。

过了几年，毛义的母亲病重。弥留之际的母亲恍恍惚惚，说道：“白牡丹，我的儿，我们终于又见面了！”

正是寒冬腊月，百草凋枯，哪里会有牡丹开放呢！毛义想到母亲如果不能再看到白牡丹的开放，可能会死不瞑目。他伤心地走出家门，爬上山崖，跪到白牡丹面前说："花神呀，我母亲一生喜欢白牡丹。请您开恩，让白牡丹开放，了却她未了的心愿吧！"

不顾天寒地冻，毛义一跪就是三天三夜。

毛义的孝心终于打动了花神，花神让白牡丹仙子重返人间现出玉容。

一阵北风吹过，天降大雪，似白牡丹开遍漫山遍野。毛义睁眼一看，山崖上的白牡丹已经开放，他急忙回家把母亲扶到门外欣赏白牡丹。母亲心愿已了，含笑离开人世。

清《无为州志》记载：毛公山的山崖有18棵白牡丹。从前，无为、巢县和庐江三县交界的人们喜欢根据白牡丹开花的枝数，来推测当年的水情。

潘明王护独山

潘明王是东汉时期临湖县人，家住现在开城镇的独山，是远近闻名的大力士。传说潘明王一餐能吃五只鸡，一次能喝半桶水，一脚能踢断碗口粗的大树，被远近的人们视为豪杰。潘明王经常耕地劳作。这一天，他牵着牛扛着犁到竹山的山麓犁地，因为土地里夹杂着石块，牛拉不动犁。潘明王扬鞭在空中一抽，"叭"的一声响，牛受了惊，想往前跑，还是拉不动犁，索性跪倒在地上不起来。潘明王干脆把轭头从牛脖子上解下，让牛去吃草，自己双手扶犁推着前行。人们看到犁头铁碰到土里的石块直冒火星，都说潘明王有推山的力气。

有人不相信这件事，去问潘明王。潘明王并不回答，只在嘴里发出"嘟嘟"的声响，意思是我用手推犁，推得如吹号一般嘟嘟地响。人们以为潘明王发出的声音是"独独"，意思是我独自一人推犁。从此，人们把他居住的这座山称为独山。

巢县的盗贼不知道潘明王的本事，他们到临湖县侵扰独山的百姓。这天，潘明王看到一群盗贼想从山下过，他扛着犁拦在路中间。

“让开！”盗贼举起刀。

潘明王喝道：“放下抢得的财物！”

盗贼哪里把潘明王放在眼里，举刀便砍。潘明王挥犁相迎，盗贼的大刀碰到铁犁头上，被震得脱手飞了出去。几个盗贼蜂拥而上，挥刀乱砍。潘明王双手挥舞着犁左挡右拦，轻松自如得像挥舞一根细小的棍棒。盗贼知道自己遇到高人，纷纷放下财物逃走，再也不敢来临湖县滋事。

东汉末年，临湖县南有黄穰、黄姑兄妹起兵造反，大军所到之处，烧杀抢掠无恶不作。自封为王的黄穰派人来请潘明王，封他为大将军，要潘明王随队出征。潘明王扔了诏书，哈哈大笑：“我封他为大将军还差不多！”

黄穰派人来说媒，想把妹妹黄姑嫁给他。潘明王说：“我人高马大，我的老婆也应该身高体壮。听说黄穰妹妹黄姑只有锹把子高、篾片子宽，她帮我家洗衣采桑，我还嫌她力气小了呢。”

黄穰还不死心，亲自来独山请潘明王，答应事成之后分一半江山给潘明王，又威胁说自己这是三顾茅庐，要是潘明王再不答应，将血洗独山。

潘明王知道自己不能惹恼了黄穰，只得退一步，说：“你做你的皇帝梦，我吃我的贫民饭。这样吧，我不想你的一半江山，你也别打搅我的安稳日子。只要你的军队不进驻独山一带，我就不与你们为难。”

黄穰还想试探潘明王，说：“别说临湖县，要不了半年，整个庐江郡都是我的天下。”

潘明王不和他较劲，说：“我的天下很小，只有独山附近这几座山的畈田。”

黄穰知道自己不是潘明王的对手，只得让步，命令自己的军队不进独山，只在临湖县东南一带活动，在无为市和庐江县留下“黄姑”和“黄墩”等地名。

潘明王因为保护附近百姓有功，又拒绝与盗贼黄穰合作，被封为“王”，百姓称他为“潘明王”。潘明王的墓位于竹子山，潘明王庙位于独山，清朝时还存在。

丞相王蔺的三桩公案

王蔺，字谦仲，南宋无为军开城乡人。乾道五年，即公元1169年，王蔺中进士。担任武学谕时，宋孝宗看王蔺立规周全、管理规范，自此进入皇帝的视线。

王蔺是无为地域历史上唯一任职丞相的官员，无城东门的熙春街，即现在的“阁上”，南宋时建有五云阁、熙春坊，都是王蔺私家花园；石涧镇的“卜头桥”地名，来自王蔺的传说；无城北门的“王二公”和“洗脚塘”地名，来自王蔺及其父亲王之道的故事。

一、记言与记事

王蔺先担任监察御史，后任参知政事拜枢密使，主管南宋的军备，也就是说王蔺是言官出身，所以《宋史·王蔺传》没有记录王蔺的业绩，而重点记录了他给皇上的谏言。

担任枢密院编修时，王蔺上奏五件事，皇帝还没有看完奏折，就面露喜色，说：“王蔺敢于直言，应该提拔！”

担任舒州太守期间，他奏陈时弊，皇上的评价是：“卿议论严峻刚正。”

担任监察御史时，宋神宗从衣袖里拿出一张纸赐给王蔺，要他参考唐朝陆贽的《奏议》，列数皇上当政以来的种种缺失。王蔺直言时弊，宋神宗完全采纳。

↑《王氏宗谱》里的王蔺像

担任起居舍人之职时，他奏言内官、医官、药官升迁容易，是除授不当。宋神宗不觉悚然，说："磊磊落落，只有你一个人。"

担任礼部侍郎兼吏部尚书时，宋神宗要王蔺推荐"刚正如卿者"。他推荐了潘时、郑矫、林大中等八人，无一徇私。

父亲王之道去世，王蔺回乡守孝后，重任礼部尚书，进参知政事，相当于副丞相。宋光宗继位，王蔺任枢密院事兼参知政事，拜枢密使，相当于丞相，主管军备。有议论为皇后建家庙，王蔺不怕得罪皇后，"力争以为不可"。

因为王蔺直言无隐，嫉恶如仇，同朝的许多官员忌惮他。

王蔺虽身经宋孝宗、宋神宗、宋光宗三朝，《宋史》里却没有他主持朝事记录。比如王蔺担任枢密使后，请求宋光宗废除了对武举的体罚。此后，南宋武举从军一事稍见起色，延迟了南宋的灭亡。遗憾的是，记录他人生经历的《王蔺传》，依然如记录监察御史的传记一样，只记录了他的"风闻言事"。

这应该是《宋史·王蔺传》的缺失之一。

二、弹劾辛弃疾

现在关于南宋词人辛弃疾的传记和论著里，提到辛弃疾个人理想不能实现，往往都要提到王蔺。似乎王蔺是投降派，似乎王蔺弹劾辛弃疾是无中生有，有的人甚至把王蔺与秦桧画上了等号。

南宋孝宗淳熙八年，也就是公元1181年，辛弃疾在江西任安抚使；同年十一月改任两浙西路提点刑狱公事。正准备赴任时，被王蔺弹劾而免职。王蔺说辛弃疾"用钱如泥沙，杀人如草芥"，罪名是"弃疾奸贪凶暴，帅湖南日，虐害田里”。

关于王蔺与辛弃疾的矛盾，有人归纳为投降派和主战派的矛盾。

其实，王蔺不是投降派。一是他的家族积极抗金。金军南下时，他的父亲和伯父、叔父等人，都在无为地域坚持抗金；他父亲王之道曾因反对秦桧与金议和而遭到打击。二是虽然典籍没有记录王蔺关于宋金关系方面的具体言论，难以确定他是主战派还是主和派，但《宋史》将王蔺与其他几个在抗金和反秦桧方面有突出表现的人合写在一个传记中，显然认为他的政治态度和品格与那些人存在某些相似性。

那么，王蔺与辛弃疾矛盾产生的原因是什么呢?

宋时，朝廷设立御史台和谏院作为监察机构，合称“台谏”。规定“台谏官”可以“风闻言事”，即可以根据听到的一些传闻弹劾官员，即使传闻失实，也不追究台谏官的责任。其目的不只是广泛收集信息，纠正政策上的失误，还可以通过街头巷尾的议论，察看是否有人谋反。台谏官出身的王蔺遇到了身为湖南安抚使的辛弃疾。

辛弃疾为人豪放，性情耿直，敢于用事。他主政湖南前后，湖南发生了一系列叛乱，其中的赖文政之乱就是辛弃疾亲自平定的。文人主政，管理上的随意性在当时也应该属于正常。

耿直的辛弃疾也很“直言”。他曾经说过，我年轻的时候一出口，往往就是别人听不惯的话；一团和气的道理，我最近才知道。我学习别人的样子说话，但就是“学不到家”，不能做到十分巧妙。辛弃疾词中的“出口人嫌拗”，与文中担心“言未脱口而祸不旋踵”十分相似。

在湖南民间舆论中得到“贪官”和“酷吏”这两顶帽子后，辛弃疾被王蔺弹劾而去官职。辛弃疾传记记载，当时的宰相周必大和枢密使王蔺都与辛弃疾政见相左，他受到打击报复被罢官，于是他收复中原的理想不能实现。

三、传说

关于王蔺，无为地域有许多传说。许多人把传说当成历史，并演绎成故事。

石涧镇境内的巢无路边古峡山埠附近，有一座桥名为“扑头桥”。传说当年王蔺告老还乡时，有小人在皇帝面前告刁状，说他要谋反，并带回许多武器。皇帝大怒，命钦差一路追杀王蔺。带着铁制农具的王蔺走到峡山埠的山涧边，正准备过桥，钦差大臣骑马从后面追杀上来。结果，王蔺人头落地。

又传说当年王蔺离开京城时倒骑着马，希望看到皇上派人追自己回去。因为得罪的人太多，他倒骑着马离开京城的事被人报告给了皇上，陷害说王蔺讽刺皇上“倒着来”。皇上发怒说：“把他的头拉回。”意思是不让他倒骑着马。那人故意把皇上的话理解成“把他的头拿回”，杀害了王蔺。

为了纪念王蔺，石涧镇峡山埠这个山涧的小木桥被取名“扑头桥”，又作“卜头桥”。现在，当年的山间小路已变成国道，小木桥已变成钢筋混凝土大桥，但“扑头桥”这个地名依然存在。

王蔺被杀后，他的家人靠扎锅圈卖钱为生。旧时人们在老式土灶的铁锅与锅盖之间放一个稻草扎成的锅圈，目的是把锅盖支高，便于锅里的热气外泄。扎稻草锅圈十分简单，几乎家家都会。但是大家为了表示对王丞相家人的支持，家家会扎锅圈家家都不扎，而向他的家人购买。王蔺的家人靠卖锅圈挣到盘缠，赶到京城向皇帝鸣冤。皇帝听了王蔺家人的申诉，忙命人进行调查，并为王蔺平反。

故事中没有说到王蔺的朋友，这与《宋史·王蔺传》“同列多忌之，竟以不合去”一致。但《宋史·王蔺传》说王蔺是“归里奉祠”，七年后逝世，葬于轩车山。故事里的王蔺被杀，明显是戏说。

写于南宋的《题濡须王枢密奏疏后》称赞王蔺“十年间，参知鼎饪，独斡斗枢，明谟骏烈，为一时名辅弼之最”。作为名相，王蔺的政绩显然被《宋史》忽略了。

补充两点：一是王蔺儿子王枺曾任泾县县令。王枺撰写的《燕翼诒谋录》入选《四库全书》，成为后人研究宋时社会民俗的必备书目。二是王蔺的女儿被选入宫中，成为娘娘，无为城北“洗脚塘”的地名就源于她的故事。

钱策宁死不降流寇

钱策，字国献，号靖甫，又号霜松，祖父为开城桥钱氏家族的族长。明代万历二十九年，即公元1601年，钱策中进士，曾任刑部主事、郎中，后晋升为光禄寺少卿，人称“钱光禄”。

刑部主事官不大，油水却不小，官宦人家或者有钱人家的子弟作奸犯科，往往通过金钱打点就可减刑或者免刑。钱策性情耿直，不爱金钱，遇事又不畏强权。有一天，东宁侯的儿子和当时著名的棋手李秋下棋，因为输棋，怀恨在心，暗中派人打死李秋，反而诬蔑说李秋到他家偷盗，发现后负隅顽抗，才被打死。刑部官员心知肚明，但畏于东宁侯的权势不敢过问。钱策坚持王子犯法与庶民同罪，不但戳穿谎言，而且依法惩治了东宁侯的儿子，声振东南各府州。

后来，钱策任刑部郎中。当时正值淮河漕运的主官凭借铲除阉党的机会结党营私，向朝廷邀功请赏。钱策上书直言，纠正了他们冒功的行为，并给其党羽一定的惩罚……

因为钱策生性耿直，朝廷要害中枢里的许多人都不喜欢他。钱策一气之下辞职回到无为州。

这时，流寇张献忠侵犯无为州。无为州知州请教钱策守城之法，钱策出谋划策，并与知州一同守城，多次打退张献忠的进攻。当夜，流寇攻破城门，人们纷纷逃跑，钱策却让家人把灯笼和火把都点上，他打开家里的大门，等待流寇的到来。

流寇进了钱策家的大门，知道钱策是个德高望重的长者，并没有辱骂和伤害他，而是以礼相待，要钱策投降。钱策却一言不发。

张献忠让部下把钱策捆绑起来，退出无为州城时把他带走。过了十里墩，到了襄安，流寇觉得押一个老头浪费精力，况且这老头又硬又犟，想把他杀了。张献忠说：“我归附朝廷时，就听说钱策德高望重。扣押他一个人，胜过打下一座城池。”

钱策被带到现在蜀山镇的金牛村，张献忠还想逼迫他投降。钱策哪里肯听，还怒骂张献忠。张献忠一怒之下把他杀死。

因为钱策坚贞不屈，后来朝廷追赠他为大理寺卿。他的事迹被著名史学家汪有典收录于《史外·前明忠义别传》中，成为明代学界抗击流寇的英雄。《江南通志》《古今图书集成》对他的事迹也有记载。

陆淦杰的世故

陆淦杰，名发轫，字雁宾，号淦杰，清末开城桥人。因为陆淦杰是廪膳生，也就是秀才，可以每月从学官那里领得一石米，生活也算无忧。他曾在开城桥、宝山一带开经馆课门生，民国时期开城桥一带的名流几乎都是他的学生。

关于陆淦杰，开城一带流传有几个故事。透过这些故事，可以看到开城人的处事之道。

一、讲道理，也讲谦让

陆淦杰为人厚道，与世无争，甘当“和事佬”。

襄安陡门的潘银成和山后李小圩的李芝兰都是他的门生。潘银成在陡门有200多亩田，地势较低。李芝兰家的小圩300多亩，紧靠陡门，地势较高。因为关系不好，每到汛期，李芝兰总是故意排涝，把潘银成家的200多亩田淹得白浪一片。论拳头把子，李芝兰家有兄弟六人，潘银成家只有他一个男丁；论打官司，李芝兰能说会道，比潘银成又略胜一筹。潘银成只得恳请李芝兰看在同窗之谊，手下留情。但李芝兰不答应。

潘银成知道自己的老师是“和事佬”，请他出来调解肯定没有用，便把李芝兰告到无为州，说李芝兰故意放水淹田，又说自己的先生陆淦杰可以作证。因为提到陆淦杰可以作证，州官老爷没有调查，便判潘银成胜诉。

虽然胜了官司，但是说了谎话，潘银成立即拜访陆淦杰，把打官司的经过和盘托出，请老先生责罚。陆淦杰说道："你们同窗打官司，怎么把我搭进去了呢？"招呼潘银成下不为例。

败了官司的李芝兰没有料到陆淦杰竟然给潘银成作证，他摆好酒菜请陆淦杰赴宴，想借机讨个说法。陆淦杰佯装不知，宴席中，他大口喝酒大块吃肉。等到酒席散后，陆淦杰摇摇晃晃地动身准备回家，李芝兰开口说："手心手背都是肉。我和潘银成都是您的学生，您怎么能为潘银成作证，让我败了官司呢？"

陆淦杰不提自己是否给潘银成作证，只是哈哈笑起来，说："你回回赢他，就不能让他一回呀！"

不说谁有理谁无理，只说赢得多的一方应该谦让一回，表面上看是"和事佬"，实则包含了儒家的中庸思想。

二、讲里子，也讲面子

陆淦杰经馆中的学生一般二十来岁，绝大多数是富家子弟。他们吃住在学堂里，生活自然清苦。

一天，几个学生偷来村里一只老鹅想解馋。失主得知，骂骂咧咧地追来。陆淦杰知道事情不好，他抢先将已经宰杀的老鹅用细绳扎好颈部，挂在进门的墙上，并迅速将自己的长衫脱下，挂到老鹅外面遮盖起来。

"您的学生大白天偷我家的鹅。" 失主进门就向陆淦杰告状。

陆淦杰嘻嘻一笑，说："我学生读的是圣贤书，哪里会做那样的事！"

"我亲眼看到的，他们把鹅带到学堂，想赖是赖不掉的！"

失主在屋里到处搜查。谁知找了半天，竟然一无所获，口中嘀咕道："真是怪事！明明看见他们带进来了，怎么没有了呢？"

因为在当地辈分高，又有威望，陆淦杰故意生气地说道："你说我学生偷你家的老鹅，给你搜查却又搜不到。依我说呀，你这是故意败坏我们师生的声誉！”骂得失主灰溜溜地逃走。

事后，陆淦杰关起门来对学生进行训斥，又到学生家进行家访，把前因后果全部说清，罚自己半年束脩。学生家长慌忙检讨自己的不是。回来后，陆淦杰买了两只老鹅，让偷鹅的学生悄悄放到失主家的院子里。

面子是遮住学生偷鹅的丑事，里子是承认学生偷鹅，情愿受惩，让学生明白是非。陆淦杰做事，真是既有面子，又有里子。

三、是争议，更是提醒

陆淦杰培养了无数英才，其中之一就是民国时期无为县的某任县长。但他为人正直，从不为金钱打动而曲笔。但有一事，陆淦杰用了曲笔。

那年，无为县加固无为大堤，陆淦杰的长子承包了一段工程。为了保质保量，陆淦杰的长子请验收人员丈量已经运上堤坝的土方，而不是测量堤下的土塘。监管人员查验时用竹板将陆淦杰的长子当众抽打一顿，说运上堤坝的土质较松，不能作为测量土方的依据。长子回来后，向陆淦杰哭诉自己的委屈。

陆淦杰觉得自己脸面扫地事小，保证无为大堤的工程质量事大。探得县长这天到江堤巡视，他在县长必经之路坐定，故意高声朗读诗书。县长乘轿而来，轿夫嫌陆淦杰碍事，和他争执起来。县长一看是自己的授业恩师，赶紧下轿参拜，问道：“请问先生，今为何事而来？”

“原来是一方父母官，失敬！”陆淦杰坐在椅子上拱手施礼。

县长知道陆淦杰肯定有事，说：“请您明示，弟子洗耳恭听！”

陆淦杰道：“当年我布置作业，要你背诵《论语》，并默写十遍。你呢，作业是交上来了，是默写，还是抄写，我总会检查一下。说来惭愧，只怪我家境贫寒，长子承包一段工程，明明完成得很好，却被你手下当众羞辱。让我情何以堪？”

县长说：“请宽宥弟子几天，定给先生满意的答复！”随后设宴给陆老先生接风洗尘。

席间，陆淦杰提醒县长检测大堤施工的土方量，应当测量运上堤坝的土方，不能仅仅测量堤下的土塘，因为堤下原先有塘，塘里的土先已被运走。那丈量人员只量堤下的土塘，作为计算运到堤上土方的依据，不是营私舞弊，就是疏忽大意。县长点头称是。

徐庭瑶的故乡情

佛说：一个人与故乡的距离，不只是现在的距离，还包括他的前世与来生。

作为永安河的儿子，徐庭瑶曾任国民党军坦克兵司令，1974年病逝于我国台湾地区。但他的在天之灵早已随永安河波涛的召唤，走在回家的路上。

一、绘制《无为地图》

1914年，徐庭瑶毕业于保定陆军军官学校。在安徽军阀部队当了几年兵，他觉得那里并非自己的报国之地，于1916年冬弃职回故乡无为。

休息了一段时间，徐庭瑶发现无为县还没有现代意义上的地图，决定用自己在军校学到的测绘知识，为家乡绘制地图。几经酝酿，他自制测绘工具，骑着自行车深入全县各地进行测量。经过三年多的努力，终于绘制出《无为地图》和《石涧埠地图》《襄安地图》《土桥地图》《雍南地图》。

徐庭瑶绘制的《无为地图》，是无为市最早的现代意义上的地图蓝本，它按二十万分之一比例绘制，被当时的无为县政府采用并付印。之后，徐庭瑶接受邀请，测量并绘制了《繁昌县地图》《鲁港地图》《荻港地图》等，并被地方政府采用。

无为市图书馆里，现在还珍藏着一幅徐庭瑶绘制的《无为地图》。牛皮纸封套上写有徐庭瑶的亲笔留言：“此图系本人寄存无为图书馆内。阅时请勿带出，为盼。”并加盖了徐庭瑶的大红印章。

二、倡导新风，兴办教育

接受新思路、新观念熏陶的徐庭瑶，决心在无为倡导新风。1933年，长城抗战回南京后，他推荐同窗旧友戴端甫任无为县县长，亲书对联鼓励。对联是：“硬干快干手段，改造无为；手到足到精神，服务桑梓。”

旧时无城有座城隍庙，大约在老城区的银杏小区东南侧。城隍庙里供奉着城隍爷夫妻，还有送子、痘花、水花三位娘娘及财神爷。当年，这座城隍庙是无为居民祈福和问卦的地方。

徐庭瑶回乡探亲时，和无为县县长戴端甫论及在家乡倡导新风，对无为的封建迷信恨之入骨，都想捣毁无城的城隍庙。为了避免群众的阻拦，徐庭瑶和戴端甫商量晚上动手。这天晚上，徐庭瑶在前，提着马灯的戴端甫在后，暗中进入城隍庙。徐庭瑶一声令下，徐庭瑶的卫兵和无为县政府的常备兵一拥而上，用绳索和木棒把庙里的泥塑像全部拉倒打碎，再把碎片运到郊外倒掉。后来，他们把城隍庙的庙宇改建成民众教育馆，教育无城民众破除封建迷信。时任无为民众教育馆馆长的陈洪泽，又名陈沛，20世纪60年代曾任北京美术学院院长。

↑ 徐庭瑶在无城的故居

为了倡导新风，徐庭瑶推进新式教育，捐资建立奖学金资助考取外地高中的优秀学生，又在开城新办四维小学及分校；在无城西门建造拨云楼图书馆和阅览室，对外开放；捐资在绣溪公园建沂春堂，供地方集会使用，并在沂春堂主持新式婚礼，倡导新风。

徐庭瑶还亲自从无城步行到开城，实

地查看地形，规划修建一条晴雨通行的公路，并捐资三分之二。

三、建“无为公寓”收容无为流亡人士

“淞沪会战”失败后，眼看日寇即将侵入内地，无城、襄安、开城许多人逃离无为，携家带口到湖南避难。有回忆录记载，在潜山县，“高某的两个姐姐（无为人）跪在马路中央，求部队的车带一截”。逃难的无为人远离家乡，境况十分凄惨。

目睹同乡的惨状，1938年，徐庭瑶和已经迁至湖南的戴端甫商量，共同出资在长沙浏阳门外合办“无为公寓”，收容流亡在湘的无为籍人士，供给吃住和衣物、介绍职业和上学等。无城小学教师金学成逃到湖南后生活困顿，他住进“无为公寓”后，受到徐庭瑶的关照。后来，他考入徐庭瑶主持的陆军机械化部队，参加过入缅作战。

原安徽省政协副主席丁继哲1938年流亡到湖南长沙，曾经住进“无为公寓”。经徐庭瑶推荐，丁继哲报考机械化学校，因为其只读过私塾，英语和数理化考试不及格，没有被录取。后来，丁继哲找到八路军驻长沙办事处，被介绍参加了新四军。

国难当头，流离失所的无为人在长沙举目无亲。徐庭瑶的“无为公寓”，让身处困境的无为人有了安身之处。

四、建戴安澜墓、办安澜纪念学校

在徐庭瑶主管的军队和学校里有许多无为籍人士，他们得到徐庭瑶的引导，刻苦学习现代科学文化知识，掌握了现代军事技能。中国第一支机械化部队某师师长戴安澜，中国第一支坦克营营长王先沂，毕业于黄埔军校的汪守相、戴子壮、范啸谷，等等，都受到徐庭瑶的关心和提携。

1942年戴安澜将军殉国后，灵柩葬于昆明的圆通寺；1944年，移葬贵阳花溪河畔的葫芦坡。作为首长和同乡，徐庭瑶一直牵挂戴安澜忠骸归葬家乡一事。

1946年的秋天，徐庭瑶找老部下杜聿明商议戴安澜遗骨归葬一事，请杜聿明派专人用小火轮把戴安澜的遗骨送到芜湖，并亲自为戴安澜选定墓地；经过研究，商定戴安澜墓仿南京中山陵样式，四周砌矮墙，并建石碑牌坊，种植花木。1948年，徐庭瑶为戴安澜举办了盛大而庄重的葬礼。

为了纪念戴安澜将军，徐庭瑶倡议筹建戴安澜纪念学校，得到各方响应。1947年，他把建于广西的安澜纪念学校迁至芜湖，改名为安澜高级职业学校，董事长徐庭瑶、杜聿明、关麟真、张治中等，校长戴子庄，名誉校长王荷馨，大多都是无为籍人，合并扩大后现在成为安徽工程大学的一部分；附设的安澜初中，1952年改名为芜湖市第二中学。

五、设置“徐庭瑶奖学金”

1948年，徐庭瑶出任国民党军坦克兵司令。

徐庭瑶非常眷恋家乡。在南京的家里，他暗暗问族弟徐冬荣共产党到底怎么样？徐冬荣曾任新四军七师文教局局长，参加过黄丝滩大堤的加固工程，他回答说共产党是讲道理的。正说着话，蒋介石派人来说，已经安排好飞机，让徐庭瑶先行飞往台湾。几乎是绑架，徐庭瑶被迫去了台湾。

在台湾的日子里，徐庭瑶经常吟读王维诗“君自故乡来，应知故乡事。来日绮窗前，寒梅著花未”，他期待自己能落叶归根；在台湾的日子里，他多次对儿子说自己1948年回过一次家乡，好多年没有回家了，相信国家一定会统一；在台湾的日子里，他非常惦记家乡的亲友，嘱咐到美国留学的儿子支持家乡的文教事业。

1997年，徐庭瑶的儿子、徐庭瑶的学生共同在无为设立了“徐庭瑶奖学金”，奖励无为地域每年的优秀高考学生；用徐庭瑶奖学金，在开城中心校内独资建造教学楼——“月祥楼”。在徐庭瑶作古23年后，他支持家乡教育事业的心愿终于实现。

张云逸在开城

1938年11月，新四军参谋长张云逸率领军部特务营的两个连，由繁昌县过江抵达无为县。1939年10月由庐江县率新四军江北指挥部前往定远县，在这一年左右的时间里，张云逸经常战斗和生活在开城镇先锋村的王家大墩。

1938年4月，新四军第四支队挺进皖中，将各县地方武装统编为新四军第四支队第二游击纵队，下辖三个游击大队，其中的第二大队司令部驻扎无为县城。当年11月，张云逸率领新四军军部特务营200多人来到无城，开始了新四军皖中抗日的艰难历程。

1939年1月，张云逸与国民党安徽省政府主席廖磊谈判，商定把新四军第四支队第二游击纵队，改编为新四军江北游击纵队。新四军江北游击纵队司令部，起先设在无城的登瀛街。因为当时的无为县县长马炯处处制造摩擦，新四军江北游击纵队只得迁至恍城；1939年3月，再迁至开城镇先锋村王家大墩王子樵的住所，同月迁来的还有中共鄂豫皖区党委领导的舒无地委机关。

王家大墩坐落于开城集镇东南双胜圩境内的一个土山上，东南有迎宾桥与大童岗、缪家山相接，西北过开城桥可进入开城集镇，既偏居一方，又四通八达。当时的王子樵家有土墙瓦顶的房子七开四进，另有王氏宗祠等建筑。张云逸率领的新四军江北游击纵队驻扎王家大墩后，在屋前辟有练兵的操场，在西南挖了一口水井，供战士和村民饮用。有老人回忆，说当时新四军江北游击纵队战士经常在操场上训练，他们走独木桥、站梅花桩、练拼刺刀，还练习投掷手榴弹。又回忆说，那个时候，王子樵已经住到南京八卦洲去了。

1939年5月中旬，新四军江北游击纵队在王家大墩进行整编和训练，任命孙仲德为司令员、黄岩为政治委员、桂逢洲为参谋长，共1500多人。当年8月1日，张云逸在开城镇先锋村丁氏宗祠门前，对参训的江北游击纵队指战员发表讲话，确定江北游击纵队下一步的发展方向是进至淮南铁路两侧，并在那里建立根据地。随后，张云逸拜访了进步人士胡竺冰等人。

1939年8月底，美国进步作家史沫特莱自江南渡江来无为襄安采访。当时，张云逸在开城。得知史沫特莱来到襄安，张云逸带领黄岩、桂逢洲等人连夜从开城赶到襄安，会见了这位美国记者。史沫特莱认为张云逸是一位很有学问的知识分子，“他博览群书，善于思考，我不断从他那里学到许多有启发性的新知识”。

1939年10月22日，张云逸率新四军江北指挥部前往定远县。

需要说明的是：张云逸及新四军江北游击纵队驻扎开城期间，开城许多年轻人，包括汪治平、钱之槐等都参军抗日，他们后来编入新四军二师。1954年无为大堤溃破，开城镇先锋村新四军江北游击纵队旧址的房屋倒塌。张云逸、黄岩住过的砖墙房屋1956年被拆，拆得的建筑材料用于建造开城中学的校舍。

开明绅士王子樵

《岁月留痕——无为县红色遗址寻踪》一书记载：“新四军江北游击纵队司令部驻地，位于现开城镇先锋行政村王大自然村（时称王家大墩），司令部驻于当地村民王子桥家。”王子桥应该是王子樵。20世纪30年代末，王子樵曾把自家的房子让给新四军江北游击纵队做住房，积极支持新四军抗战。

王子樵，名昌暄，字子樵，光绪十年（公元1884年）6月，生于开城镇先锋村王家大墩，幼年丧父，青年失兄，家计十分艰难。读过私塾的他因为父兄去世，辍学在家，从事传统农业。王子樵的脑子比较灵活，他在开城集镇上开了烟酒店，后扩大成为“王裕生”商号，批零兼营；看到有些人家缺少做房屋的木材，便到江西采购木材，先在双胜圩的花桥河边开木棚销售，再到凤凰颈江边开设木行。北伐战争胜利后，看到南京政府号召群众开垦南京八卦洲，便联络乡亲一同前往，各自承租开垦，他本人领租一百多亩，采用农场化经营……因为辛勤劳作，王子樵挣下一笔家产，在王家大墩建起七开四进的房子，外加牛屋若干。那些土地和房子都是他通过自己辛勤劳动换来的。

见过世面的王子樵知道学问的重要性，他一直为自己的辍学而难受。为了改变家乡的落后面貌，他致力开办荫槐学校，和田间的父亲童达奎等人成立校董事会，这学校甚至比县立十三初级小学即开城小学堂的建立都要早。为节省经费，他无偿地把自己家的学屋“荫槐轩”及其附属设施提供给学校，并捐款捐物。知道外面的学校除了教“四书”和“五经”，还教算术和英语，他高薪聘请老师开设英语、地理、算术等课程。从1926年开办，到1939年毕业，该校两届学生都考取了外地的高中或者大专院校。当时，童天鉴即著名“擂鼓诗人”田间，就在王子樵开办的荫槐学校读书。

在王子樵的影响下，开城的新式教育一时蔚然成风。

凤凰颈的木行，南京八卦洲开垦的荒地，时常遭遇长江洪水的侵袭。为了加固长江堤防，王子樵在无为、在南京八卦洲两地积极参与固堤抢险工程，主动出钱出力。日寇“南京大屠杀”后，上海和南京的许多人流浪到无为，有的经无为前往湖南、湖北和四川，王子樵以其牵头的佛教会所为基地，设立接待站，率先运来自己家的粮食和柴草，免费向难民提供食宿。

1939年，国民党无为县县长马炯处处制造摩擦，新四军江北游击纵队司令部从无城迁至恍城，战斗和生活十分不便。王子樵得知情况，腾出自家房屋宅院，供新四军江北游击纵队司令部和政治部使用。出任开城商会会长的王子樵还多次为抗战捐款捐物，其中一次就捐款为新四军购买30支枪和上万发子弹。新四军张云逸和黄岩等首长称赞说：“王子樵是开明绅士，对我军有贡献！”

抗战胜利后新四军七师北撤，王子樵接受七师首长委托，把几个来不及转移的七师干部的子女秘密安置到六店村山芋棚一带，请村民抚养，并掩护转移了两名地下干部。

新中国成立后，王子樵接受土地改革政策，交出自己家里的全部土地和房屋。后经地方政府同意，王子樵外出随子女在上海生活。

因为思乡心切，1956年王子樵费尽周折终于回到朝思暮想的王家大墩住了一夜。而这个时候，他家的房子已经于1954年长江破圩时倒塌。

1959年，王子樵病逝于上海，终年70岁。

需要补充记述的是，王子樵的大儿子王玉衡毕业于无锡国学专门学校和上海持志大学法学院。新四军江北游击纵队进驻开城时，他曾经代表各界致辞表示欢迎。后来，王玉衡在徐庭瑶的机械化学校、步兵学校担任教官。1947年和1948年，王玉衡两度奉命来安徽视察，曾经秘密扣下一份“某某通共”的密件，保护了一名共产党员的安全。

淮海战役前夕，王玉衡离开徐州，任南京特别市政府专门委员总务处长。他在国民党溃逃前坚守岗位，全力保护南京市政府的财物、档案文书、武器装备，并全数移交解放军清点接收。1949年7月，王玉衡办结移交，获得管委会主任刘伯承签发的“点交清楚”的《证明》。

田间与无为

1984年，无为县文化局主办的《无为文艺》上，刊登了著名诗人田间的诗《第一故乡城》，诗的开头这样写道：

第一故乡城
仍然有我的童心
有如长江红灯
彼此相照到天明……

↑ 田间纪念馆

提起这首诗的来历，要从1983年说起。

1983年，时任无为县文化局局长的陈克文抱着试试看的心态，给远在北京的诗人田间写信约稿。没有想到的是，诗人田间很快复信，并附寄诗《第一故乡城》。从这里，我们可以看出田间对故乡无为的热爱和牵挂。这个时候，诗人田间离开家乡已经47年了。47年来，田间没有回过家乡，但他的创作和他的心从来没有离开无为。

一

田间出生于开城镇羊山村，有兄弟三人、姐妹三人。1929年，田间离开家乡开城，到无锡辅仁中学读书。1930年，田间到南京安徽中学读书。后以初中毕业生学历，考入芜湖的安徽省立第七中学高二年级读书。这个时期，田间经常回家乡的无城和开城。

1934年考入上海光华大学读书期间，田间很少回家乡。离故乡越来越远，但是羊山的清风和永安河的波浪依然在田间的心头飘荡，他的乡愁甚至他的诗歌创作，冥冥中始终与无为地域文化、与开城山山水水相联系。

1935年，田间出版第一部诗集《未明集》，而为《未明集》作序的“左联”评论家王淑明就是无为人。曾在无城小学和无为中学任教的王淑明受到过鲁迅的赞赏，曾任“左联”宣传部长，主编过“左联”机关刊物《太阳》，是一位职业评论家。

当时18岁的田间要出版自己的诗集，33岁的同乡王淑明在编辑、印刷方面提供了许多帮助。序里王淑明称赞田间的《未明集》“诗形的雄放，与内容的充实，尤能显出他有过人的天赋。如能循着这条路子走下去，更加以顽强的努力，更好地体验人生，则未来的成就，应该是无限的”。田间与王淑明的交往，是他与家乡无为另一种形式的联系。

田间的《未明集》是一部散发着故乡泥土气息的诗集。羊山、永安河和开城老街的场景，时时出现在诗人的笔下。在《小推车》里，田间描写开城小镇上那些衣衫褴褛的车夫，他们弓着腰推独轮车行走在石板路上，留下深深的车辙。它再现的是开城老街的风貌，表现的是车夫生活的艰辛。家乡开城的影子烙进田间的脑海，被他带进大上海，经过重新组合，用诗歌的形式艺术地再现出来，赋予了更深的含义。这些诗，已经与我国古代的悯农诗以及新文学运动的“乡土文学”有着不同的格调和色彩。

二

1935年，田间出版《中国牧歌》。1936年，田间为创作《中国农村的故事》，特意回到家乡开城。

田间说：“在小河的流水上，在痛苦的船舶上，我更清楚认识粗黑的人类，从他们不安的生活中，干枯的语言中，吐着生之渴望和不断地思想着生之和平与生之温暖；这使我一年来想写的这一部关于中国农村的诗，便很快地开始了。”

也就是说，田间是站在故乡开城的泥土上，书写中国农村的故事。

田间研究专家郭仁怀教授认为：“田间对当时农村生活的感受，对农民内心要求和愿望的把握，要比臧克家、艾青站得高，更能应合时代的节拍，更能提示社会发展的正确趋向。”

因为《中国农村的故事》以红军长征为背景，被国民党政府列为禁书，田间不得不回乡避难。他从上海到芜湖，再到无城，当他去开城行至现在赫店镇附近时，有人向他报信，说特务已经在开城布了暗岗，要他找个地方先躲一躲。田间在赫店附近找了一个小旅店住下来。店主人是一位姓李的大妈，她看田间聪明老实，知道他是好人，劝田间不要慌张，真要是有人来查，她就说他是她的儿子。几天后，田间在李大妈的掩护下秘密离开无为。

三

1937年初，田间为了摆脱险境，先回到家乡无为，再和一个同乡远赴日本东京留学。1937年全面抗战爆发，田间从日本返回祖国参加抗战。上海"8・13"战事越来越紧，田间回到无为。

这是田间最后一次回到故乡。

不久，身在无为的田间收到茅盾的来信，建议他去武汉。田间和艾青来到武汉，积极投身于抗战活动和诗歌创作中。他的诗《给战斗者》正是写作于此时。

从家乡无为去日本留学；因为抗日，从日本返回祖国，回到家乡；离开家乡，在武汉写作名篇《给战斗者》……田间把对家乡无为的爱，升华到对祖国、对人民的爱，发出了战斗者的宣言。

四

抗战和解放战争期间，田间一直在北方工作。1949年，解放军渡江战役前夕，田间得知家乡已经解放，于是从遥远的察哈尔省写信给父母和弟妹，告诉家人因为时局紧张和路途遥远，自己一直未能与家人联系，要家人把自己家的田地捐给政府。

↑ 田间纪念馆收藏的物品

在这封信里，田间让家人与政府联系，设法找到当年救过他性命的李

↑ 田间雕像

大妈。得知李大妈已经去世，田间十分难过。接着，田间给自己的塾师程慎卿写了一封信，并寄给老人一百元钱，以感谢老师的教育之恩。

20世纪50年代，田间父母迁居南京八卦洲，他的弟弟童天湘河南大学毕业后，到北京中国社会科学院哲学研究所工作，也离开无为，其他弟弟和妹妹也迁居八卦洲。因为种种原因，田间一直没有机会回家乡看看。

但是，田间的精神与故乡无为的联系一直没有中断。田间曾经这样回忆开城永安河的龙舟赛："每年五月端阳时，有一个盛会，河上赛龙舟。划船的人，头上裹起白的头巾，光着脊膀。竞赛时，许多小舟，似鸟在奔飞，惹人爱看热闹。两岸绿男红女，人挤人，夹在紧迫的锣鼓声、狂呼声中。"

五

20世纪40年代中后期，田间转向从民歌民谣中探索民族化、大众化的诗歌新路，形成了独具特色的民歌民谣体。

细看田间的民歌民谣体诗歌，我们竟然能够从中看到无为民歌的影子。

年少时，祖母和母亲经常唱着婉转悠扬的"摇篮曲"，把田间送入甜美的梦乡；稍稍懂事，他和小伙伴们经常唱起无为特色的儿歌取乐。大人们做什么事唱什么歌，有山歌、牧歌、田歌、茶歌、门歌、夯歌、情歌，这些无为民歌印进了田间的脑海，对他诗歌创作中的民歌民谣体的形成产生了积极的影响。

这是田间对家乡无为民歌的借鉴，也是他精神上和家乡一次次切磋诗歌创作技艺的具体过程。谁能说得清田间在梦里，曾多少次回到家乡无为呢！

1950年，田间调任中国作协党组成员、创作部部长、研究室主任，迁居北京。后来，田间任河北省文联主席。无为的熟人去北京办事，到他家探望，他总是留茶留饭，询问家乡变化。改革开放后，家乡来人，他总是说：“有什么事需要我做的就请说，我能办到的一定办。”

1984年，由无为县文化馆主办的《无为文艺》，改由县文化局主办，陈克文局长给田间写信请求支持。田间写下《第一故乡城》，寄给《无为文艺》编辑部。得知故乡羊山小学办学条件比较差，他从自己的稿费里拿出2000元寄给羊山小学。

1985年8月30日，田间患骨癌逝世。诗人临终前嘱咐家人：“我自田间来，还回田间去。我死了，把我的骨灰撒在我家乡的土地上。”许多人注意过田间遗嘱的前两句话，却没有注意后两句话里的三个“我”字，特别是“我家乡”三个字，表现了田间对故乡羊山的热爱和眷恋。

1985年10月，田间的骨灰归葬羊山，诗人终于长眠于自己故乡的怀抱。

1985年底，开城成立“田间文学社”，油印刊物《田间小草》出版；2008年，无城农文化广场附近一条马路被命名为“田间路”；2017年3月3日，由诗人贺敬之题写馆名的田间纪念馆在开城镇羊山村对外开放；每到田间诞辰纪念日，从全国各地赶到开城的诗友聚在田间的塑像前，诵读《给战斗者》等名篇；2019年中美贸易摩擦，新华社的评论引用田间《假使我们不去打仗》里的诗句……

田间没有远去，他活在开城、活在无为、活在全国人民的心里，为开城、为无为树立了文化昌盛、爱国奉献的形象；田间用自己的作品时刻提醒后人，敢于拼搏的精神不能丢弃！

不忘初心张九华

出生于开城镇羊山村的张九华1942年参加新四军，先后参加过新四军七师在无为的对日系列作战，以及解放战争中的莱芜战役、孟良崮战役、济南战役和渡江战役。听说羊山村要建党史陈列馆，张老高兴地捐献出一把自己亲手缴获的日军战刀；捐款被婉言谢绝后，张老又捐献出自己的纪念章一枚、张恺帆书法作品一件。

《九华回忆录》里，记录了张老小时候放牛的故事，记录了他和战友俘虏日军大队长的故事，还记录了不少帮助亲朋好友的故事。张老说："人人为我，我为人人；我为人人，内心高兴。"

提起张九华，家乡羊山的乡亲们都说他是个不忘初心的人。

一、活捉日军大队长，荣誉归家乡

1944年12月底，雪花纷飞，地上覆盖着厚厚一层雪。

张九华随新四军七师五十五团一营奉命从严家桥出发，他们借着夜色的掩护，和兄弟部队一起埋伏在无城镇檀树村叉扬口路的两侧，准备伏击当夜企图袭击解放区的日军。为了不被日军发现，张九华和战友们根据营长邬兰亭（曾任武汉军区副司令员）的命令，衣服一律反穿，使白色的里子和积雪混在一起不容易被发现，并规定埋伏时不准说话，甚至不准咳嗽。

活捉了日军大队长!"
红色·理想
建党85周年系列报道2

↑ 采访张老的文章在纸媒刊出

大约凌晨一点，驻扎在无为县城的日伪军500多人进入新四军七师的伏击圈。邬兰亭命令轻机枪射击。因为落雪的颗粒嵌进枪栓，轻机枪发生故障，不得不把弹夹卸下来，再重新装上。邬兰亭见状，果断命令司号员吹响冲锋号，立即对日军实施打击。经过半个多小时的激战，将敌人全部消灭，张九华和战友活捉日军大队长，还缴获了日军战刀一把。

因为活捉日军大队长和多次立功受奖，20世纪50年代，中共中央办公厅给张九华寄赠毛泽东主席像一张，以示嘉奖。

70多年过去了。在无为、合肥、芜湖许多地方工作过的张九华，把家搬来搬去，但他一直收藏着自己缴获的日军战刀。2019年，张老向羊山党史陈列馆捐献了这把战刀，他说：“我的荣誉属于新四军七师，属于家乡人民！”

二、用“蛮力”，整顿社会风气

解放初期的开城镇形势十分复杂，不但保留着国民党统治时期的保甲体系，还有许多“鸦片鬼子”，打架斗殴现象时有发生。新中国成立后第一任开城镇镇长因为没有抵挡住敌人糖衣炮弹的诱惑，受到纪律处分；第二任镇长上任只有47天，被人借打针治感冒而害死。

1950年春，无为县委任命张九华为开城镇党委书记兼镇长。

张九华上任伊始，把原先的保甲制改为街道制，任命共产党员为街道长和副街道长，夯实了政权基础。依靠新上任的街道干部摸清“鸦片鬼子”的人数，命令警卫班没收他们的鸦片烟和烟具，用各种方法对他们进行教育。

↑ 张九华缴获的日军战刀

那些“鸦片鬼子”十分顽固，刚被没收烟具，竟然又搞到新的烟具。为了帮助“鸦片鬼子”戒烟，张九华一方面召集他们的家属集中学习，让家属配合政府工作；另一方面把“鸦片鬼子”关押起来，集中戒烟，谁先戒掉鸦片烟谁先回家……经过不懈的努力，开城16名“鸦片鬼子”全部戒掉鸦片烟。

因为这件事，开城老街上许多人称赞张九华这个“蛮”镇长，真的不简单！

在打击恶霸地主和地痞流氓的同时，张九华下大力气整顿社会风气。当时，开城街道有个妇女经常仗势欺人，打架斗殴对她来说是常事。街道干部去做她的工作，她反而和街道干部吵闹。这天，她与邻居为小事争吵撒泼。

张九华了解情况后，把她关了起来。起初，她在监室里骂人、吵闹。经教育之后，她老实了许多，表示愿意在群众大会上承认错误。

许多年后，已经退休的张九华忆及这两件事，还说当时镇政府用点“蛮力”整治社会风气，效果还是不错的。

三、忆抗洪，至今关心家乡防汛工作

1954年，长江流域暴发百年一遇的大洪水。芜湖地委、无为县委调张九华任襄安、牛埠、开城、泉塘、严桥五个区的防汛指挥所指挥长。

当时，位于刘渡镇的三坝遭遇险情，无为大堤已经出现溃口。张九华命令把电话架到溃口边，便于指挥，自己亲自调来一条千吨的货船，装满砂石，再用它去堵溃口。船刚接近溃口，立即被洪水吸进圩里，无影无踪。张九华招呼民工在溃口边打桩，再填堵装了土的麻袋，又被洪水卷走。为了鼓舞士气，他爬上木桩顶部，把装满泥土的麻袋往溃口处填。有人大声喊：“木桩要倒了，快下来！”张九华跳下木桩的一刹那，木桩被洪水卷走。

破圩后的第二天，张九华坐着小船行驶在开城西都圩的水面上检查灾情。月黑风高，小船左右摇晃，他担心自己落水后随身携带的手枪掉到水里无法寻找，便把它绑在船桨上。这时，听到远处有机帆船的机器声，他果断拔出手枪，朝天上打了三枪报信。他和船工上了大船，那条小船立即随风飘走了。

因为有这段抗洪经历，1955年张九华调到安徽省长江防修局，1956年调到安徽省水利厅工作。现在虽然已经是90多岁的高龄，他依然时时关心家乡开城的防汛工作。

四、羊山的儿子，始终惦记着羊山

《九华回忆录》里记录着许多小事，包括张九华为年老的母亲焐床、赡养岳父母、帮姐妹看病、资助哥哥，等等，这些小事都说明张九华没有忘记初心。

张九华在合肥工作时期，家里十来口人，只有他和妻子两个人拿工资，生活很不宽裕。“共产风”时期，老邻居的两个女儿跑到合肥，他不但收留她们半个多月，还赠送了粮票、路费和馒头；亲戚家三个孩子吃不饱饭，他收留了他们，并为他们找到工作；有个名叫王鸣昆的无为人经过合肥到亳州，饿得快要昏倒了，他看到了，立即炒饭让他吃饱，还赠送干粮……

后来张九华调到芜湖工作，家乡人学手艺做生意、复读考大学、婚姻嫁娶，只要找他拿主意想办法，他都当成自己的事来做。退休后，家乡修建水泥路，他又主动捐款。

张九华老人虽然生活在城市，但他经常用开城方言开玩笑。张老还经常说起当年活捉日军大队长的事。正如他自己说的那样，这是“多么高兴、多么幸福、多么自豪”的事呀！

侦察英雄包明

包明，1925年生于开城镇旺盛村包祠自然村，是个由放牛娃成长起来的新四军战士。2001年，《江淮时报》用连载的方式刊登了包明的回忆录《牛娃旧事》，记录这个放牛娃不平凡的人生传奇。

1941年8月参加新四军后，包明当过送信员、情报员，接受过情报工作的培训。那时，新四军七师有重要情报要送到开城、襄安和东乡的三官殿，都派他去送。

有一次，包明和战友送情报经过无城，被两个日军和三个伪军盯上，他们竟然像“穿花”一样，穿梭在无城的九街十八巷，终于把盯梢甩掉。战友后来问他为什么对无城街巷那么熟悉？他想了想回答，自己的奶奶曾经在无城吴振煌家帮过工，他小时候来过一趟。竟然记得自己小时候走过的街巷地形，他真是不简单！

从此，包明受到当时无南县情报站和七师谍报科的重视。

1945年9月，新四军七师北撤途中，国民党军尾随追击。为了侦察敌情，上级命令侦察排长包明率领34个战友深入敌后，用三天的时间摸清国民党军的火力部署，并且抓一个国民党军的军官回来。经过周密的部署，包明决定化装成国民党军长官司令部的纠察队，深入敌后进行侦察。

摸清国民党军的火力部署后，下一个任务就是活捉一个国民党军的军官。包明带领战友夜行军100多里，潜入国民党军后方的大兴集。这天，大兴集四面八方的百姓都来赶集，街市上人流如潮。他们34人，穿着国民党军的军装站在路边，寻找时机下手。

因为是百姓集市，他们转了半天，没有发现一个国民党军军官，不禁有些着急。忽然，前面出现一匹花斑马，一个国民党军军官披着呢子大衣，骑马大摇大摆地走来。

考虑到四川人在华东战场的比较少，伪装成国民党军纠察队不易受怀疑，包明立即吩咐一个四川籍战友上前拦住国民党军军官。那四川籍战友心领神会，立即端着枪上前喊到："你是哪一部分的？"

对方一看遇到了司令部纠察队，立即下马敬礼。

四川籍战友立即缴了对方的枪，骂道："你敢披着大衣在大街上晃荡，派头比张灵甫师长还大！"

这个人是国民党军张灵甫七十四师医院的一个副官，一听对方说自己比师长派头还大，明白自己犯了大错，立即束手就擒。

回来的路上，包明一行人遇到国民党军别动队的核查。他们立即开火，当场打死对方三人，另外三人慌忙逃走，让出路来。

就这样，包明带领战友们突袭100多里，查清了国民党军的火力部署，为查清国民党军主力部队的动向起到了一定的作用。

1946年7月，包明所在部队撤出了国民党军的包围，却发现一份重要电文落在山上的原指挥部里。这份电报关系到我军的战役计划部署，如果落到国民党军手里，后果不堪设想。为了找回这份电文，首长命令包明带领9个战友回去，设法找到那份电文，明确要求他们找到电文后立即销毁，并做好牺牲的准备。

考虑到战场混乱，国民党军立足未稳，各个防区界限不明，责任不清，包明带领战友立即返回刚刚跳出的国民党军包围圈，凭着自己认路能力强的特长，顺着原路往回跑，终于找到原来的指挥部，在墙缝里找到那份丢失的电文。他们当场销毁电文原件，把内衣撕开，抄录电文的部分内容，供首长检查。这个时候，国民党军的包围圈已经形成，封锁线越来越紧，他们已经无法顺利返回部队了。

为了迅速突围，必须迷惑国民党军。包明想了个办法，他把自己的小分队分成两个组，3个人扮成被俘的解放军，7个人扮成押解他们的国民党军。路经检查站时，他们故意把3个扮成解放军的人放走，让他们在前面逃跑，冲出国民党军的检查站；跟着的7个人扮成国民党军的人在后面追赶，也冲出检查站，边追边朝逃跑的人头顶上方开枪。

虽然国民党军的封锁线盘查比较紧，但包明他们演的戏真把国民党军弄糊涂了，国民党军真的以为是自己的兄弟部队在追捕逃跑的俘虏。等到国民党军醒悟过来时，包明他们一行人已经跑出5里多路，胜利回到大部队。

1947年1月，包明带领170多个战友归建华东野战军七纵，在七纵后勤部见到了自己的父亲。父子当年都参加了新四军七师，同时北撤过巢湖，现在竟然在山东战场相见，真是别有一番滋味。

1947年，包明被抽调到南下支队，行军1000多里，进入巢湖流域，在原新四军七师根据地开展地下武装斗争。

1958年，包明在淮南矿务局工作。1962年，包明调回无为，曾任无为县生产指挥组第一副组长、工办主任。1981年，包明当选为无为县人大常委会副主任。

日寇飞机轰炸来了，心里紧张，但不胆怯；敌人子弹飞来了，心里紧张，但依然向前冲去……开城的山岗上挺立着石头，开城的土地上挺立着石头一样坚强的人。

岁月不居，英雄不老；时节如流，记忆永恒。

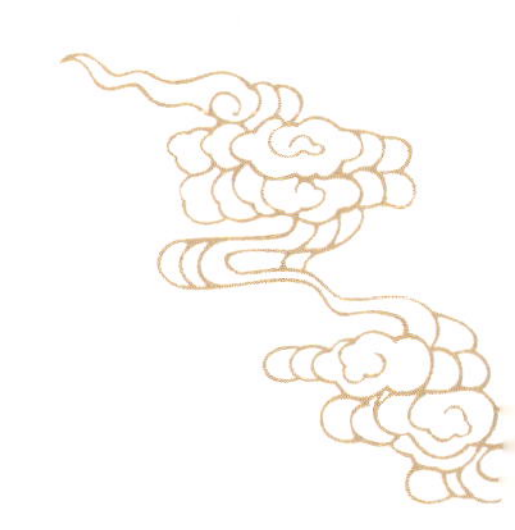

烽火岁月

日寇飞机轰炸开城

现有志书史料里，有关于日寇飞机轰炸无城和襄安的记录，1938年1月24日“送灶”这天，日寇三架飞机轰炸无城和襄安，无城草市街华丰杂货铺、后新街沈家被炸，死8人，伤3人；1938年5月31日和6月3日，日寇飞机两次轰炸无城和襄安，无城的鼓楼、米公祠、景福寺、夫子庙、米市、草市和鹅市等主要街道，遭到毁灭性破坏……但没有开城曾经被日寇飞机轰炸的记录。

2019年5月23日上午，我到开城镇先锋村调查了解诗人田间在王家大墩的轶事，偶然听到89岁的王亚政老人介绍，说抗战期间日寇曾经轰炸过开城。

王亚政老人家住开城镇先锋村王家大墩自然村，新中国成立后曾任先锋大队干部。2019年5月，我去采访的时候，89岁的王亚政还能干农活，头脑和记忆十分清楚。王亚政老人说日寇飞机第一次轰炸开城，只来了一架飞机，往开城街上扔了一颗炸弹，炸毁了吴家花园一带的房屋。开城集镇的河东街，确实有地方叫吴家花园。后来有人介绍，吴家花园附近的朱家林家的祖屋，当年被日寇飞机炸毁。两人的回忆一合并，相互印证，事情就清楚了。王亚政老人说轰炸过吴家花园后不久，日寇又派来一架飞机，在开城街上空盘旋侦察，大概是了解轰炸结果。

有人说这“吴家花园”其实叫“缪家花园”，房子不大，缪老六在那里种了许多花，人们称缪老六家的院子为“缪家花园”。

王亚政回忆，大约一个星期后，从襄安方向飞来四架日寇飞机，它们先在旺盛村牌楼自然村上空盘旋，然后飞到开城街，扔下两颗炸弹。接着，飞到先锋村王家大墩一带，往王子樵家瓦屋上扫射。王亚政说当时的王家大墩有王氏宗祠，王子樵家的30多间房子，其他地方都是树林。日寇在飞机上扫射下来许多子弹，他曾经拾到一颗子弹头，大约有半拃长。

参考相关史料可以认定，当时开城地域的中国军队没有防空武器，所以日寇的飞机敢于飞得比较低。因为普通老百姓没有见过飞机，日寇故意把飞机飞低，对老百姓的心理起到很大的威慑作用。怎样确定轰炸目标呢？《张恺帆回忆录》记载过同一时期发生的事：当时巢南发现几个陌生的北方人，他们大白天打着伞，抓来一审问，发现他们是日寇的间谍，他们用打开的伞为日军飞机指定目标。开城与巢南不远，当时日寇飞机确定目标的方法应该也一样。

王亚政还说，日军飞机往王家大墩的树林里扔过大石头，那石头往下落时砸到树枝上，把树枝砸断；要是砸到人，人肯定被砸死。想了想，他说鬼子肯定以为有人躲在树林里，他们往树林里扔石头，是想把躲在树林里的人逼出来。看到没有人从树林里往外跑，鬼子就往王子樵家的瓦屋扔了两颗炸弹，还好，只炸塌王子樵家的院墙。关于日寇炸弹的威力，王亚政说鬼子一颗炸弹炸掉了三分田，一个弹坑有两丈多深。

接着，日寇又用机枪扫射，还曾经往别人家屋顶扔过石头。

关于日寇飞机轰炸开城，2019年105岁的陆世方老人也有回忆。陆世方老人的娘家是大童自然村人，她说日本鬼子的飞机在开城投放过炸弹，炸毁了陈先泰家的屋。因为年岁已经大了，陆世方的回忆断断续续，我问陈先泰家的房屋在哪里？她没有回答。

后来看到童毅之的《江北名刹西九华》，读到这样一段话：岩台寺“1938年毁于日军飞机的轰炸”。这说明，当年日寇的飞机不只轰炸过开城街道一带，还轰炸过现在的都督山一带。

今年88岁的徐志英自合肥逃难到了开城。他说那年自己在六店罗塘的“难民儿童学校”读书，1940年左右，那天是周末，他回开城桥，看见日军的飞机来炸开城，当时飞机飞得很低，似乎用竹竿都能打到，又说日军飞机的两三颗炸弹落到开城河东的澡堂附近，炸出一个大坑。当时，他叔叔看见他从河西老街往永安桥走来，便把他抱到怀里找地方躲了起来。

↑日寇从飞机上扔下的石头

这里有一个细节存疑，即日寇飞机往民房上扔石头，我向王亚政老人提出质疑。王亚政老人十分肯定，说日寇飞机确实从空中往下面扔石头。为了证实自己的话，王老还领着我们来到距离他家大约200来米的地方，找到一块大石头，说那就是日寇飞机扔下来的。我细看那块石头，暗红色的麻石，已经没有棱角，分明不是本地山上的石头。

日军飞机到开城为什么要往下扔石头呢？有专家推测，可能是日军的炸弹不足。他们往民用目标上扔一些石头，是为了威胁恐吓普通老百姓。

朱庥与开城的抗日活动

朱庥，又名朱志范，父母借住在无城天王庙巷的一个破庙里。1902年朱庥出生时，他父亲已经病逝半年。他进过芜湖贫儿院，毕业于芜湖的安徽省第二甲等农业专科学校；1926年加入中国共产党后，到武汉进入安徽省党务干部学校接受培训。抗日战争时期，他对组织领导开城的抗日群众活动做出了巨大的贡献。

1939年，身份没有暴露的朱庥到立煌县受训后，被国民党无为县政府任命为驻守牛埠的第五区区长。因为积极支持共产党的秘密组织活动，被告发为共产党嫌疑犯。此时朱麻没有慌张，因为他见过的大风大浪实在太多了。

1927年的芜湖。北伐军抵达芜湖不久，朱庥利用国民党芜湖市党部负责人的身份对外开展活动，被国民党右派纠集的反动军阀抓捕，并带到南京准备枪毙。好在朱庥的母亲当时在无城卢姓绅士家帮工，她请求卢绅士到南京活动。几经周折，朱庥被放了出来。

↑河西老街，朱庥居住过的房屋

1933年的无为县。受组织派遣，朱庥利用教师的身份为掩护，在开城桥、六家店一带建立党的基层组织，准备时机成熟时领导农民起义。结果，被无为县政府以煽动组织暴动罪抓捕。在狱中，朱庥当面斥责无为县县长无能，气得县长下令判处他死刑。这时，朱庥的母亲还在卢绅士家帮工，她跪求卢绅士出面说情，表示自己愿意帮工10年不要工钱。县长碍于卢绅士的面子，同意不处死刑，但必须用“陪冲”来教训朱庥。最后，朱庥和几个被判死刑的土匪一起押赴刑场……

1939年，无为县县长朱天敏是一名爱国进步人士。他认为朱庥在牛埠动员群众参加抗日活动无过，便于1939年12月把他调到开城桥，担任第四区区长。开城桥和六家店是朱庥非常熟悉的地方，他曾经在这里工作过四年左右。回到开城工作，朱庥十分高兴。

这时，新四军江北游击纵队驻军开城桥附近的王家大瓦屋，中共无为县委机关也秘密设在这里。担任无为县第四区区长期间，朱庥以合法身份配合新四军江北游击纵队开展活动，鼓励商户给新四军江北游击纵队提供粮食、衣物；暗中和中共无为县委书记胡德荣一起安排和指导共产党的秘密活动，发展了许多新四军秘密联络点，并和纵队司令孙仲德建立了深厚的友谊。他还积极组织第四区抗日宣传，开展征粮、捐款活动，使开城群众性的抗日活动开展得轰轰烈烈。

当时，张恺帆曾经到开城桥活动，居住在河西老街的西闸口附近。

1940年后，国民党安徽省保安支队司令吴绍礼由庐江县率领保安二团来到无为县，与驻无为的保安八团编为保安一旅，他们不断制造摩擦事件，破坏国共合作局面。为了探知江北游击纵队的活动情况，他们派出二中队驻扎开城桥。为了把二中队赶走，第四区区长朱庥拒绝为他们提供住房和生活必需品，拒绝提供信息和人员档案，被二中队恨之入骨。

1940年3月的一天，常年给新四军江北游击纵队提供生活用品的开城桥商人丁祖后，遭到二中队的无理扣留。二中队要求第四区把丁祖后押解到县。朱庥得知情况，立即释放丁祖后。二中队派人来交涉，朱庥说向抗日武装提供日用品不违反规定，以“本区长有权处置本区事务”为由，拒绝把丁祖后押解到县。

二中队队长见自己的阴谋在开城难以得逞，恼羞成怒，他诬告朱庥包庇走私商人，说朱庥“蒙蔽政府，对政令非倒置不办，即敷衍塞责”，“视二中队工作人员为眼中钉”，“纵容走私物品”。国民党安徽省第三区保安司令部训令无为县政府“速派员彻查，予以撤职”。无为县政府委派人员秘密前往开城调查，得出“第四区长朱庥已届三月，颇得当地民众之称许”的结论，不予办理。

这个时候，到开城任职不到四个月的朱庥知道自己的处境十分危险，有人劝他先避一避风头，看看情况再回来。朱庥认为自己一心抗日，没有任何错误，如果逃走，反而被敌人抓住把柄。没有想到的是，那吴绍礼不管无为县政府如何处置，立即派兵到开城桥抓捕朱庥，并将朱庥带到无为县城关押。

为了援救朱庥，新四军江北游击纵队经多方努力，朱庥的母亲和妻子四处奔走呼号。吴绍礼眼见舆论不利，于1940年4月中旬，把朱庥和赴无城与吴绍礼谈判的新四军江北游击纵队宣传科长田丰，一起活埋于现在状元桥东侧的张家山下。

朱庥牺牲后不久，新四军江北游击纵队机关和三人队转移到银屏山中。从此，共产党领导下的轰轰烈烈的开城群众的抗日活动转入地下。

突袭开城水府墩

1937年底，无为西乡农民抗敌协会突袭开城水府墩，缴获长短枪36支。开城抗敌协会分队长钱之槐等参加了这场战斗。

↑ 钱之槐的两枚纪念章

1936年左右，中共皖西特委带领游击队40多人在开城一带活动，先住在独山的必传寺，后来发展到羊山头和蒋家山口，钱之槐、钱英武、包瑞清等成为武装委员会的成员。1937年正月初 ，钱之槐等人准备在过年唱大戏时突袭羊山财主童伯恒的家，抢夺枪支弹药。因为预先准备的大炮仗没有炸响，袭击失败。童伯恒看出情况不妙，立即带枪捉拿钱之槐。钱之槐逃往姚沟的闷湖圩芦苇荡躲藏，离开家乡正式参加无为农协的武装组织。

听说姚沟的财主叶万全家有一把洋枪、一把土枪，他们计划把那两把枪“搞到手”。这天，叶万全家娶儿媳。钱之槐化装成讨饭的，配合另外几个人进入叶万全的家，绑架了叶万全的父亲。作为放人条件，叶万全不得不交出两把枪，还有50担稻。后来，这两把枪交给新四军四支队使用。

卢沟桥事变后，毕业于北平燕京大学的班关仙回到家乡开城，在羊山一带组织建立农民抗敌协会，开展抗日武装斗争。到1937年底，无为西乡农民抗敌协会虽然发展到83人，但只有班关仙有一把20响的匣子枪，钱之槐的武器是钱氏宗祠传下的大刀。这个时候，他们把目标锁定开城桥水府墩上的税务所，因为那里有36把“单打一”的步枪。

为了迷惑敌人，钱之槐想了一个办法，他找来六个扫帚的头子，在外面套上白布，再用黑漆漆一遍。黑夜里望上去，很像六把手枪。又把三个秤砣装了木把，很像手榴弹。这天深夜，他们一行人从羊山出发，步行前往开城桥的水府墩。

开城桥水府墩驻扎的是第四区驻开城桥乡的护税武装，他们虽然拥有枪支，但缺少战斗力，有的枪甚至打不响，只是摆在那里吓唬人。分队长钱之槐拿着大刀，走在最前面。他解决掉敌人的岗哨，其他人员悄无声息地跟着进了水府墩。等到那36支枪被收缴时，敌人才知道是怎么回事。这时，班关仙把20响的匣子枪朝天放了一枪，钱之槐等人用六把假手枪、三枚假手榴弹对准敌人。敌人本是税务人员，他们一看形势不妙，纷纷举手投降。

袭击开城桥水府墩之战，收缴了36支步枪，迅速壮大了无为西乡农民抗敌协会武装的实力。

抗日战争初期，钱之槐所部改名为新四军第四支队第二游击大队，后更名为江北游击纵队，归张云逸的新四军江北指挥部指挥；1939 年 5 月，钱之槐参加先锋村王家大墩的江北游击纵队整编；1939年10月，钱之槐所部江北游击纵队开赴皖东进行抗日，整编为新四军第二师第六旅，归罗炳辉指挥。

据钱之槐的儿子钱新海介绍：1939年底，在苏北的翟家湾，钱之槐担任地方执法队负责人，因为不能使用真名，改名为钱松林。当时，日军悬赏500块大洋购买他的人头。

新四军七师在开城的抗日宣传活动

为了壮大抗日力量，当年无为地域青壮年积极参军，仅1944年春，无为、临江、湖东三县共有抗属18 000余户，说明当时无为地域最少有18 000

多人参加了新四军七师及地方武装。1944年秋冬，无为地区又有14 000余人补充到新四军七师的主力部队中，湖东县地域的地方武装增加了18倍。开城镇六店村、都督村、六峰村一带，当时就属于湖东县管辖。

↑ 新四军七师用于宣传的招贴画

湖东县征兵的方法，首要是做好宣传工作。

那时，六店村一带普通老百姓没有多少文化，他们看不懂宣传标语和传单。用什么办法宣传呢？许多地方干部结合无为地方流行的“打花棍”说唱进行宣传。动员加强军民团结的说唱有：

军民团结好比一塘鱼呀嗨，
老百姓好比塘里的水呀嗨，
新四军好比水里的鱼呀嗨！

表演者在舞台上边走边唱，或者边劳动边唱，老百姓都能听得懂。

当时，开城地方民兵有“精干班”。为了动员群众支持“精干班”，他们又编写说唱词：

问：修桥补路哪个干啦？
答：修桥补路精干班干啦！
问：站岗放哨哪个干啦？
答：站岗放哨精干班啦！

这样的说唱比较简短，没有固定格式，随时可以修改。比如为了鼓励和赞扬为抗日修筑工事的群众，这样唱：

问：山上碉堡哪个修呀？
答：山上碉堡老百姓修呀！

又采用二女与一男对唱的形式。比如：

男：锣鼓一打响呛呛，
　　鬼子进攻南家山。
女：（新四军）高头有石炮，
　　底下有精干班，
　　打死鬼子几百又上千。

之后，有一段咏唱，男的唱“蓝花妹子我的妹子”，女的唱“抗日哥哥我的哥哥”，边唱边打花棍。等到锣鼓再次响起，他们重新唱起来。

控诉日军罪恶暴行的说唱也有。那时，新四军七师经常组织宣传队到六店一带进行演出。他们说唱的内容都是真人真事，其中就有发生在相山魏的一件事：

相山魏，前后陇，
房子被烧光。
范家山颈，
日本鬼子还强奸两个大姑娘！

这些说唱浅显易懂。当时开城的老百姓听了说唱，明白了抗日是为了什么，都积极参加新四军抗日打鬼子。

湖东县征兵宣传，除了动员大会，还有形式活泼的宣传，即爬“光荣台”。

六店村一带是新四军七师的核心区，沿江支队长林维先曾经驻扎在那一带。为了加强军事训练，当时仅六店村一带就有精干班民兵80多人，他们跑步出操，练习基本的军事技能，又设地步哨，参与侦察敌情，积累了一定的军事斗争经验。因为缺乏枪支，这些精干班民兵只有一些大刀、长矛等武器，战斗力不强。

这天，新四军七师侦察科长蒋天然来到六店。蒋天然让人先搭建一个高台，大约有半人高。然后，敲锣打鼓，吸引群众看热闹。过了一会儿，蒋天然让人在台上摆几支步枪。然后，组织精干班民兵站到台下。虽然枪是“单打一”，但对只有大刀和长矛的精干班民兵和群众来说，还是很有吸引力的。

“这是真枪！一个枪子打出去，就能打死一个鬼子！”

站在台上的蒋天然拿着枪比画，再押上一颗子弹，说这样一扣扳机，上膛的子弹就射出去，就能打死鬼子啦。

台下的精干班民兵，还有一些群众，特别是男性青壮年，他们你挤我、我挤你，大家都伸长脖子往台上看。

“你们想要吗？”吊足了大家的胃口，蒋天然问。

大家异口同声地说想要。

“这样吧，这几支枪摆在台上，让你们抢。谁抢到了，就归谁啦！”蒋天然说。

一听这话，台下的民兵和青壮年纷纷往台上爬，站在后面的眼看台上的枪要被别人抢去，很是不甘心，便把快要爬上台的人拉下来，自己再往上爬……这会儿，“光荣台”成为小伙子们比体力、比耐力、比摔跤的场所。

有人终于爬上台抢到一支枪，又有人抢到一支枪……时间不长，台上十来支枪被抢光，爬上台没有抢到枪的人跃跃欲试，准备抢别人已经到手的枪。

地方干部立即上前，问抢到枪的人是否愿意当兵打鬼子？大家都说愿意。干部立即给他们戴上光荣花，宣布他们光荣参军啦！后来，当地的人们就把谁参加新四军，说成“爬光荣台”走了。

有效的宣传和动员，使开城老百姓积极支持新四军七师的抗日活动，许多人投身到抗日军事斗争中。当时，仅六店村罗塘自然村就有丁礽水、杜天乐、丁以准等十多人参加了新四军。

独山河阻击战

独山河发源于都督山。它蜿蜒东流，汇入永安河，成为现在开城镇和严桥镇的界河。1943年，新四军七师曾经在独山河北岸的独山构筑工事，阻击日寇，并取得胜利。

20世纪40年代，西都圩里沟渠纵横交错，开城集镇到严桥镇尚礼方向，陆路是沿永安河西的堤坝行走，再沿独山河的南堤步行过独山桥，经严桥镇的明堂集一带，到达尚礼岗。新四军七师建立皖江抗日根据地时期，独山河一度成为新四军七师和日伪势力范围的分界线。

1943年秋后的一天，驻扎在无城、襄安和开城的日伪军汇合起来。他们没有坐船，而是由开城河西的据点出发，沿永安河河西堤坝步行向北，再折转向西，向独山桥运动，企图越过独山桥，进攻我抗日根据地。

这个时候，新四军七师早已得到消息，他们迅速发动独山河一带的民兵砍倒堤坝两侧的树木，沿路放倒在堤坝上，延缓日军向独山桥运动的速度。日军逼迫伪军在前面开路，搬开树木做成的路障，花了半天时间才走到独山桥的南岸。

为了阻止日寇的进攻，新四军七师巢无大队发动独山一带的民兵精干班，已经拆毁独山石拱桥最南边一拱的桥面，并在独山河北岸的独山南侧开挖上下两道战壕，选调精干力量把守。在独山河南岸，新四军七师的地步哨一直站到竹园自然村的土地庙一带，他们时时用暗语向新四军七师指挥部报告日军的动向。

日寇看到独山桥的桥面被拆，竟然强拆民房，企图用木板铺作桥面，强行过河。埋伏在对岸，即独山南侧的新四军七师战士立即开枪阻击。

时间已经过去快80年了，当年幸存的老战士大多已经去世，战斗的场面无人能够描述。2019年8月，我去采访时，附近一位90多岁的老奶奶告诉我说，她当时躲到床肚底下，还是怕，便跑出来，逃到远处的树丛里。

硝烟弥漫。

独山河宽大约50米。据说埋伏在战壕里的新四军战士用的是老套筒、马拐子等老式武器。我不知道他们所用武器的有效射程，但这里的老人告诉我，时不时有新四军战士冲到河沿开枪射击，有两个新四军战士牺牲在独山河边。

就在日军企图强行通过独山桥时，在独山河南岸竹园村土地庙附近站岗的新四军战士开枪打死一个日军。日军一看自己的南边遭到袭击，立即掉转枪口，追击土地庙附近的新四军战士。那个战士绕道跑走，跳下独山河，泅水跑到独山河北岸。北岸有堤坝挡住视线，日军只好对天开枪。

给我讲述这个故事的，是年过八旬的独山村老书记丁以春。丁以春说1973年自己带领群众在独山植树，才平掉新四军在山腰开挖的战壕。

新四军七师惩治汉奸

1942年，开城河西驻扎着日军；开城西南的鹤毛、昆山一带，是国民党军的范围；开城北的徐岗、三水涧、严家桥、恍城一带，驻扎着新四军七师。当年，新四军七师的指战员经常在开城河西老街一带出没，留下许多传奇故事。

一、蒋天然惩治孔金龙

1942年冬天的一个傍晚，新四军七师侦察科长蒋天然经过一番化装，担着鹅毛挑子顺着人流走进开城河西的中街。这天，蒋天然要会一会开城维持会长孔金龙。

蒋天然，昵称“蒋小手”，那是因为他小时候在上海工厂打工，被机器轧去右手的四根手指。1936年，蒋天然参加中华民族解放先锋队；1937年加入中国共产党，之后参加新四军。因为作战英勇，屡立战功，在无为、巢县和庐江一带远近闻名。

蒋天然推开孔金龙家的大门，侧身经过廊道，轻步走到孔金龙的卧室门外，通过门缝向里望。屋里，孔金龙正躺在卧榻上抽大烟。蒋天然无声地推开门，轻手轻脚疾走几步，贴近孔金龙时，用手枪抵住对方的脑袋，小声喝道："不许动！"

孔金龙吓得扔了手里的大烟袋，他想起身，却爬不起来。

"我警告你，不要再当汉奸！"蒋天然厉声喝道："你为日本鬼子做过什么坏事，我们都记在大账上，到时会和你一起算的！"

孔金龙一看那手，知道是蒋天然来了，吓得浑身发抖。得知蒋天然不要他的命，心里好受了些，他颤抖着说："我没有做过祸害乡邻的事，也没有做伤害新四军的事！"

"你为日本鬼子带路，你为日本鬼子收粮款，这不是伤天害理的事吗？"蒋天然喝道："你摸摸自己的脑袋，看颈子上的肉还有多少连着它！"

魂不附体的孔金龙颤抖着说："我不干了，开城区长还有维持会长，我都不干了。"

"还是要干。"蒋天然笑了起来，说："你要明里为日本鬼子干，暗里为我们干，不帮鬼子祸害乡亲，那样我们算账时才饶过你。"

孔金龙点着头说："晓得的！晓得的！"又讨好地说："我这里有两支枪，你们拿走吧！"

"我们是来讨饭的吗？"蒋天然逼问对方。

孔金龙扑通一声跪了下来，不停地扇自己的嘴巴，又讨好地说："是我送给您的，对，是送给您的！"

拉起孔金龙，蒋天然笑了起来，说："我是你的客人，你必须把我送出开城。"当时，开城河西街道设有东闸口和西闸口，分别有伪军把守。

没等蒋天然说完，孔金龙点头哈腰地说："那当然！那当然！"

身藏3支钢枪的蒋天然在开城维持会长孔金龙的护送下，大摇大摆地从日军碉堡旁边经过，轻松地走出开城河西老街。

这之后，孔金龙一直小心翼翼，日军有什么秘密行动都主动报告。不久，日军准备进攻三水涧 。孔金龙得知消息，立即报告蒋天然。蒋天然把消息报告给新四军七师，为七师的伏击战胜利创造了条件。

二、张鹏如惩治伪军

抗日战争时期，孔金龙当了开城区长和开城商会会长，他的儿子孔繁应当了伪军的连长，还有一支二十响的手枪。

一天，开城的三个伪军投降新四军，不但带走了3支枪，还把孔繁应的手枪偷走了。气急败坏的孔繁应立即带着伪军包围了作保的开城丁记豆腐店，抓走了店老板丁大爷。

蒋天然的秘书张鹏如正好路过开城，听说有无辜的百姓被抓，立即想办法救援。他背着匣子枪，大摇大摆地走进开城河西老街，往良文饭店一坐，招呼店小二说：“给我把孔区长找来！”

孔金龙恰好也在良文饭店喝酒，听到招呼，立即来见张鹏如。张鹏如说：“孔区长，你儿子好威风呀，今天把豆腐店老板抓起来啦！”

孔金龙立即派人去找儿子孔繁应，可是孔繁应不敢见张鹏如，托人传话，说开城的伪军有10支枪，在日军那里是有登记的。现在4支枪没有了，他无法向日军交差。开城头面人物车吉侯、余德顺等人作保，答应赔孔繁应12万元，让他买枪，他才把豆腐店的老板放了。

张鹏如后来到蒋家山口，遇到投奔新四军的那几个伪军，没有看到他们带着的枪，可能是暗地里把枪卖了。张鹏如知道他们是两面三刀的人，决定借孔繁应的手除掉他们。某天，张鹏如得知那三个投降新四军的伪军到秦家庄与人私会，暗中把消息通知给孔繁应。从那以后，张鹏如背着枪大摇大摆地走在开城大街上，伪军见到他就躲藏，即使迎面撞到也装作没有看见。

包瑞清烈士牺牲的经过

旺盛村小包自然村的北边，有一个苍松翠柏掩映的烈士陵园。陵园正中，矗立着开城镇人民政府敬立的抗日老战士包瑞清烈士的墓碑。无论春夏秋冬，附近的人们都把这座墓碑还有碑下的基座擦拭得干干净净。

包瑞清，原名包礼仓，生于1917年7月21日，13岁时父亲去世，依靠给亲戚放牛长大。为了生计，包瑞清出外当挑夫，在为雇主挑盐销售期间结识了地下党组织，于1936年9月秘密加入中国共产党，历任支部书记、区委武装委员、中心支部区委书记等职。在此期间，他在包祠自然村一带积极开展党的基层工作，吸收包义余、包小礼、陈义香、包义秀、包复成等群众加入抗日组织。

距离包瑞清家不远的幸福村老鸹窝自然村钱英武家，1936年左右设有共产党的秘密联络点，包瑞清和钱英武等人是这个秘密联络点的负责人。

抗日战争爆发后，包瑞清转入新四军江北游击纵队，先后任某部突击队指导员、大队长等职。新四军江北游击纵队司令部迁至开城镇先锋村的王家大墩后，包瑞清参加过军事训练，接受了新四军参谋长张云逸的军事培训。他曾经多次出色地完成侦察任务。有一次，他带领两个战士到泥汊侦察敌情，路遇日伪军巡逻队，在敌众我寡的情况下，他带领战友跳入藕塘，用荷叶挡住头作掩护。日伪军四处搜查，朝藕塘里放了一阵枪，只好放弃。他们从藕塘爬出来，继续侦察，终于摸清日伪军在泥汊的兵力部署，为大部队端掉敌人泥汊据点立下战功。

新四军七师驻扎三水涧后，开城地域成为新四军、日伪军、国民党军三股力量交汇地带，地下工作任务繁重。这时候，包瑞清转为地下工作，经常回家居住。

1941年夏，刘子清率领原国民党军桂系新编第十挺进纵队投靠日军，成立“护国救民独立师”，于同年7月进入无为，他们把指挥部设在现在鸠江区

↑包瑞清烈士墓

的汤家沟。这些伪军占领无城，时常到无为西乡扫荡。

1942年，包瑞清随部队转移到严家桥的大山里休整。3月24日，临近清明节，他请假到幸福村老鸹自然村，看望烈士钱英武的父母。他到钱家刚坐下，便被十多个敌人包围起来。当时，包瑞清的手枪被执行任务的警卫员带走，他身上什么武器都没有，另外他还想看看敌人还有什么意图，便跑到钱英武家另一幢房子里，用芦席把自己卷起来，靠在隔墙里。

伪军在钱英武家四处寻找，只看到钱英武的老父亲和老母亲，没有见到其他人。伪军威吓说，要是不交出新四军，就放火烧了钱家的房子！拿出火柴就擦，火星直闪。

钱英武的母亲一看伪军要烧自己家的房子，十分害怕，她不知道包瑞清究竟逃到哪里，慌忙上前阻止，说："坛里不走针，屋里不走鳖。要是有新四军，你们不能自己找呀！"

已经找过两遍的这些伪军开始第三遍寻找，关注点在那些不曾找过的地方。他们踢踢竖靠在墙边的芦席卷，想把它推倒。这时，藏在芦席卷里的包瑞清十分紧张，因为如果芦席卷被推倒，敌人肯定会发现他；如果芦席卷推不倒，敌人还会发现他。怎么办呢？正犹豫间，敌人已经推倒芦席卷，发现里面有人，立即用枪抵住他。因为身上没有携带枪支，再加上身子已经被推倒，包瑞清无法逃走。

伪军觉得包瑞清不是普通的农民，立即把他五花大绑地捆起来押走。路上遇到许多清明上坟的邻居，他们眼看包瑞清被抓走，都不敢说话。到了花姚村，伪军要吃午饭休息，他们把包瑞清绑到路边的大树上。包瑞清的战友包义余等人得知消息，准备实施营救。包瑞清用眼神阻止住战友，因为他知道，要是解救了他，花姚村几十户群众、几百口人都会遭殃。前来营救的同志只好含泪离开。

虽然不知道包瑞清是什么人，伪军还是把他押到现在赫店镇的郑大自然村，在那里他们吃了晚饭。这时候，新四军七师已经得到消息，准备派兵援救，但一下子集中不了那么多军队，只得放弃。狠毒的伪军用两根铁丝穿过包瑞清的锁骨，再把他的双手反捆起来，押着他经无城，回到驻地汤家沟。

在汤家沟，日伪军严刑拷打包瑞清，包瑞清始终不承认自己是共产党员，只报出一个假姓，说自己是走亲戚的。没有想到的是，在监狱里他遇上叛徒翟某某。翟某某说，我知道你叫包瑞清，是共产党。就这样，翟某某把包瑞清供了出去。地下工作者想凑钱把包瑞清赎出去来，但因为他身份已经暴露，无法施救。他的母亲曾经请自己堂弟、当时开城的维持会长陆某某帮忙，陆某某说自己没有办法，回绝了她。

这期间，包瑞清的母亲曾经到汤家沟探监，看到满身伤痕的包瑞清，母亲心疼地责备他："你真傻呀，大家想救你，你竟然不让他们救！"

"我以为报一个假名，他们查不出问题，迟早会放了我的。"包瑞清说："真的救了我，花姚村不知道要死多少人呢！"

"可是现在你跑不了啦！"

包瑞清说："当初我直接离开，就跑掉啦！"话音里透出遗憾。

大约半年后，包瑞清牺牲，年仅25岁。

2002年，包瑞清烈士的儿子包以芳从河南郑州回到开城，参加了开城镇人民政府修建的包瑞清烈士墓落成仪式，并在坟墓四周遍植松柏。这些年来，附近的百姓自发地维护、清扫烈士陵园。以包瑞清烈士为自豪的包氏家族，在续修的宗谱里这样写道："公为中国人民解放事业转战皖江大地，不屈不挠，浴血奋战，献出宝贵的生命，其英名千古流芳，其英雄事迹万代传颂，其革命精神与日月同辉，与天地共存！"

一门忠肃双烈士

1936年，皖西北红军游击师在大别山受挫，部分人员转移到无为西北一带活动。皖西特委和游击师驻扎到独山的必传寺，触角延伸到羊山、蒋家山口和瓜棚等地。幸福村老鸹自然村的钱英武家，当时就是红军游击队的联络点。

1917年出生的钱英武，毕业于无为初级师范学校，1936年左右与共产党员胡德荣、张士荣等人秘密联系，参加革命，后到无为西乡开展根据地建设。他家位于村子的最西部，房子的四周生长着许多梨树和槐树，遮天蔽日。树林西北是一条小河，小河那边是一块乱坟岗地。当时，钱英武家里有30亩田8间拍草屋，有吃有住，成为共产党人的地下秘密联络点。

为了不暴露目标，这个联络点只负责传递情报、掩护路过的同志，不承担具体的作战任务。钱英武不但每次都顺利完成任务，还在亲朋好友中秘密发展了20多个同志，包括包瑞清、钱之水、钱之玉、钱之荣等。

抗日战争时期，这个秘密联络点人员转为新四军。1939年3月，新四军江北游击纵队司令部，由恍城迁至开城镇先锋村的王家大墩，钱英武参加了新四军的军事训练，掌握了许多军事斗争知识。1939年冬，大批从大别山撤退下来的工作团成员，包括广西学生军和安徽学生军，经无城到开城，再转移到都督山一带开展军事活动，这个联络点起到很大的作用。

因为有了军事斗争经验，钱英武担任无为县农民抗敌协会队长，带领队伍活动在严桥、开城、石涧、红庙一带，多次沉重打击敌人。1940年，钱英武在严桥镇“煌城牌楼”战斗中牺牲。这里说的“煌城”，应该是“恍城”。

革命烈士证明书

钱英武同志在抗日战争中　壮烈牺牲，经批准为革命烈士，特发此证，以资褒扬。

中华人民共和国民政部

一九八〇年元月一日

↑ 钱英武的革命烈士证明书

钱英武牺牲前，他的弟弟钱炳如已经加入了共产党，从事抗日救国活动。抗日战争胜利后，新四军七师撤离无为，钱炳如在幸福村老鸹自然村的家，再次成为共产党人的秘密联络点。

这时候，广西军阀杨麻子占领无为，他们到处捉拿共产党人。因为他们喜欢用扁担打人，当时严家桥街上的扁担都卖光了。白色恐怖中，钱炳如与中共临时无为县委书记杨杰等人秘密开展活动，打击敌人的嚣张气焰。

一天，钱炳如、杨杰等在老鸹自然村西侧的乱坟岗开会，被同村的钱宏根碰到了。这钱宏根在开城街上的丁祖波家上灶，当时正回家。因为秘密被发现，杨杰准备把钱宏根杀了。钱炳如觉得钱宏根是自己村上的，又姓钱，虽然他上灶的主家与广西军阀有联系，但他并不是坏人，便让杨杰放了他。

不知什么原因，危险从此笼罩在老鸹自然村。半个多月后，在严家桥参加活动的钱炳如半夜回家，洗了把澡，便呼呼大睡。鸡叫时分，一群国民党军包围了钱炳如的家。他们冲开大门，抓住钱炳如，再把他五花大绑押到严家桥。在严家桥，国民党军要枪毙一群共产党人，钱炳如被押到刑场，作为“陪冲”。

革命烈士证明书

钱炳如同志 在解放战争中 壮烈

牺牲，经批准为革命烈士，特发此证，以资褒扬。

中华人民共和国民政部

一九八〇年元月一日

↑ 钱炳如的革命烈士证明书

当时，钱炳如的堂舅是开城的维持会长。为了救钱炳如，他母亲兜了一围裙的钱，请堂舅帮忙。堂舅一听说钱炳如是共产党，早躲得远远的，门都没有开。

几天后，钱炳如在开城牺牲。

2019年的秋天，烈士钱英武的儿子钱云海在家里接受了我们的采访。1940年，父亲钱英武牺牲时，他还在母亲的腹中；1947年，叔父钱炳如牺牲时，他已经7岁。钱云海告诉我，父亲和叔父他们知道闹革命可能会掉脑袋，但他们还是提着脑袋去干革命。

勇敢到不怕牺牲，还有什么不能奉献呢！开城，为拥有这样的英雄感到自豪！

寻找烈士乔祥学、立仲一的家人

2019年8月5日上午，我们前往开城镇作田野调查。途中接到幸福村钱书记的电话，说他们村有一方烈士的墓碑，正在让人清洗，请我们前去辨认。在钱书记的引导下，我们来到原幸福小学的院内，看到几个人已经把那方石碑清洗干净。

这是一方青石雕成的石碑，大约2米高。由于长期的风雨侵蚀，石碑上的字迹已经湮灭难辨。经过大家的仔细辨认，终于弄清楚墓碑上的刻字。

墓碑上，从右到左竖行雕刻着几行文字：

抗日战争我军坚守沿江战争和解放战争光荣牺牲的烈士

乔祥学

立仲一　十五名烈士之墓

中共羊山乡人民公社委员会　1964年4月1日

立仲一烈士的姓氏很罕见，据笔者所知，无为没有姓“立”的人家，难道是化名？有村民告诉笔者，立仲一可能是山东人，不是无为本地人。

为了弄清烈士墓碑背后的历史事件，我们在村里寻找到几位知情者——年近九旬的幸福村老民兵营长丁仁才，还有另外两位村民，他们在树荫下接受了我们的采访。

丁仁才老人告诉我们，他年轻的时候，一到清明节，不但开城本地的学生，连襄安、泉塘和赫店的学生都举着红旗，集体来给烈士们扫墓。这说明幸福村的这座烈士墓，是无为西南乡规模比较大、很有名气的烈士墓。

从碑文上看，这15名烈士有抗日战争牺牲的，还有解放战争牺牲的。我问他们知道详细情况吗？丁仁才老人说自己记不起来了。

我问立碑的人还能找到吗？村干部说当年参加修建这座烈士墓的羊山公社干部大多已经去世。

我们的寻找陷入困境。

就在我们失望之际，幸福村钱书记请来幸福小学老校长钱扬华。年逾七旬的钱校长从前见过这方墓碑，他最近还在翻阅史料，也想考证墓碑上留名的烈士事迹。钱校长告诉我们，据说乔祥学和立仲一都是山东人。乔祥学烈士牺牲的那年冬天，正下着大雪，地上积雪很厚。当时，乔祥学和战友来到无为土桥，准备攻打一处日军的据点。为了不被日军发现，他们都反穿棉袄，把棉袄里子的白布露在外面。虽然此役拔下土桥日军的据点，乔祥学却在这场战斗中壮烈牺牲。

我们查阅相关文献资料后了解到，1942年日寇的确在土桥建有据点。1942年秋后，新四军七师19旅55团20多名战士渡江来到无为，准备端掉这个据点，可惜没有成功。1943年冬天，新四军七师某连再次攻打土桥日军的这处据点。据时任某部一班班长丁铁牛所写的《老战士回忆土桥碉堡游击战》中记载：当夜11点多，战士们来到距离土桥五华里的王家村。请来的向导告诉战士们，碉堡里有11个鬼子，配备机枪一挺，还有其他武器。碉堡外围着铁丝网，戒备和防范极为森严。半夜1点，15名新四军突击队员头扎白手巾，身上披着白衣，匍匐前进，最终炸毁鬼子的碉堡。丁铁牛是这次战斗的亲历者，他的回忆应该是可信的。

比较这两次战斗，笔者觉得乔祥学牺牲在1943年冬天攻打日军碉堡那场战斗的可能性要大一些，传说中把棉袄反穿着，这与冬天可能有积雪，与战士们头扎白手巾、披着白衣等细节是吻合的。

遗憾的是，丁铁牛老人的回忆录没有具体说明此役牺牲了几名战士，其中是不是包括乔祥学，这让我们准备更多地了解乔祥学烈士的想法落空了。

采访当地知情者的过程中，有老人说出了一个细节，即当时幸福村的童瓦自然村有新四军七师的医疗点。乔祥学和战友可能是受伤后被抬到幸福村，后来因伤不治才牺牲的。但这只是推测，乔祥学烈士的身世和牺牲经过，始终还是一个谜。

墓碑上镌刻姓名的另一位烈士立仲一，留给世人的信息也非常少。据老校长钱扬华回忆，当年村子里的老人说，立仲一是在攻打檀树村日军碉堡时牺牲的。檀树村位于无城镇西，当年有平安桥通往开城，是一处交通要道。日军当时在檀树村建碉堡，就是企图切断新四军七师与无城的联系。

那是一个油菜花盛开的季节，先前已经侦察好敌情的立仲一带领10多个战友，每人挑着一担稻子走在通往檀树村的路上。每担稻子里都藏着一把枪，他们准备在接近敌人碉堡时突然拿出枪来，打敌人一个措手不及。没有想到的是，第一个挑稻子的人接近日军据点时被拦下，稻子里的枪也被日军发现。

日军立即吹响集合的号子。这个时候，走在第三位的立仲一迅速拿起藏在稻子里的枪，向日军射击。日军有了准备，立即还击，把立仲一他们压到油菜田里。日军罪恶的子弹在美丽的油菜花间穿行……立仲一和几个战友牺牲在美丽的春天里，牺牲在美丽的油菜花间。

根据墓碑上的文字和知情者的回忆，可以断定幸福村的这处烈士墓，是三场战斗牺牲的烈士的合葬墓。一场是新四军攻打土桥牺牲的烈士，以乔祥学为代表；第二场是新四军攻打檀树村碉堡牺牲的烈士，以立仲一为代表；还有就是在解放战争中牺牲的烈士。这15个烈士中，留下确切姓名的只有乔祥学和立仲一两位。

烈士已经牺牲70多年了。为了了解烈士的详细资料，还原那段"天翻地覆慨而慷"的历史，我们有责任弄清楚烈士的身份和牺牲经过，有责任让烈士亲属知道烈士的长眠之地。现在，乔祥学烈士和立仲一烈士的父母应该早已不在人世，他们的兄弟姐妹也年近百岁。但是，我们希望找到他们的后人。我们想告诉乔祥学烈士和立仲一烈士的亲属：你们的亲人大约是在1943年为国捐躯的；开城人民每年清明都为烈士扫墓；欢迎你们到开城的这座烈士墓来看一看。

羊山头上燃烽火

古人打仗依靠烽火报信。遇突发事件，他们往往以点燃烽台上的柴草为号，并彼此响应。开城人称烽火台为“烟墩”。开城一带的古地名里，我们还能看到烽火台的痕迹，譬如赫店镇的一埠、二埠和开城镇的三十里铺，当年都建有烽火台。古开城乡遗存烟墩的地方很多，六店老街、羊山和赫店镇苏塘村都有。

1948年，无为地域被广西军阀杨麻子占据。当时，无为西乡活跃着一支共产党游击队，他们以严家桥大山为掩护开展活动。遇到突发事件，他们就采用烽火报信的方法传递情报。羊山头烟墩就是其中之一。

当年的羊山头设有共产党的地步哨，也就是情报站，负责人是赵延山，成员包括钱之堂、花日宽等。平日里，他们站在羊山头，眺望通往开城集镇的小路，如果看到广西军阀杨麻子率领军队来袭，就立即把烟墩上准备好的柴草点燃。

羊山头位于开城集镇北，毗邻现在的红庙镇和严桥镇。如果羊山头烟墩的柴草被点燃，红庙镇徐岗的人们肯定会看到烽烟；看到羊山头上冒起烽烟，知道情况不好，他们会立即点燃徐岗烟墩上已经准备好的柴草，向活动在严家桥、恍城、龙骨山一带的游击队报信。游击队根据情况，或者组织力量进行埋伏，或者组织群众撤往山里。

2019年9月，羊山村93岁的花日宽老人向我们介绍了他当年点燃羊山烟墩上柴草的细节。他说当时他们没有枪，只有4枚手榴弹。有一次，从开城来袭的杨麻子军队人数不多，只有10来个人。赵延山决定暂时先炸响一枚手榴弹，吓阻敌人。没有想到的是，赵延山扔出的手榴弹没有炸响。

眼看敌人越来越近，情况十分紧急，是点燃烽火报信，还是再扔一枚手榴弹吓阻敌人？他们面临两难的选择。紧急时刻，赵延山冲上前，抓起那枚没有炸响的手榴弹，重拉引信，又扔了出去，幸好这次炸响了。

杨麻子的军队听到手榴弹的爆炸声，知道羊山头上驻扎着共产党的游击队，他们因为担心自己的兵力不足，立即撤了回去。

俗话说，老虎也有打盹的时候。那是夏天，戴着草帽的赵延山在羊山头的路边眯起眼，想休息一会儿。眯着眯着，他竟然睡着了。这时，一队敌人来袭，快要走到赵延山身边时，他才发现，立即翻身往沟里躲。敌人开枪射击，把他的草帽打了下来。

好在羊山头上设置有好几处能够点燃柴草的烟墩，赵延山终于在敌人屁股后面点燃柴草，把情报送了出去。

知道羊山头上有共产党游击队的地步哨，还有烟墩报信，狡猾的杨麻子部队便半夜出发，想让羊山地步哨无法把情报送出去。

那天，钱之堂有事外出，羊山上只有赵延山、花日宽两人，加上路过的7名游击队员。一大早，赵延山、花日宽登上羊山头，没有看到国民党军的踪影，心里松了口气。他们不知道，这时国民党军已经来到羊山脚下。

山脚有几只鸟飞起。

花日宽看到飞鸟，觉得有些不对。这天没有起风，要是没有人活动，鸟儿怎么会受惊呢？他拉着赵延山趴下，观察敌情。一细看，国民党军正从山下往上爬。点燃烟墩的柴草已经来不及啦！赵延山和花日宽立即往回跑，带着那7名游击队员躲藏起来。

国民党军以为自己占领羊山，下一步偷袭徐岗肯定能够成功。但是等到国民党军越过羊山去徐岗，赵延山和花日宽已在敌人的背后点燃羊山上的烽火，给徐岗、恍城和龙骨山一带的游击队报信。虽然时间迟了些，游击队还是撤出去了，避免了遭受重大损失。

百岁英雄丁仍根采访记

他多次参加无为和巢南地域新四军七师的对日作战，参加过解放战争中的莱芜战役、淮海战役和渡江战役；他是有着70多年党龄的老党员了，1947年颁发的党员证上的印章依然鲜红；我们去采访他的时候，已经103岁的他，在轮椅上给我们行了个军礼……这个居住在开城镇旺盛村的百岁人瑞，就是老英雄丁仍根。

2019年5月14日傍晚，我走进丁仍根女儿家的时候，坐在轮椅上的丁仍根老人正在看人抹纸牌。瘦削的长脸，满头的银发，特别是隐在眉宇间那种军人特有的肃杀神情，让我觉得这个百岁老人凛然之气多于慈祥。我蹲下身，对老人说明来意。他抽一口烟，没有什么反应。

"他们来问你打仗的事！"他女儿放下纸牌，大声提醒他。又对我们说："他呀，提起当年打仗的事，就一身的劲。"

烟灰掉落到老人的衣服上，他没有在意。他递一支烟给我，然后自己点着香烟，又抽起来。过了片刻，没有表情的他终于开了口，说："打莱芜，还有淮海战役、渡江战役……"

新四军七师北撤后，其19旅编入华东野战军第七纵队，是莱芜战役的主力部队。丁仍根老人的女儿拿出一个铁盒，盒子里有一张党员证，上面有"七纵十九师五十六团二营营部"字样，这是丁老当年所在部队的番号。

看到一个青色铁盒子的正反两面都有英文，我知道那肯定是美国货。我问："这个铁盒是从哪里来的？"

"那是俘虏送给我的。"丁仍根老人说："我们'打进济南府，活捉王耀武'，俘虏有许多。国民党部队有许多美国货，这是那个俘虏班长送给我的。"

我问："你还参加过渡江战役呀？"

老人的凛然神情渐渐消去，脸色平和了许多，他自豪地说："在小江坝，我们一个营，对广西的一个营，硬是把他们打光了。当时，我们是在六洲头过江的。"小江坝和六洲头，位于现在鸠江区的白茆镇。

“从九江到扬州，我们集结了一百多万军队。打过长江，我们又打进大上海。”老人告诉我，他还参加过解放上海的战役。

我问：“打过那么多仗，你受过伤没有？”

“我是把头拎在手里打仗的。打莱芜，一个炮弹炸飞起来，弹片钻到我的大腿里。”老人说得似乎十分轻松。

老人的女儿把他左腿裤管卷到大腿，指指他大腿外侧一块白色的疤痕。我细细看看，岁月让那块白色疤痕与周边的皮肤几乎没有什么区别。

我问：“你在无为打过日本鬼子吗？”

↑ 丁仍根获得的奖章

“在赫店的赵家渡，打鬼子，我们取得胜利。”老人1945年参加新四军，不知道他说的是不是邬兰亭营长指挥的在巢无路一线伏击日军的那一场战斗。

我递一支香烟给老人，再为他点上。我知道1952年6月丁仍根复员回乡，一直在家乡务农。看到民政部门颁发给老人的“百岁寿星”牌匾，我对老人说：“比待遇，您可能没有别人高。比寿岁，您在首长和战友中是很高的。”

↑ 丁仍根老人

从枪林弹雨中走出来的丁仍根老人，不仅能快乐地享受自己的天寿，并且悠闲地享用生活的馈赠，这真是一种无法比拟的福气！

同行的朋友拍下老人的淮海战役纪念章、渡江战役纪念章和“中国人民抗日战争胜利七十周年”奖章，又请老人和我们合影留念。我们蹲在老人的左右准备拍照。没有想到的是，拍照时103岁的老人徐徐举起右手，让自己行军礼的瞬间成为永恒。

解放开城

开城是濡西重镇。从春秋战国，到清朝民国，再到新中国成立，经历了许多次战火的洗礼。本文记录的是抗日战争和解放战争时期，两次解放开城的经过。

1940年7月，日军占领无为城及襄安地区。当时，日军乘汽艇沿永安河北进，占领开城，在开城河西即现在开城粮站一带建有三层的碉堡。平日里，驻扎在开城的日军大约一个班的兵力，其他都是伪军。

1945年秋后的一天晚上，开城河西日军的据点忽然起火，许多人远远望着失火的日军据点，心里暗自高兴。第二天，他们发现大火把日军碉堡的楼板烧毁，把日军的营房烧得倒塌。再看看，不见了日军的踪影，他们已经从开城撤离，退到襄安去了。

早有准备的新四军立即接管了日军营房的废墟，并进行清理。当时，开城的百姓想进去看一看，被拦住，据说新四军是担心日军在废墟里安放了炸弹。

根据情况分析，1945年8月，盘踞在无为的日军进行兵力收缩，准备撤出开城。他们先放火烧掉开城的据点，撤退到襄安。后来，盘踞襄安白鹤观的日伪400多人拒绝投降，被新四军三师独立旅歼灭。

解放战争时期开城的解放，是在意外中进行的。

淮海战役后，国民党军一败千里，他们知道长江北岸的无为已经守不住了。当时，国民党在开城的守军，驻守在现在开城粮站的高地，他们也有碉堡。眼看国民党军节节败退，他们人心惶惶。

为了避免不必要的牺牲，活动在开城一带的共产党人想办法争取国民党守军的投降。1949年初，曾任新四军七师桐庐大队副队长的共产党员李柏林先行南下回到开城，与驻守开城的国民党军某班长秘密接触，动员他起义，对方有些犹豫。李柏林给他分析形势，告诉他早一天起义会主动一点。

那个班长早已对国民党失去信心，终于答应投降。因为不能保证手下都听他的话，他准备当天晚上秘密迎接李柏林及其战友进入碉堡，再由他自己率领部分人员投降。

那天晚上，李柏林和战友来到现在的开城粮站附近。他让战友隐蔽起来，自己向国民党军的碉堡走去。因为比约定时间稍早了两分钟，那个准备投降的国民党军班长还没有接班，站在碉堡上的国民党军发现有人靠近，喝令停下，并开枪示警。李柏林慌忙隐蔽起来。

听到枪响，开城的国民党军全部出动，都拿起枪准备顽抗。那个准备投降的班长看到事已至此，立即动员守军投降。可能知道负隅顽抗是死路一条，他们纷纷放下手里的枪。那个班长在碉堡里喊话，说他们愿意全部投降。李柏林这才走出来，走向敌人的碉堡。看他们把枪堆放在地上，人走出来，李柏林才放下悬起的心，招呼战友出来接受国民党军的投降。

另一种说法是，1949年1月，开城河西谢家山头有国民党军的碉堡，华东野战军南下，自开城的河东向河西进攻，遇到盘踞在碉堡里的国民党军抵抗，有两个士兵受伤牺牲。这两个受伤的士兵是山东日照人，名为乔祥学和立仲一。乔祥学和立仲一被送到幸福村童家瓦屋一带，在解放军医疗站救治。他俩因伤口感染，不幸牺牲，被埋葬在土埂上。

时间吹散历史的烟尘，解放开城的经过已经鲜为人知。我把它们记录下来，不只是记录战斗故事，还想告诉人们开城今天的繁荣是经过血与火的淬炼才得到的。

我家花国友回来了没有

1949年3月，准备渡江战役的华东野战军某部进驻开城、襄安一线。以为当年的新四军七师回来了，家住开城镇大同村的一位年过六旬的老妈妈翘首盼望儿子的归来。这位老妈妈就是“南国英雄”花国友的母亲。

花国友，1925年生于大同村城壕自然村，十来岁时到牛头嘴给人家帮工。1941年，他扔下农具，偷偷跑到严家桥参加新四军。据花国友的弟弟介绍，当兵不久，花国友和战友被日军打散，花国友躲进离家不远的童氏祠堂。祠堂每天施一次米粥，花国友靠一天一碗的米粥度日。一个多月后，童氏族长看他不像坏人，又担心引火烧身，找借口把他赶走。花国友返身回到严家桥的大山里，终于找到自己的部队。

因为老家在开城，对襄安、十里墩一带的地形熟悉，花国友被分配到侦察班。在侦察班，花国友带领战友在无城、虹桥、襄安一带活动。有一次他把村里许多人家的剪刀都借去，用来剪日军的电话线。那天花国友他们剪下的电话线，有几稻箩呢。

为了侦察驻守虹桥的日军碉堡里的情况，花国友来到伪保长家，对伪保长说：“我只有一条命，你是一家人的命！”花国友命令伪保长暗中领他进碉堡侦察敌情。伪保长迫于压力，只得说花国友是自己家的长工，在给日军送生活用品时天天带上他。半个月后，花国友侦察清楚驻守虹桥的日军碉堡里的情况，配合战友打下日军的碉堡。

花国友的弟弟介绍说，新四军七师北上时，花国友知道自己要远离家乡，临行前特地回家看望父母。他对母亲说：“部队要转移，我要走了，可能再也不能回来！”母亲忙用手捂住花国友的嘴，不让他再说。

时间回到1949年3月。这天，望穿秋水的花家老妈妈终于等来了花国友的战友。他是邻村人，曾经和花国友编在新四军七师的一个班。花家老妈妈问：“你回来了，我家花国友回来了没有？”花国友的战友却无法正面回答老妈妈。

他知道，在1946年10月6日的苏北宿迁来龙庵战斗中，花国友带领全班在敌人阵地中纵深穿插，切断了敌人的退路，毙敌10余名、俘敌42名，缴获山炮1门、重机枪1挺、轻机枪3挺、步枪30多支，而全班无一伤亡，创造了山东野战军一个班歼敌数的最高纪录。战斗结束后，花国友被授予“战斗英雄”称号，延安的新华社播发通讯《南国英雄花国友》，《解放日报》刊登《向花国友看齐》的署名文章。

他知道，身为排长的花国友进攻是一把尖刀，防守是一堵铜墙铁壁。在临朐战斗中，花国友带领战友死守小吴庄西的高地，任凭敌人飞机炸、大炮轰，面对敌人一次次冲锋，即使手臂骨被炸断，花国友他们排依然像钉子一样牢牢钉在阵地上。

他知道，1947年4月，蒋介石调集重兵进攻山东解放区。4月30日，花国友所在的五十六团一连担任由北向南的主攻，而花国友担任排长的三排是突击队。在花国友的带领下，三排战士很快突破敌人第一道防线。敌人收缩防守，兵力多于我方，花国友和战友们还是凭着大无畏的英雄精神，随着炮火的延伸，很快就把敌人的阵地撕开一个口子。这时突击排已经牺牲了十多名战士，花国友也多处负伤，鲜血染红了他的军装，但他一直冲锋在最前面，为五十六团获得“天下第一团”的称号，立下战功。

他知道，1948年4月22日，孟良崮战役打响，身为九连连长的花国友率领战友扼守房家桥阵地，连续打退敌人十多次冲锋。第二天，花国友命令司号员吹响冲锋号，他从阵地的壕沟里站起来，大声呼喊：“同志们，冲啊！”战友们随着他的命令冲了上去，而他却被敌人的子弹打中头部，牺牲在冲锋的路上。

花国友的战友不忍心回答老妈妈的提问，丢下慰问品就急急地走了。花老妈妈日夜守候在门边，盯着一队队参加渡江战役的战士，希望能看到儿子的身影。时隔不久，花老妈妈收到花国友所在部队的一封信，告诉她花国友已经牺牲，并附寄慰问金20元。

1949年后，花国友的战友撰写了许多回忆花国友的文章，入选华东军区、国防部的文集；2011年出版的《无为名人》收录《南国英雄花国友》一文。

2019年7月，我去城壕村采访，花老妈妈已经去世多年，花国友的两个弟弟也已经年过八旬，忆起母亲当年“我家花国友回来了没有”的问话，在场的人无不泪如雨下。

张名水后背上的三处枪伤

他曾经获得过中国人民抗日战争胜利六十周年、七十周年纪念奖章，他曾经战斗在新四军七师、华野六师，他曾经在开城当过农民、在合肥当过工人……关于他的事迹，人们说过很多，但最让我难以忘记的，还是他后背上的三处枪伤。

他就是开城镇幸福村的张名水老人。

张名水1928年出生。因为父亲给皖江行署的大江造币厂送稻草和楮树皮，他也经常帮忙，接触到新四军七师。1942年，他在响山下坞里参加抗日工作，被分配到皖江行署财经局造币厂洗纸浆。1943年，他正式参加新四军七师。1945年，新四军七师北撤，经巢县散兵镇，渡巢湖，他随大部队撤往山东。在山东，他的部队编入华野六师，后编入三野二十四军。

提起当年打仗，张名水说自己用过三八大盖步枪，也用过中正式步枪。敌我双方对峙时，班长有时会把全班上百发子弹集中起来，供他一个人用。他特别擅长打冷枪，也就是人们常说的狙击。他曾用中正式步枪瞄准敌人，一枪一个，打得敌人不敢抬头露面。

在山东打仗，危险时时伴随左右。有一次，张名水探出身子说话时，听到战友叫自己，转头问什么事？这时，敌人一枪打来，贴着他的脸皮飞过去。70多年过去了，回忆起战场上的这次经历，他还幸运地感叹："幸亏战友的那一声喊！要是没有他喊我，那颗子弹肯定从我脸上打进，从我的后脑勺飞出。"

莱芜战役是一场硬仗。在莱芜战役中，张名水后背上留下三处枪伤。

"我们有10万人，他们是6万人。我们要打他们6万人队伍的头。"2019年9月，我们一行人采访张名水。忆起战争岁月，张名水记忆犹新，他说："他们从上海运来两个半军7万人，在青岛登陆，静静地候着，要剪我们的尾巴。我们不打他们6万人的头了，改打他们登陆的7万人。打掉了他们7万人，再打他们的6万人。”

那天，天刚亮，刘团长带领他们冲进一个叫图四口的村子。图四口村子很大，像个集镇，他们与敌人进行巷战。刘团长带领他们往前冲，不想那是敌人故意放他们进去，好在后面开枪。敌人的机枪在后面横扫，张名水受伤倒在院墙根下。

进攻受阻，我军开始收缩，敌我双方对峙起来。这个间隙，敌人要打扫战场，他们站在院墙的高处，一枪又一枪地补射倒在他们面前的解放军战士。张名水听到战友的惨叫声，心想这下自己真的回不了家了，便晕了过去。

不知过了多久，张名水苏醒过来，这时他的战友已经冲到前面去了。张名水呻吟起来，呼喊战友。后续部队看他受了伤，立即叫来连长。那连长是严家桥人，他们本来就认识。连长看他负了重伤，立即安排副连长为他包扎，再送到地方部队去。

在鲁东军分区医院，医生揭开包裹在张名水身上的纱布，发现他后背上的三处枪伤，其中两处子弹嵌入肋骨，肩胛处是贯通伤，即子弹从后肩射入，从前肩胛射出。医生们都说，受伤那样重，血流得那样多，还能保住性命，真是幸事！

渡江战役胜利后，张名水回到家乡无为。1958年，进入合肥肉联厂工作。1961年他放弃城市工作，回到开城镇幸福村当了农民。

说起自己的功绩，张名水老人说：“当年我们羊山公社有21个残废军人，现在只剩下几个了。”

我为渡江解放军战士做军鞋

↑ 渡江胜利纪念

天气晴朗，万里无云。我们的汽车由开城集镇拐向东南，驶向大同村的丁家岗，准备采访105岁的陆世方老人。

对于是否采访陆世方老人，我其实持保留态度，主要是她年纪已经过百，身体又不是很好，担心搜集不到什么有价值的材料。文化站童有兵站长是个热心公益事业的文化人，他已经搜集到开城五个百岁老人的信息，并联络志愿者一同慰问。

我们来到陆世方老人的门前。只见她儿子正搀扶她往门外走，跨门槛的时候，她直哼哼。有人告诉我，老人脊椎里生了个囊肿，因为担心开刀伤了脊髓，她只得忍受病痛而不开刀。老人被搀扶到门前，坐到轮椅上，左手拄着竹竿做的拐杖。她微闭着双眼，时不时哼一声。

陆世方，1915年生于赫店镇苏塘村，成年后嫁到丁家岗，77岁时丈夫逝世，现在她和小儿子一起生活。我们问过日寇侵占开城时的情况，问过日寇飞机轰炸开城的情况，她有一句没一句地回答着。她的神情似乎不是回答我们，而是陷入痛苦的回忆。不知为什么，这个时候她竟然没有哼哼，大概是回忆的痛苦盖过身体病痛的缘故吧。

我们给老人拍照留念，老人非常配合我们。拍完照，我们准备离开，依然沉浸在回忆里的老人自言自语，说：“做鞋子，给一尺黑布一尺白布，我30天做24双鞋。”

童站长听出端倪，走到陆世方老人身边，问：“给谁做鞋？”

“给渡江的解放军呀！”陆世方老人说：“一尺黑布做面子，一尺白布做里子，针线和芭蕉叶自己出。”

老人的话一下子把我的思绪带到1949年的渡江战役前夕。1949年1月21日，无为县解放。人民解放军第三野战军第二十四军、二十五军、二十七军20余万人，陆续集结到无为沿江，准备渡江作战，其中二十四军驻守区域北起开城，沿永安河西侧，伸向襄安至沿江地带；二十四军辖下某师的师部，就驻扎在丁家岗。为了欢迎和支持解放军渡江，无为境内4县都成立了支前指挥部，征集粮草船只，动员民工水手，抢修公路桥梁。当时，江北支前司令部就设在开城。现在的襄开路就是那时修筑的，并拓宽到能够保证重型卡车和炮车通行的宽度。

“在大童、丁岗、王家大墩选停当的妇女，集中起来。”陆世方老人说：“把我们集中起来定任务，一尺黑布，一尺白布，做一双鞋。”这里的“停当”，指的是妇女的女红好。

为了支持渡江战役，无为全县共有10多万人参加担架、运输、修筑公路事务，有5000多名民工水手参加渡江作战；修筑无城至巢县、无城至二坝、无城至庐江、开城到襄安等680华里的简易公路和无数座桥梁，支援粮食2000万斤、柴草数千万斤、大小木船约2000只……开城人民也做出了巨大的牺牲，许多人家捐出船只、木材，甚至拆下自家门板和棺材板。

当时，安徽江北地域为渡江战士提供军鞋15万双。这15万双里，有多少是开城妇女做的呢？没有谁能够说得清楚。

1949年2月的一天夜晚，华东野战军3000多人进驻丁家岗、范家洼及周边村庄。当时还是冬天，寒风凛冽，三野战士没有一个人擅自进村惊扰村民。第二天，在村长的安排下，才有序住进民宅。陆世方老人大概就是为这支部队做的军鞋吧。

陆世方老人沿着自己的思路继续回忆：“我为渡江战士做鞋，30天，做了24双鞋，手指都戳破了。” 那个时候，陆世方30来岁，要纳鞋底、剪鞋布、上鞋面，一针针一线线地缝。

“那时天暖和了些，我们做的都是浅口鞋。”陆世方老人说：“丁家洼住了许多解放军。我们做好鞋子，解放军穿着新鞋去打仗。”

这是一个遗落在民间的支前故事，与捐出最后一把米、捐出自己的棺材板、拆掉宗祠捐出木料、送出最后一个儿子的事迹相比，似乎是小事。但这个遗落在民间的支前故事却特别生动，十分真实，三个自然村的妇女集中到一起，30天里每人做24双鞋，陆世方和她的姐妹们用自己的双手垫起渡江战士的脚板，支撑起他们占领南京和上海的步伐。

回来的路上，我的心依然不能平静。想到105岁的陆世方老人还能自己洗衣自己烧饭，我衷心祝愿这个长寿的“红嫂”健康快乐！

黄宗发烈士被害经过

1951年3月20日清晨，尚礼区花桥乡通讯员去黄村，即现在的开城镇六店社区黄村自然村，通知分田小组组长黄宗发到乡政府开会。通讯员推开黄宗发家的门，看到黄宗发夫妻脖子上套着绳索，躺在地上，立即回乡政府报告。花桥乡政府立即上报尚礼区，尚礼区立即向无为县政府汇报，说是土改积极分子黄宗发悬梁自尽。

黄宗发1901年生于黄村，是个孤儿，16岁到有钱人家当长工。无为解放后，他在花桥地域第一个报名参加农民协会，又担任分田小组组长。土改运动中，他主动揭发本村地主黄某某的罪行。因为利益受损，地主黄某某对黄宗发十分仇恨。1951年3月19日深夜，受地主黄某某指使的孙某某等人叫开黄宗发家的大门，扑上去揪打黄宗发。当晚，他们勒死黄宗发夫妻，用绳索把他们吊起来，制造了自杀的假象。

天亮时，孙某某来到黄宗发家，装作才发现黄宗发夫妻上吊而死。他把黄宗发夫妻的尸体从屋梁上放下来，走到屋外，说：“黄村有吊死鬼！”朝天空打了几枪，意思是把吊死鬼赶走。

无为县委、县政府意识到这可能不是一起普通的自杀事件，立即责令县公安局组织人员赶赴现场。接受任务的专案组于1951年3月21日天亮时分进入黄村，他们通过验尸，发现黄宗发腰部有重伤，嘴唇上沾有带血的絮绒，颈部的绳索勒痕很深；又发现其舌头卷在口腔里，上吊自杀的可能性不大。通过走村串户的摸排，发现凶手是孙某某、黄某某等人，并顺藤摸瓜，发现由16人组成的“中国急进军无为县尚峰支队”的特务组织。

1951年4月19日，无为县政府在花桥乡召开3万多人的群众大会，公审16名罪犯，在黄宗发的坟前把他们全部处决。县政府为黄宗发夫妻立了墓碑，挽联“苦虽未诉仇先报，冤已得申死亦安”，由县长潘效安书写。1951年5月，无为县政府把花桥乡改名为宗发乡，以示缅怀。

宿命也罢，注定也罢，每个人都有自己的姓名。同宗的血缘，才有同源的姓氏。

三个儿子同时中了进士，开城王家从此有了“三桂堂”的堂号；进士陆随和陆毋必的子孙早已迁居他乡，但他们的居住地依然被人称为“陆家第”；“世德堂”朱氏，为开垦西都圩迁居开城，始终铭记祖宗的家训……

古老的传说，从神秘的家族故事开始；新时代的传奇，从豪迈的告别起步。

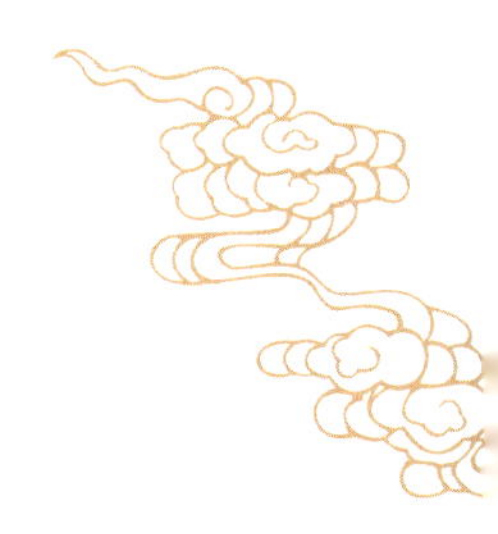

卷七

家族传奇

“三桂堂”来历及王之道抗金

王之道（1093—1169），字彦猷，自号相山居士，宋庐州濡须人，即今安徽无为人，是宋朝杰出的诗人、军事家和政治家。南宋淳熙十六年，即公元1189年，其子王蔺由礼部尚书迁为参知政事，后拜枢密使，也就是丞相。王之道因为儿子王蔺做了丞相的缘故，先后被追赠太子少师、太子太师，谥

韓祉 宣和三年辛丑何㮚榜〔府志〕作朝祉
張綱 榜仝上
王之道 六年甲辰沈晦榜官太師魏國公有傳
楊濛 榜仝上 傑之子〔通志〕作濛
王之義 榜仝上 之道弟〔宋史〕作兄
王之深 榜仝上 之義弟
張和叔 榜仝上 和仲弟〔通志〕〔府志〕俱作叔和
徐誥 榜仝上 總之孫
陳邦 建炎二年戊申李易榜 琉之子
王萊 乾道二年丙戌蕭國梁榜 之道子〔通志〕誤作和州人
王藺 乾道五年己丑鄭僑榜 之道子官樞密使有傳〔通志〕誤作廬江人

無爲州志 卷十五 選舉志 宋進士 六

王綸 淳熙十一年甲辰衛涇榜 之深孫〔宋史〕作之深子〔通志〕遺
王杜 淳熙十四年丁未王容榜 之道孫
孫餘慶 紹熙元年庚戌余復榜
李逢慶 慶元五年己未曾從龍榜
許獻 開禧元年乙丑毛自知榜
蔡元龍 嘉定十年丁丑吳潛榜〔通志〕誤作合肥人
段文煥 榜仝上〔通志〕〔府志〕俱誤作英山人
汪淵 紹定二年黃朴榜〔通志〕誤入嘉定
趙汝訓 五年壬辰徐元杰榜舊誤作省元是科省元葉大有
魏瑢 榜仝上 彥四世孫〔通志〕誤入淳祐

↑清《无为州志》一页，记载“三桂堂”王氏的七个进士

“魏国公”。

一、“三桂堂”的来历

王之道家族的堂号为“三桂堂”。“三桂堂”王氏分布在无为、和县、含山、宣城和广西、山西等地。

“三桂堂”是无为地方产生的家族堂号。北宋宣和六年，即公元1124年，王之道和兄王之义（清《无为州志》作王之道弟）、弟王之深参加科举考试，三人一同得中进士，成为北宋科举史上的佳话。为了纪念先贤的功德，王氏后人把自己家族的堂号取名为“三桂堂”。

《王氏宗谱》序介绍，“不曰三槐，而曰三桂者”，因为王之道携兄王之义、弟王之深参加科举考试，一同考中进士。

王之道十子九进士，加上其兄弟、侄辈和孙辈得中进士者，共有14人之多，包括王之道、王之深、王之义、王莱、王蔺、王瀹、王杜、王逌、王桳、王杵等，是宋朝科举史上产生重要影响的大家族。

二、《王氏宗谱》的版本

“三桂堂”《王氏宗谱》有多个版本。

版本一：北宋元丰年间，“王桂堂”王氏一世祖偶公（当时居住琅琊），官至都尉直宏文馆，修撰《王氏宗谱》。宋室南迁时，王氏全家由琅琊迁入濡须，即今安徽省无为市。二世祖蘧公，绍圣年间，知无为军。三世祖叔詹，诰封通顺大夫。四世祖元堂公，累赠公紫、光禄大夫、中书令兼尚书令。其有三子，即长子之义、次子之道、三子之深。

版本二：王之道第六子王蔺有四子，长子相贤，次子宗贤，三子杵，四子桳。现在开城镇练墩村“三桂堂”《王氏宗谱》，尊王蔺的第三子王杵为一世祖。

《王氏宗谱》记载，王之道第六子王蔺的儿子王杵，曾任汀州通判，他“原居无为州，避元乱，宦族易名匿迹逃避吴越等方。惟公性孝官卑，解组归里省墓轩车山。兵靖后卜居练墩，仍系民籍。延及明初，吴越分支各宗其祖我族，先贤欲显杵公省墓孝思，故特上以徽号尊为始祖考”。因为避乱吴越之后回无为州，所以《王氏宗谱》说自己家“派必祁门”。

版本三：原居住在无城北门的王之义后人，因为家族出了魏国公和开国公，他们的居住地被称为“二公”，或者“王二公”。后来，他们有的迁居南陵、和县等地，其宗谱尊王之义为一世祖。

版本四：含山县林头镇福山行政村西王村的“三桂堂”王氏，是王蔺长子相贤的后人，谱盒名为“二公堂”。他们的族谱尊王相贤为一世祖。

版本五：含山县“二公堂”王氏，是王蔺的后代。其家族自山西迁至江西临川，复迁至无为州兔儿岗、尊王氏老谱五十二世孙王元堂为一世祖。

三、驻兵豹儿寨山

王之道中进士为官是北宋的晚期，当时天下太平已久。这时，朝廷想对金人用兵，王之道认为没有十足的把握，不能用兵，竭力劝说。朝官厌恶他的率真，把他置于下等。后来，他任历阳县丞和乌江县丞。

↑《王氏宗谱》里的王之道像

金人南犯时，王之道回无为军奉养双亲。看到长淮千里盗贼横行，他带领家族进入豹儿寨山避难，让弟弟王之深守山，他率领青壮年转战山外的无为、巢县和庐江等地。

当时，躲藏在豹儿寨山里的人非常多，大约有万人，因为四周被围，不但无法耕种粮食，连稻谷都无法运进去。为了解决粮食困难，他高价悬赏，谁只要运进豹儿寨山一袋粮食，自己即分得一半。由于悬赏很高，豹儿寨山粮食供应充足。

豹儿寨山西边的毛公山，当时躲藏着许多难民。盗贼李伸为了打劫这些难民，把毛公山围得水泄不通。王之道了解到这个情况，选调精干士卒，从小路出发，打了李伸一个措手不及，逼得李伸不得不撤走。毛公山的难民感念王之道的恩德，觉得他是一个有勇有谋的人，纷纷拔寨搬家，迁居豹儿寨山居住。

四、救难狐避山

王之道驻守豹儿寨山时，狐避山也驻守着一支乡兵。

南宋高宗建炎四年（公元1130年）的一天，住在豹儿寨山的王之道夫人孙氏病得快要不行了。这时狐避山送来求救信，说他们被李伸的大军围困，请求支援。

当时王之道不在山上。王之深因为孙氏就要去世，加上兵力不足，没有立即发兵救援。第二天，狐避山被李伸攻陷。大家都说幸亏夫人生病，豹儿寨山的人忙于准备丧事没能救援，否则自身难保的豹儿寨山肯定受到牵连。王之道在《孙宜人墓志》中记有此事，称赞夫人“以一死活十万人之命”。

五、赴会盗贼

盗贼李伸战胜张琪，占领无为军城。李伸派手下大将率领人马围攻豹儿寨山，并让人传话：“我们是来请王县丞的。要是王县丞不出来，我们就要屠寨啦！”

王之道知道单凭豹儿寨山的力量无法与李伸抗衡，准备单刀赴会，劝家人说：“他们围得越急，我们的形势越孤单，突围的希望越渺茫。我知道李伸虽然粗悍，却读过诗书，我希望用我的诚心打动他。他如果接受了，豹儿寨山的祸事就可以避免；如果他不接受，或者杀了我，也比束手待毙强。”

大家都不让他下山。王之道说：“用我一个人的生命，救山上数万老幼，有什么不好？”于是他带着十多个人骑马下山。

盗贼看王之道胆识过人，十分佩服，说：“我们来请您，是因为您得民心。我们想把无为军城送给您管理。”他们把王之道押入无为军城。不久，张琪纠集力量来战李伸，李伸战败逃走。张琪劫持王之道，逼迫他招降豹儿寨山的人。王之道借口自己前去游说，终于逃走。

当时，无为军境内盗贼遍地，杀人如麻，只有躲藏到豹儿寨山的人得以保全性命。

六、领摄乡郡

朝廷得知王之道扼守豹儿寨山有功，命令他为无为军守，管理无为、巢县和庐江三县。王之道察看满目疮痍的无为大地，召集流离失所的人们开展农业生产，境内平安无事。

当时金兵“犯江浙，江淮千里，莽为盗区，握兵者畏惧不敢战，有城者遁逃不能守”。而王之道以一介书生“率数千乌合之众，抗敌数十万”，终于保全豹儿寨山，引起南宋朝廷的高度重视。康熙《巢县志》记载：“宋高宗幸其处。”就是说，因为王之道出色的表现，引起宋高宗的关注，他曾经到无为军巡察，并住到王之道的家里。

后来，王之道被提拔为镇抚司参谋官。

↑ 新编修的《王氏宗谱》

七、得罪秦桧

王之道担任滁州通判时，得知朝廷要和金人议和，立即上书，认为议和有辱国家，并认为五个方面可以战胜金人。

王之道的言论得罪了主张议和的丞相秦桧，他被贬为南雄州溪塘镇税。正遇上天下大赦，有异议的人可以重新派遣。但是王之道已经不想做官了，他回到家乡开城，在相山居住了20多年，每日饮酒作诗自娱。

秦桧死后，王之道担任信阳军守。

八、开城老幼为他送行

乾道五年（公元1169年）六月，王之道病倒在无为军城自己的家里。

一天，他对儿子说："我很久没有做梦了。昨天做了一个梦，梦见皇帝召见我，说因为我有功，应该给我的后代加官晋爵。我已经77岁，死了，没有什么遗憾的啦！"

他死后，有72副棺材同时出门。无为军老幼哭于道路，为他送行。

九、王之道的墓地

关于王之道墓地，古代文献资料的记录共有以下三种说法。

《赠故太师王公神道碑》记载，王之道去世后，"以其年十月甲申葬于郡城北三十里长冈之原"。据此分析，王之道墓位于现在的无为城北，即现在的无城镇七里村。

清《无为州志》记载："魏国公王之道墓，在开城乡相山。"当时的"相山"，现在被讹写为"象山"，在严桥镇境内。王之道曾经在相山的林泉书院读书。那里后来有座寺庙——相山寺，相山寺的基座就是林泉书院；寺前有一棵大树，据说为王之道手植。

《王氏宗谱》记载："轩车山西罗圹，有之道公墓。"

查阅王之道的文章，发现《迁葬告皇考文》，有"轩居之原，肇修新阡"；《迁葬告皇妣文》，有"轩车之原，卜云其吉"；《迁葬告先妻文》，有"今将迁先妣于祖茔之东，举先考于相山之西，而合葬于轩车之南，檀林之麓，以汝待先妣而居于右，以亡侄童儿侍先考居于左"。

王之道在世时，已经确定轩车山为家族墓地，并"举先考于相山之西"，即把父亲的尸骨从相山移葬到轩车山。有人推断，他不会葬于无为军城的北部，也不会选择相山为自己的安息之地，选葬地点应该是祖宗安眠之地——轩车山。

但清《无为州志》和《巢县志》都记载，王之道葬于相山。

王之道在相山的坟墓大约毁于明末清初。康熙《巢县志》记载："今王相坟已被发掘，州中豪民葬其处矣。"

"六家店"本名"陆家第"

深夜，我坐在电脑前，脑海里隐隐出现一座90多间房屋的宋式建筑群，它三面靠山，一面临河……我睁开眼睛，情不自禁地在电脑上敲出三个字——"陆家第"。

地名作为一种文化形态和文化载体，记录着人类社会发展、家族融合和生活环境的发展变化痕迹，有着丰富的历史、地理、语言、经济、社会等科学内涵。无为历史上，存在了近千年的"陆家第"和"陆家第镇"已经消失上百年了。"陆家第"存在于哪里？什么时候消失的呢？我像寻访老朋友一样，追寻它的来龙去脉。

现在无为人的口头和书面，称开城镇都督山边的集镇为"六家店"，那里曾经是六店乡、六店镇的所在地，现在是六店社区；六店社区的西北，原六店老街地域，还有六店村。询问"六店"的得名，人们都说从前这里有六户人家开店，并渐渐发展成为集镇，因此得名"六家店"。1949年后无为县委、县政府的文件资料，也一直以"六家店"作为此地地名，稍有变化的是，为了简洁方便，把"六家店"改成"六店"。

1990年出版的《安徽省无为县地名录》，关于"六店乡概况"，有这样一段话："原有六家小店汇聚而成小镇，故取名六家店。"关于六店乡得名的解释，这样记载："因过去有六家在此开设小店，人们称为六家店。故以此名。"关于六店村委会，又这样标注："以驻地自然村六家店命名。"对六店自然村，有更加明确的标注："六店村委会驻地。传说明代六家在此开设小店，故名。”这是当时无为县地名委员会搜集并出版的资料，言之凿凿地说“六家店”或者“六店”的得名，源于明朝此地有六家小店。

但是翻阅清《无为州志》，没有“六家店”或者“六店”地名，倒是有个“陆家第镇”，它是无为州三十六个古镇之一。关于“陆家第镇”，清《无为州志》有这样的注释：“在州西六十里开城乡，俗名陆家店。”注释说“在州西六十里”，肯定是现在的“六家店”一带。后面说的“俗名陆家店”，与现在的“六家店”一字之差，而“陆”不但是数字“六”的大写，还与无为方言里的“六”同音，说明“陆家店”就是后来的“六家店”。

陆家第是谁家的宅第呢？专家认为是北宋父子进士陆随和陆毋必的宅第。《丁氏宗谱》收录明朝诗人丁最的《西山记》明确记载：“城西去五十里皆山，插天外者十二峰，千岩万壑几百里，直走桐庐。中一带抱长溪，溪上六峰，最矗是谓竹山。山之东为轩车岭，岭下故宋冢宰王公甲第；北据公之相山林泉书院；西连狐壁，中宋仆射陆公故里。”这里说有“狐壁”，即古书里的“狐避山”，它与毛公山并列，位于陆家第的北边。

“中宋仆射陆公故里”，“仆射”是官职名，相当于尚书，宋时是个虚职。“陆公故里”即指陆随的故里，因为陆家的府第相当豪华，成为当地的地标，宋明时期远近的人们都称这个地方为“陆家第”；围绕陆家第形成的集镇，被称为“陆家第镇”。

“陆家第”怎么变成“六家店”的呢？可能因为“陆”和“六”同音，“第”与“店”谐音，先变成俗语中的“陆家店”，后变成现在的“六家店”。再看《安徽省无为县地名录》说的“传说明代六家在此开设小店，故名”，这个标注明显承接前人的口头错误，又是后来错误的源头。

“陆家第”有多大呢？有人做过调查，说那里遗存有90多间房屋的老屋基，说明宋时的“陆家第”有90多间房子。支撑这个传说的，是陆家第镇东有“陆家圩”，现在称“陆家小圩”。清《无为州志》记载，明朝时“陆家圩”改名为“西都圩”。由“陆家圩”和“陆家小圩”地名推知，宋时陆家多么富有。可惜的是，“陆家第”后来遭遇几次火灾，90多间房子化成灰烬，陆家人陆续搬走了。

2019年春，我到六店老街寻找陆姓人家，希望从陆姓人家的宗谱里找到陆随和陆毋必的史料。有人告诉我说，1949年老街西头有两家人姓陆，现在搬走了。之后，我在六店老街和陆家小圩附近寻找陆姓人家，没有找到；在蜀山镇的花桥村、泉塘镇的大有村，分别找到“陆家村”，但没有看到《陆氏宗谱》，不知道这两支陆姓人家是不是陆随和陆毋必的后代；开城镇先锋村有陆家庄和陆家山，却没有姓陆的人家，也许他们也迁居他乡了吧。

2019年夏天的一个深夜，我坐在灯下写作了这篇文章。窗外，夜雨潇潇，我静静地坐在电脑前，思考自己写作这篇文章的目的。

历史的潇潇夜雨里，人们已经把充满文化价值的“陆家第”误写成“六家店”。而我重提“六家店”乃“陆家第”之误，是希望还原历史的本来面目，更希望把世俗之误的“六家店”改回“陆家第”，让后人通过 “陆家第”这个老地名，记住陆随和陆毋必曾经的荣耀，记住开城地域人文历史和地理特征，也让研究人类迁徙史的学者找到陆姓迁徙的线索。

“世德堂”朱氏的锦绣华章

《江南通志》《庐州府志》和《无为州志》记载有无为州一个簪缨世族，他就是“世德堂”朱氏。“世德堂”朱氏是著名的阀阅之家，明清两朝出过三个进士；枝繁叶茂的朱氏家族，明清时期有子孙迁居开城乡和无为乡等地，成为无为州西南望族。

一、一门三进士

明洪武五年，即公元1372年，朱朝卿迁居无为州，成为“世德堂”朱氏无为州一世祖。由明到清，朱氏子弟三人中进士，多人中举。

最先取得功名的是朱朝卿之孙朱昂。朱昂，字廷举，明宣德元年（公元

1426年），20岁的他中举，担任应天府通判、北京都水司郎中。因为朱昂才干出众，其父朱思忠、母袁氏两次敕封诰命。朱昂回乡丁忧后，授福建参政之职，皇上在文华门亲自召见他，让他总理福建边事的武备粮储，参与平倭事务。60岁时他辞官回无为州，享年85岁。

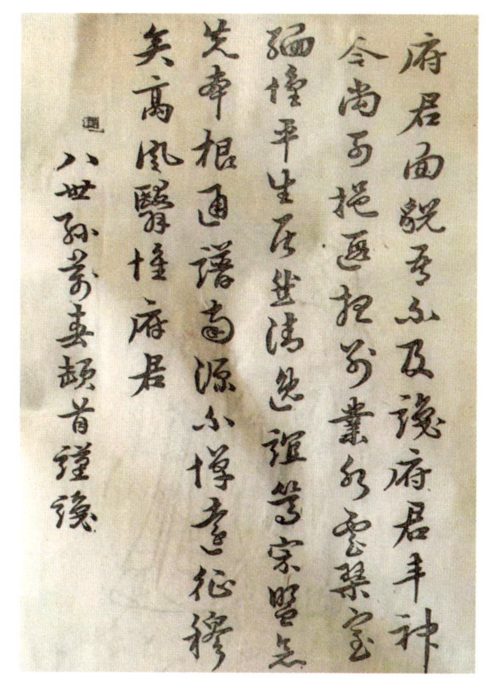
↑进士朱万春手迹

朱家的第一个进士，是十世祖朱万春。朱万春，字长孺，号寰同，万历二十九年（公元1601年）中进士，先任淄川令。乾隆《淄川县志》记载："朱万春……（万历）二十九年任，三十一年调上饶。修县志。"调上饶令时，行装只有图书数卷。典吏动用库银为他雇用仆人，被他叱去。到了上饶，他遏止开采珰珠之患。擢升御史，弹劾掌兵权者，检举总参首辅官，触犯大忌。奉命到四川任按察使，看到四川旱灾严重，奏请留存库银，减轻百姓税赋；又绘制饥民图呈报朝廷，得到五万两白银的赈灾款。任职江右道，面对土匪大盗，他先发布通缉令到湖南，阻断土匪的退路；自己再率兵从鄱阳湖追至九江，终于把盗匪擒获。天启三年，即公元1623年，朱万春由太仆少卿升任左通政，因为涉嫌奸祸，喝药自杀。

朱芾煌，字子衷，又字玉瑠，是朱氏迁居无为州的第八代，在朱万春后中进士。他自号"濡须江渔"，官至兵部武选司郎中。

朱万春的长子朱合明，两副乡榜，补为国子生。

到了清朝，朱氏家族的功名依然不减。朱万春的孙子朱前诒，字燕翼，号轩山，顺治甲午乡试中举，以中书授长沙令。当时长沙城民生凋敝，强盗横行。朱前诒恩威并施，七年后长沙城终于繁荣起来。调任贵州麻哈刺史后，他调解苗民与郎坝诸寨的矛盾，置办书院，终于使当地有人中榜乡试。后擢升顺天府治，没有到任就病逝。

朱万春的长孙朱前诏，顺治十七年（公元1660年）中了进士，《江南通志》《安徽通志》和《无为州志》俱有记载，但对朱前诏的生平介绍不多。相关史料记载："朱搢玙，号毅斋，治中前诒长子，继伯前诏为嗣。前诏与配吴孺人早逝，搢玙惟前诒是依。"也就是说，朱前诏无子，过继弟的儿子朱搢玙为子。时间不久，朱前诏去世。据此推测，朱前诏没有授任官职，可能与身体不好有关。

朱揆璟，字宋若，号铁崖，朱前诒的儿子，由岁荐任常州训导。

朱万春的曾孙朱大复，康熙二十三年（公元1684年）中举，《安徽通志》和《无为州志》有记载。朱大复曾任国子监学正。

二、渊源

无为朱氏家族尊朱熹为始祖，尊朱朝卿为无为一世祖。要厘清朱氏家族的渊源，要从三个方面入手。

一是姓氏来历。《朱氏宗谱》记载，朱氏乃颛顼之后，周时受封于邾，遂以"邾"为姓。"及楚灭邾，乃去邑而朱焉。此得姓之由也。"就是说，"世德堂"朱氏，周时以邾邑为姓；楚国灭邾国，邾氏删除"阝"，以"朱"为姓。

开城镇朱氏家族另有传说：朱氏收养了自己的外甥，让其姓朱。后来其外甥自立门户，便在"朱"字的旁边加了一个"阝"，以示区别。

二是迁徙路径。朱氏原居歙县，再迁居婺源，又迁福建建阳、南康。元末，天下大乱，朝廷派遣大将"常遇春率兵平之。师至南康，朝卿被掠为部将杨杲所得。见其骨骼神气异人，遂由南康挈至金陵，居于家教，以诗书受之，犹己子"。元末明初，濡须朱氏一世祖朱朝卿在福建南康，被常遇春的部将杨杲带到金陵，教以诗书。

明朝"下令不许异姓同居，朝卿得复本姓，听其外居，乃洪武五年诣无为州皇华坊卜居焉”。也就是说，朱氏于明朝洪武五年，即公元1372年，自金陵迁居无为州。这期间，朱朝卿先迁居太平乡的瓦储仓，即现在石涧镇北的柴林村，再迁居无为州城。《流芳亭记》记载：“始治宅于城之皇华坊，而居焉。”

明朝西都圩圈圩，朱氏积极参与，得良田千顷，遂有子孙迁居开城，形成上朱、下朱和山前朱等村落；又迁居无为乡，在十里墩镇虹桥社区留下朱家庄、朱家湾等地名。现在，朱氏在无为市地域已经有两万多人。

三是堂号。朱氏的堂号，有“世业堂”“世德堂”“白鹿堂”和“世禄堂”。有人告诉我，说这四个堂号下的朱姓人家都是同根同脉。

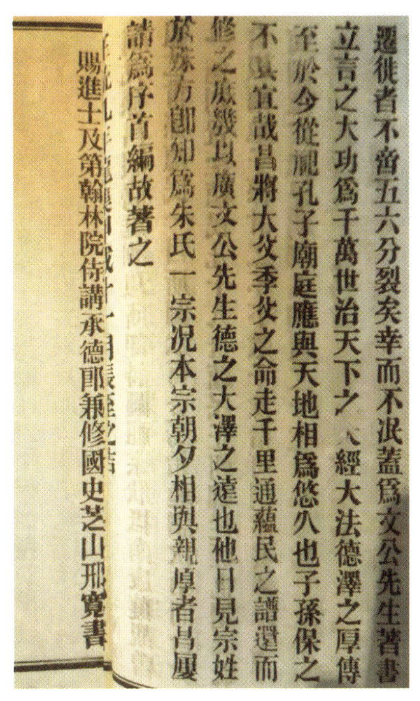
遷徙者不啻五六分裂矣幸而不泯蓋爲文公先生著書
立言之大功爲千萬世治天下之大經大法德澤之厚傳
至於今從祀孔子廟庭應與天地相爲悠久也子孫保之
不其宜哉昌將大父季父之命走千里通藴民之譜還而
修之庶幾以廣文公先生德之大澤之遠也他日見宗姓
於殊方即知爲朱氏一宗況本宗朝夕相與親厚者曷屢
請爲序首編故著之
賜進士及第翰林院侍講承德郎兼修國史芝山邢寛書

↑ 状元邢宽为《朱氏宗谱》作序

查阅《朱氏宗谱》，发现无城朱氏“参政坊”的庭院牌匾为“世禄堂”；朱氏家庙后的牌匾为“世德堂”；朱文公祠后的牌匾为“世业堂”。我认为，无为朱氏这一支的堂号应该是“世德堂”。

因为朱熹曾在白鹿洞书院讲学，朱氏遂有“白鹿堂”堂号。

因为家族在无为地域地位显赫，朱氏续修家谱，状元邢宽、进士吴廷翰都曾经为之作序。

三、耕、读、仕、商并重

明成化十年，即公元1474年，无为知州杜彪的《流芳亭记》记载，朱氏一世祖朱朝卿有三个儿子，其二子朱思诚任密县主簿，三子朱思忠“财雄一郡，而自视若无，力助二兄，急于行义。见人有病涉者，建桥梁以济之；疾苦者，给药物以疗之；而死无葬具者，则又棺木殡之”。国子监祭酒陈敬宗

↑开城“山前朱”朱氏支祠木雕

在《环翠亭记》一文里写道：“无为朱晟，字廷光，州之衣缨族也，以资产雄一郡，而能自虚俭素，无一毫骄矜态。”既说朱晟是“衣缨族”，即出身于官宦人家，又说朱氏家族为当时无为州首富。

这样看来，朱氏家族是耕、读、仕、商并重的世家。

明朝时期，无为州樯帆云集，商旅接踵。朱氏家族来到无为州城，居住在皇华坊一带。皇华坊位于现在老城区的万鸿小区一带，它东接鹅市和鱼市，南接米市，西接州衙，北接前新街、后新街及仓埠门，是当时州城最繁华的地段。

明清时期，朱氏家族的巷口有口水井，名为朱家大井。20世纪80年代，朱家大井依然存在，井水清冽甘甜。它的四面铺有青石，井圈勒有很深的绳印。巷因井名，这条连接官巷和鹅市的巷子，被人称为“大井巷”。清代和民国时期，朱氏家族有地位的人家都住在大井巷。20世纪末，开发万鸿小区后，朱家大井才被填埋，大井巷也不复存在。

大井巷一侧曾有四进的朱氏家庙，分别悬挂“悚仪”“瞻仰前徽”“积厚流光”和“世德堂”牌匾。院内有两棵银杏树，现在还剩一棵，位于万鸿小区里，树龄在300年以上。

朱氏家族在无城鼓楼西，有一座跨街牌坊，名为“参政坊”，由明朝皇帝为表彰朱昂敕建。人到此处，文官下轿，武官下马。一侧有二进庭院，分别悬挂“簪绶蝉联”“世禄堂”牌匾。抗战时期，“参政坊”被拆除。

老城区的簧门附近，朱氏家族曾建有紫阳书院，专门向家族贫苦人家子女提供免费教育。紫阳书院门前的石狮，就是后来无为师范门前的石狮。西门外的麻石街建有寮房，向来城里祭祖、探亲、办事的宗亲提供免费食宿。

无城老城区北门城门口，有朱家的仓房，那是朱家存储粮食的地方。鹅市街、草市街，即现在鼓楼小学南侧和北侧，当时有商业门店，许多门店为朱家所有。

四、诗文

无为“世德堂”朱氏子孙，曾经在北京、江苏、四川、福建、江西、湖南、贵州等地做官，他们严格遵守朱子家训，致仕严谨，瓜瓞绵绵，在艺文方面影响也很大。

朱昂60岁时由福建辞官归乡，居住在州城北门。此后的20多年里，他吟诗作赋，留下许多诗章。他的《北山归隐》四首，诗句“忆昔亲提十万兵，八闽海道日寻行”和“传家不用平倭剑”，是对自己在福建平倭战事的追忆。全诗如下：

一

恩诏辉煌出建章，便携琴鹤上归航。
青山自在云深处，正好追陪结草堂。

二

忆昔亲提十万兵，八闽海道日循行。
而今交割君王敕，白屋安眠梦不惊。

三

清苦居官三十年，喜投手板赋归田。
传家不用平倭剑，交付东邻当酒钱。

四

宦海茫茫总不知，身闲却与懒相宜。
半窗花影三竿日，正是山翁拥被时。

进士朱万春，有诗记录明朝时期无为州城的盛况。具体如下：

稻孙楼感兴

黄沙蒙蒙沉火晶，松冈麦垅绿渐平。
新雨满田活活声，青烟茅屋一缕轻。
杜鹃啼彻音凄清，初来布谷和仓庚。
落红已尽馀残英，撚指韶光相送迎。
感怀欻使寸心惊。

黄金墩阁上

层楼峣杰耸云空，暇日登临览胜雄。
何似西园飞羽盖，还如夜月坐艨艟。
帆光远带千峰雨，龙挂高悬一涧虹。
兴剧飞觞香雾霭，清歌缭绕碧烟濛。

朱芾煌的《文嘻堂诗集》被《四库全书总目提要》收录。《文嘻堂诗集》大都蒿目时艰，语多感慨，记录了明末朝政纷纭乱亡之象；书末有其孙朱端（康熙年间任苏州府教授）所作的跋。朱芾煌在诗稿的首页写有“诗须有为而作，文至无心乃传”，这是他文学主张的具体表现。他的《战城南》记录了当年无为州人与流寇张献忠作战的情景：

州人沈志杰父子、兄弟同夜出城击贼，被杀。城南，其死处也。即用“战城南”哀之。

战城南，击贼东，血膏原野草猩红。
金色蛤蟆本懵懵，庙鬼号跳灯朦胧。
斫营计疏气自雄，男儿杀贼宁无功。
矛头铁簇留腥风，乌声哑哑鸣虚空。父子兄弟尸横丛。
为我谓乌且莫急，豪客醉怒肉僵立，
酒气冲云天雨泣，汝知争食流血汁。
懦夫可嗤，豪诚可思。黑夜缒城，天明奚之。
交交飞鸟，止于城墙。谁实为斯，百夫之防。

进士朱前诏虽然生命短暂，他的诗《过百万湖》却给后人留下许多遐想的空间。具体如下：

野卉争芳眼欲迷，春风拂拂鹧鸪啼。
桃花十里平沙路，杨柳孤村乱石溪。
烟水远同天上下，渔舟轻逐浪高低。
武陵路口堪忘世，闲狎江鸥共隐栖。

朱氏家族的朱稽逸、朱治顺、朱合明、朱冕、朱前诒、朱竑、朱瑞昌等，都是当时著名的诗人。随着古开城乡西都圩的圈圩垦荒，朱氏家族在无为州西乡的独山、六店、都督、宝山一带购田置产，他们游览西山的美景，留下许多诗作，包括朱晋屿的《岩台寺》、朱智的《蕊珠洞》、朱匡世的《过双泉寺》、朱治显的《登西山佛寺》、朱治喁的《登祈雨山》等。

“龙门堂”李氏垦荒西都圩纪实

唐宋时期，开城西都圩区域还与长江相通。枯水期，这里潴水成湖，名为西湖。由明及清，随着长江滩涂圈圩及联圩的推进，以及无为大堤的筑成，在“谁圈圩谁拥有”政策的吸引下，无为地域许多世族参与西湖滩涂地的圈圩和开垦，他们是居住在西湖附近的丁氏、童氏，迁自徽州和合肥的孙氏、侯氏、王氏。来自无为州城的朱氏在独山、张氏在羊山也圈圩开垦出大面积的耕地。

沿宽阔的无六路西行，过开城集镇，进入六峰村境内，再向南折入南独路行驶，远远可以看见一个比较大的村落，它就是李家老墩。李家老墩是高出周边3米左右的土墩，面积两亩左右，居住在这附近的都是“龙门堂”李氏族人。明朝末年，他们从无城和十里墩一带迁居而来，参与了西都圩的圈圩和垦荒。

一、古籍里的老足迹

“龙门堂”李氏原居陇西，唐时迁居凤阳。元末迁居无为州，在州城的观震潮北居住，曾在黉门西建李氏宗祠。明朝时期，李氏家族曾经用16两白银，向丁谢氏购买李氏宗祠左侧的一块菜园地。

李氏是耕读世家，非常重视子孙教育。濡须五世祖李春，字景晹，永乐甲申年（公元1404年）生于州城。八岁时父亲去世，依靠母亲和长兄的供养，到私塾读书。因为德才双优，李春被有司遴选到南京读书。明宣德七年（公元1432年）李春中了举人；明正统元年（公元1436年）中进士。先任兵科给事，升任陕西左参议，迁福建左参议，升江西左参政，大约为从三品。

李春为官期间，多年分管粮储、屯田、军务、驿传、水利等事务，参加过平匪和征蛮，主持过乡试。明成化丙戌年（公元1466年），李春卸任回无为州，在姜狮桥外的杏花村即现在十里墩镇居住，十年后去世。因为在外为官时主持过屯田、水利事务，有着丰富的垦田经验，回无为州的李春指导过长江滩涂和西都圩的圈圩事宜。

《李春墓志铭》记载，李春有8个儿子、24个孙子，“归则课子孙以经史，分田置产授之，使各营其业，以验勤惰，优游诗酒，徜徉田里，以适其乐”。就在这一时期，李氏家族的一支迁居西都圩圈圩垦荒。

二、扁担挑出的老地名

李家老墩东边是石山村，那里有高出西湖的岗地；南边的不远处，枯水期有一条河流，它应该是永安河支流花桥河的前身；西边的不远处是“九里十山头”，那里有岗地；北边是黄村，地势与李家老墩相近。低洼的李家老墩前后左右无山凭依。为了在西都圩立足，李氏族人只得用扁担挑土垒墩筑堤，成就了许多扁担挑出的老地名。

李家老墩位于西湖湖心地带，土质松软，含水量大。李氏族人在枯水期把湖底松软的泥沙挑到高处，时间不长，泥沙就坍塌下去。怎么办呢？勤劳智慧的李氏族人先选择地势稍高的土垅，把低处的泥土挑到高处。为了防止挑高的泥土塌方，再滑到低处，他们往挑高的泥沙里打入木桩，挤压泥沙里的水分，夯实泥土；再根据需要，在土墩和土塘结合部打下一根根木桩，筑牢塘岸，形成池塘。直到现在，李家老墩附近的水塘边，还可以见到后人承继先人的方法打下的一根根夯土的木桩。

↑ 李家老墩池塘里的石鼓

一锹锹泥来一担担土，终于挑出高出附近地面的高高土墩。他们在土墩上建造住房、仓房和牛屋，雨季来临时再也不用担心被淹了。遇到永安河、花桥河或者无为大堤溃破，李家老墩及其上面的房屋被水淹没，他们就搬迁到西北的山区。等到洪水退去，他们回来堵口复堤，再挑高土墩，建造房屋。

花桥河北岸的堤坝，李家老墩的人们称它为“南埂”，它也是李氏族人和其他家族一起用扁担挑出来的。

李家老墩原来属于垄岗村，这“垄岗”也是扁担挑出来的地名。

三、传说里的老祖先

传说当年迁居西都圩的李氏族人是兄弟四人，他们居住在李家老墩。后来，大房迁居南埂，三房、四房也陆续外迁，只有二房定居在此。随着时间的推移，生活在西都圩一带的李氏家族人口越来越多，他们另挑土墩安家，李家小村、新庄、河东，都是他们的聚居地。

李氏族人曾经保留过一幅画像，画里的人穿着朝服，戴着官帽，端坐在椅子上，人称“影子老太”。开城俗话，人的画像在世称为“像”，去世后称为“影子”；“老太”，即老祖宗。有人告诉我，这“影子老太”可能是李春的画像。

清时规制，家族有人中举，方可以置石鼓插旗。李家老墩附近池塘里现存两个石鼓。据介绍，当年李家二房有人中举，还没有实授官职，家里的石鼓刚刚置办好，他已病逝。因为李氏家族后来一百多年没有续谱，现存族谱里没有记录这个举人的名字。

现在，这两个石鼓存放在李家老墩前的池塘里。

四、无言的老工程

《李氏宗谱》收录有进士钱溥、吴廷翰和举人卢秋浦所撰的谱序或赞文，但它们都不如耸立在西都圩里无言的水利工程重要。

花桥河上游在周家大山林场一带，只是一条涧溪，过水不多。穿越西都圩时，水势渐渐变大。要确保李家老墩一带几千亩农田丰收，必须把花桥河束水入槽。李家老墩南的地形不同于石山村、宝胜村附近有岗地土山，不同于西南“九里十山岗”区域，要在这里筑起堤坝真是难上加难。明末清初，李氏与童氏、孙氏，还有许多来西湖圈圩的家族勠力同心，他们选取最低洼、最顺流的地方为河道，再把各家族圈圩形成的堤坝联结起来，在花桥河南北垒土筑堤，几百年日复一日地挑土，终于用扁担挑出山一般的堤坝，这才有了现在驯服的花桥河。

↑ 西都圩里，捞塘泥的铁铗

这是一部光耀千古的诗文，是一座无字的纪念碑。

一到春夏，周边岗地的雨水汇聚潴留到西都圩，李家老墩前后汪洋一片。为了排涝泄洪，李氏族人疏沟渠，搭桥建闸，挖泥成塘，历经几百年的岁月，建成系统的河、渠、沟、涵、闸、塘工程，基本实现涝能排水、旱能灌溉、平日有水洗涤的目标。

清朝末期，腊月二十三过小年，李氏族人要给灶王菩萨写信上报一年来的善行，每年都要写上出工挑南埂、挖沟渠的公事，诰书地址标为“庐州府陆家都圩童家镇李家老墩”。“陆家都圩”即陆家圩，“都”表示大的意思；“童家镇”现在依然存在，位于李家老墩附近，当时的“李家老墩”应该归童家镇管辖。那时，李氏族人“送灶”时不仅能够为灶王爷准备自酿的米酒，还能往灶王爷的嘴角抹蜂蜜，生活渐渐富裕起来。

时至今日，李家老墩一带还流传有他们祖先建造99间半房屋的传说，那房屋左茶馆、右酒楼，气派非凡；李家老墩前的池塘里，散落着许多青砖瓦砾，甚至曾经摸到过铜钱。这说明李家迁居西都圩后，渐渐把水淹地改造成鱼米乡，商业也兴盛起来。

快600年过去了，“西都平畴”成为开城镇著名的旅游景点，“龙门堂”李氏子孙在李家老墩筑起一幢幢新式楼房；那些披上新装的堤坝、沟渠、水塘等古代水利工程默默地立在那里，为“永安大米”的生长继续发挥着作用。

《张氏宗谱》的史料价值

开城“青选堂”张氏是濡须望族，其始祖随明成祖朱棣自河北涿州南征，后定居无为，至今已经600多年了。自1654年首修家谱以来，已经7次续谱，共有17卷之多。《张氏宗谱》内容丰富，是研究无为明清历史文化的重要参考书籍。

状元桥附近的老城区一带，即“打靶场”附近，本名“张家山”。《张氏宗谱》记载，张氏的宗祠位于无城西北的张家山下，它的北侧延伸到原教委宿舍，南侧延伸到市医院新建的住院部大楼。张家山外的环城河岸，宋、元、明、清时期，都就山势筑有城墙。

抗战初年，为防止日寇使用城墙守城，拆了高出张家山山头的那一截城墙；1949年后，又把山头下的那一截拆除。现在，“张家山”地名已经消失。

《张氏宗谱》之《城西北隅张家山祠地塘全图》为我们留存了明清时期这一带的地貌特征：环形的山丘，外侧断断续续是城墙，从无为州城的北门逶迤到西门，几座山分别是“小团山”“张家山”“徐家菜园”（有资料标注为孔家山）；环形山内侧有一连串的池塘，自西往北分别是位于现在无中校园的“邻塘”、位于现在市医院的“闫姓大塘”、位于现在临湖路最低段的两口“鱼花塘”；该全图中标识的“祠堂前长塘壹口，又南首方塘壹口，二塘毗连”，应当是后来的“吴家塘”，位于现在农文化广场西侧。

明清时期，开城乡有四图。清代中期，改“图”为“汛”，即四个汛，其中的三图即“三汛”无法确定具体位置。《张氏宗谱》之《羊山寺田图》描绘了张氏在羊山一带的田地祖产位置。文字说明里，可以看到这样一段话：“此图坐落无为州西乡开三汛羊山寺东首，于同治九年杜卖朱雨三。”这段标注告诉我们，清同治时期羊山一带归“开三汛”（也就是之前的开城乡三图）管辖。《张氏宗谱》为研究无为籍进士张克佳提供了详细资料。

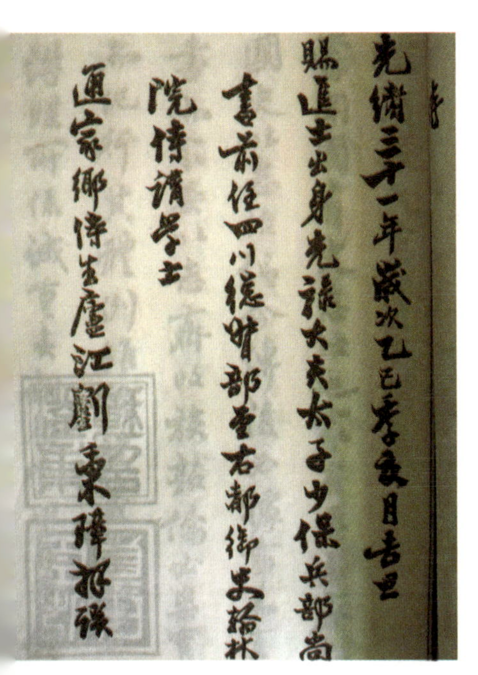
光緒三十一年歲次乙巳季秋月吉旦
賜進士出身光祿大夫太子少保兵部尚
書前任四川總督部堂右都御史翰林
院侍讀學士
通家鄉侍生廬江劉秉璋拜撰

↑清四川总督刘秉璋为《张氏宗谱》作序落款的手迹

从两宋到明清，无为地域有一百多人考中进士，但地方志书对许多人只录其名，没有详细介绍他们的人生经历。“青选堂”张氏，明朝末年出过一位进士，他就是张克佳。《江南通志》《庐州府志》虽然有传，但只介绍其籍贯和考中进士的时间；清《无为州志》稍稍详细一点，说“张克佳，崇正元年戊辰，刘若宰榜，官山东青州推官”。这里的“崇正”当为“崇祯”。这些史料对张克佳的生平事迹记录较少。

《张氏宗谱》填补了这一空白。《濡须张氏科名表》记载：“克佳，应万历壬子乡试，中式第三十八名举人。”又说：“克佳，应崇正戊辰会试，中式第九十八名进士，殿试三甲第十六名。”把张克佳当年考举人、考进士、参加殿试的时间和名次记录得一清二楚。

《濡须张氏仕宦表》记载，张氏八世祖“克佳，字士奇，号玉华，敕授山东青州府推官，署青州府事”。这些记录明显比《无为州志》详细。

有了《张氏宗谱》对张克佳较为详细的记载，我们查阅相关史料，找出张克佳的另一些史料。明吴光义《善后疏》记载：“臣从江防同知童学贤、原任南京光禄寺卿钱策、原任山东青州府推官张克佳守西门。”明末张献忠流窜到无为地域时，已经辞官回乡的张克佳曾经镇守无城西门。

清《无为州志》录有张克佳诗二首。具体如下：

题铁山“荷”字

主人栖隐铁山中，手辟池边半亩宫。
竹有数竿能引月，窗无一面不当风。
叶浮涟漪三千碧，花袅阑干十二红。
况有秋田堪酿酒，碧筒须（挤）饮如虹。

孔山云留阁

野心淡荡白云闲，小构嵯峨翠壁间。
城郭千家开曙色，莺花四序破愁颜。
只宜觅句题东阁，未许移文勒北山。
拂槛息机诚自在，爱他飞倦鸟知还。

《张氏宗谱》还为研究无为世族关系提供了材料。

明清时期，家族续修宗谱需要请名人题序，或者写像赞。《张氏宗谱》有许多文人雅士写的谱序和像赞，能够说明当时民间社会风俗和人情世故。对于张克佳，无为籍进士吴光义题像赞：“坦坦者性，介介者真。朴乎如古，组鞭绳武。悠兮游兮，田园洁身。” 落款“辛丑进士北京兵部左堂眷弟吴光义题”，说明张克佳与吴光义有姻亲关系。钱策也给张克佳家族题写过像赞，署名为“赐进士第南京光禄寺正卿，会家眷晚生钱策拜题”，说明钱策是张克佳家族姻亲的晚辈。朱芾煌是崇祯七年（公元1634年）进士，他题写的像赞署名是“江上老渔眷会弟朱芾煌题”，说明朱芾煌与张克佳也有姻亲关系。门当户对，这是明朝无为士绅家族姻亲的普遍现象。

时间到了清朝，以读书为要的张氏家族出了两个举人，他们是应雍正壬子乡试中式第四十二名的张延祺，应乾隆甲午乡试中式第三十一名的张衡。

因为家世荣盛，清顺治甲午年（公元1654年）续修宗谱，张氏请明朝遗老、进士朱芾煌作序；乾隆六十年（公元1795年）张氏续修宗谱，请太子少傅、军机处行走董诰作序；道光六年（公元1826年）张氏续修宗谱，请赐进士出身的戴咸宜作序；清同治十三年（公元1874年）张氏续修宗谱，请赐进士出身的庆锡荣作序；清光绪三十一年（公元1905年）张氏续修宗谱，请居住在无城的原四川总督刘秉璋作序。抛开内容不说，单这些达官贵人愿意为张氏宗谱作序，足见其家族的显赫。

《张氏宗谱》还记载了无为地域承载皇权推恩，将官爵授予父母、妻子的事例。《濡须张氏封赠表》记载：“克佳以新授山东青州府推官，崇祯二年诰授文林郎。马太孺人，以夫佳公贵，同日，诰赠孺人。”又记载：“嗣濂，以其子贵，乾隆时，赠修职郎。蒋太孺人以其子贵，同日诰封八品孺人。”

“书香门第”话丁氏

无为西乡有个家族崇尚读书，明朝以来多人考得进士举人，现在获得硕士以上学位的子弟有130多人。这个“书香门第”，就是“五果堂”丁氏。

“五果堂”丁氏发脉于南乡花桥，繁衍于西乡开城，名于无为州乃至庐州府。最早见于史料的丁氏才子，当为明朝进士丁毅。丁毅，字士宏，永乐十三年（公元1415年）中进士，被选为翰林院庶吉士。丁毅和状元邢宽是朋友，《丁氏宗谱》录有邢宽送丁毅的诗《送丁君士宏应甲午乡试》。全诗如下：

桂花风细晚凉天，多士欣逢较藝年。
折得一枝联步进，科名端不让人先。

丁毅35岁去世时，敕建进士坊，在开城乡的三图。这是无为西乡唯一一座进士坊。

丁毅的侄子丁镛精通《书》《易》，尤其擅长楷书，岁荐入太学。一日，户部尚书命丁镛代拟奏折，准备第二天早晨上奏。户部尚书半夜看奏折时，奏折被灯花烧了半角。他十分害怕，立即找来丁镛商量。丁镛对照稿纸复写，竟然与原稿没有差别。丁镛后任户部主事、广西参议等职。晚年，丁镛隐居开城的南庄。

丁最，“五果堂”丁氏六世祖，他不喜欢功名，而喜欢联吟结社、忘迹同游。清《无为州志》存录丁最的两首诗，其一是《题子房洞石上》。全诗如下：

无风吹满步虚声，秋入层峦冷翠屏。
往事尚寻丁野鹤，新题应念许飞琼。
对门万树云间落，隔涧千峰雨外生。
好是烧丹岩石下，年年闲注洞玄经。

到了清朝，耕读世家丁氏读书之风不减，有八人考得科举功名，其中的秀才丁鉴清和卢秋浦等人一同到江宁（现在的南京）参加科举考试，丁鉴清的成绩为江南省第40名，中了举人。因为家境贫寒，丁鉴清筹不到路费，无法参加进士考试。

民国时期，丁氏一族许多人依然以耕读为业。清末廪贡生丁翰清曾任太平府学教授、泗州学正、旌德凤台县教谕等职，民国时期回乡担任本邑高等学堂堂长。在六店的旧宅，他有这样的自题联：“学剑无成，学书无成，学稼学圃

↑ 独山村丁家老堂屋的石刻

又无成，未卜置身四百兆中，合何人格；求名不可，求利不可，求仙、求佛不可，但知终岁十二月里，时与天游。”

1948年，丁氏女丁静华陪夫赴美留学，获赠蒋介石留名的照片。

新四军老战士丁继哲，原读私塾，后在襄川小学任教。1949年后，曾任安徽省政协副主席。丁老作过许多诗，其中两首最为著名。其一是：

哭恺老

相逢六十一年前，慕公为人多忠直。
七十年代信马列，六洲首义举旗帜。
龙华绝句垂千古，忠贞不屈称顽石。
十年内战坚心志，八载抗日热血炽。
皖江敌后开新宇，苏鲁高擎农奴戟。
无私无畏为人民，为民请命受屈辱。
今日我来哭恺翁，泪洒但为忠魂泣。

现代，“五果堂”丁氏出了许多著名的专家教授。丁大钧，1943年安徽大学毕业，国内第一批博士生导师、丹麦工业大学客座教授、中国土木工程学会理事，曾获得1978年中国科学大会奖和中国工程院“光华工程科技奖”。丁教授著有《现代混凝土结构学》《砖石结构》《钢筋混凝土结构》和《土木工程概论》，另有《耕读诗词》《文史知识讲义》出版。

丁往道，1946年四川大学毕业，北京外国语大学教授。著有《英语写作手册》《英语写作基础教程》《英诗入门》和《孔子语录一百则》《中国神话及志怪小说一百篇》等。

童氏家族的两任族长

无为西乡曾经有句顺口溜：“丁不能打，钱不能沾，碰了童家黑半边天。”说的是开城一带丁氏、钱氏和童氏家族，都是不能惹的大家族。这里讲述清末和民国时期童氏家族两任族长的旧事，让读者品味宗族势力和诗书礼教结合在一起，对开城的影响。

童氏家族扎根开城，历史久远。明朝开城乡的童宗夏，号四山，是当世名士，著名诗人吴廷翰著有《赠四山先生七十寿序》，收入《吴廷翰集》。

清《无为州志》记载：“童启亨，康熙五十二年恩科举人。”《童氏宗谱》记载：“启亨公，邑庠生，康熙恩科举人，敕授内阁中书。”童氏家族还有廪膳生童良栋、太学生童洪觉、庠生童祀恩、廪膳生童懋云……

诗书传家的童氏家族在经济上也不落下风，据说当年开城河西老街的房子一半都是童家的。

童氏在开城永安河东有老宅，五开七进，据说建于明朝初年，是陈友谅的谋士陈公道看的风水，能确保童氏不失火、不遭劫、不生产房病。有人考证，此房可能是童氏善四公后人所建，大约建于明末清初。童氏家族建造并留下的老房子，还有河西中街原童老六、童老七家的，青砖小瓦马头墙、石础木刻冬瓜梁，到现在还是老样子。

下面说说童氏家族的两任族长。

清末童氏族长名为童卫卿，他的妻子是庠生丁搢廷的长女，也就是西乡首富丁小侯的姐姐。丁小侯的妻子是襄安李家仓房李七爷的女儿，与李鸿章是宗亲。当年，丁小侯在永安河西备下大锅，常年煮粥施舍一事，就能显示其超出一般的气派。

俗话说“一山不容二虎”。开城的河西老街不大，哪里能容得下高傲的童卫卿和趾高气扬的丁小侯呢！他们姐夫郎舅面和心不和，谁也不服谁。

这天，童卫卿家来了一位客人，说自己在河西有一块宅基地，愿意以优惠的价格出让。童卫卿知道这块宅基地紧临丁家，远近的人们都不愿意挨着丁家做房子，所以一直没有人敢要。童卫卿不信那个邪，他签好文书付了银钱，准备在那里做房子。

丁小侯一看自己姐夫要挨着自家做房子，而房屋的高度和朝向都妨碍自己家的风水，便出来干涉。一来二去，两个小家的争斗变成童氏和丁氏两个家族的争斗，结果童家占了上风。

丁家上诉到无为州。州官老爷了解到两家的关系，把状子退了回去，不予理睬。丁家没有办法，便在紧临童家屋基墩子的山屋边砌了堵高墙，意思是我丁家与你童家断绝往来。从此，开城桥的百姓逛河西老街只能逛一半，如果从中街东闸门进去，西边半条街逛不到；如果从西闸门进来，东边半条街逛不到。童卫卿的妻子想回娘家，都没有路走呢。

清宣统三年，即公元1911年，童卫卿被人陷害，即将秋后问斩。丁小侯一看自己姐姐就要变成寡妇，又难过起来。在长姐的哀求下，丁小侯请自己在庐州府当官的兄长丁伯光帮忙，丁伯光给无为州老爷写信，提醒说童卫卿可能是被陷害的。童卫卿这才幸免于难。

童卫卿去世后，其长子童金元继任族长。年轻气盛的童金元恃才自傲，惹得开城的卢氏和丁氏都不高兴。为了增加实力，童金元私下购买36支枪，用于看家护院。要知道，那时每支枪单价2万银圆，36支枪可是70多万银圆呢！卢氏、丁氏得知消息，担心童氏拥枪太多，对自己家构成威胁，便到无为县政府告发童金元私购枪支。

童金元得知消息，立即把枪支捆好，派人送到县政府。他自己坐着轿子，闲悠悠地往无城方向走。半路上，童金元遇到无为县县长。童金元赶紧下轿，拜见县长说："听说县里资金紧缺，我购买了36支枪送给县政府，供县长大人加强治安之用。"县长听了他的解释和恭维，非常高兴，不但没有责怪童金元，还赠送6支枪供他自用。如果不是善于随机应变，这件事情肯定会让童金元倒大霉的。

后来，卢氏和丁氏联手状告童金元十大罪状。童金元在开城桥无法再待下去，只好出走。某日，童金元寄宿苏州某地，听到隔壁有人唉声叹气，好心询问原因。原来那人是国民党军的一个团长，与人打了几年官司，都以惨败而告终。了解情况后，童金元说：“我来替你书写诉状，包你成功。”后来那团长将状词递交法院，果真胜诉。童金元去世后，那团长用官船装载着他的灵柩，送回开城。

“世德堂”缪志聪抗日

《无为历史大事记》记载，1938年5月，国民党无为县常备队中队长秦之超，率部在三汊河抗击日军时牺牲。无城各界人士在华林桥外的大王庙举行了隆重的追悼会。在这场阻击日寇的战斗中，受伤牺牲的还有副队长缪志聪。

缪志聪，字效天，开城镇“世德堂”缪氏族人。缪氏原居北京宛平，明朝时迁居鸠江，再迁居永安河东陡岗南的凤形地，到民国时期已经15代了。缪志聪自幼喜欢舞枪弄棒，18岁那年他到外地拜师学习武艺，三年后学成回乡，轻功绝技冠盖无为、巢县、庐江三县。开城桥曾有大户人家“七少爷”前来挑衅，缪志聪一脚把屋柱从柱础上踢下，眼看房屋将倒，他迅速弯腰把屋柱移回柱础，吓得那“七少爷”悻悻而去。

1929年，政府创办县立十三初级小学，即开城小学堂，缪志聪被聘为武术教练。

1931年，日寇犯华，时局艰危。缪志聪与同乡前往广州，欲投考黄埔军校。当时黄埔军校停止招生，缪志聪只得靠玩杂耍挣得路费，前往河南洛阳，考入中央陆军军官学校洛阳分校。毕业后，任无为县常备队副队长。

1938年4月30日，参加过南京大屠杀的日寇第六师团由芜湖渡江，沿裕溪河向北进攻巢县。国民政府派20军133师布防到巢县、无为、庐江一带；5月13日，20军134师所部攻占巢县城，截断北犯合肥敌军与后方的联络。正准备与友军会合，把日寇压迫到柘皋附近聚歼，不料自徐州、蚌埠南下的日军已经冲破防线，直下合肥。5月14日，合肥失守。

5月15日，巢县之敌受到合肥之敌的增援，回身反扑，企图袭击20军之侧背。先前布防到无为的133师部分和134师，以及赶来支援的438旅一起，沿裕溪河无为市一侧与敌对峙，战线在无为市东北的钓鱼台、陆家埂、瓦储仓、黄雒镇、三汊河一带，绵延六十余里。

这是缪志聪牺牲前中日军事对峙的态势。

无为县常备队具体哪一天与日寇在三汊河交战，已经难以查证。当时，无为县常备队战士提着枪和大刀，埋伏在三汊河的河堤上，几十人一字排开，等候日军经过。

远方的河面驶来一艘小火轮，他们知道肯定是日寇的汽艇。装备简陋的他们没有害怕，等到日寇的汽艇靠近，立即开枪射击。日寇正规军一看有人埋伏，用机枪和三八大盖还击。没有资料记录无为县常备队的火力如何，但可以肯定的是，他们根本没有实力与日寇的正规军交锋。

一会儿工夫，无为县常备队败下阵来，队长秦之超中弹牺牲。

眼看日寇的汽艇就要靠岸，自己要是立即撤退，队长秦之超的遗体就要落入日寇手中。身中数弹的副队长缪志聪顾不得自身安危，冲上前背起秦之超的遗体往回跑。日寇又一串子弹射来，缪志聪中弹倒下。又有几个人冲上来，背起秦之超的遗体跑下堤坝。受伤的缪志聪爬下堤坝，躲藏到芦苇丛里。

因为日寇只是借道裕溪河到巢县，并不准备进攻无为，上岸的日寇退回汽艇走了。

无为县常备队战士坐船由内圩小河回到无城。无城群众自发组织迎接，国民政府的县长迎到东门城外。身负重伤的缪志聪回到无城，他带伤坚持参加了在华林桥外大王庙举行的秦之超追悼会。

为了避开日寇的锋芒，无为县常备队撤到襄安的胡家竹院，缪志聪也被人抬到那里。因为伤势过重，救治无效，五天后缪志聪牺牲了。家人到襄安迎到缪志聪的遗体，把他葬在开城镇的先锋村。

80多年过去了，为抗日牺牲的缪志聪静静地躺在墓园里，朝迎晨雾，暮看晚霞。虽然各类史志资料没有提到他的名字，但看到子孙幸福的生活，他应该十分宽慰。

“定远堂”班氏的耕读家风

无为市“定远堂”班氏，不是人口过万的大家族，他们明末自北京宛平县迁居濡须，大多生活在开城镇旺盛村。附近的人们都说班氏家族团结守纪，以耕读传家为第一要务。

清嘉庆七年（公元1802年）续修的《班氏宗谱》记载，班氏始祖“洪道公自宛平迁居濡须，落业西乡二铺的神墩”。这里的“二铺”是赫店镇的二埠村，当年它是无为州到古开城乡铺兵第二个换马休息的地方，距离现在旺盛村班氏家族的居住地不过二公里；“神墩”即班家神墩，出土过先秦时期的陶器，是商周时期人类的聚落地，位于班氏宗祠北侧。

同治八年（公元1869年），班氏续修宗谱。奉政大夫高传薪在《班氏宗谱》谱序里这样记载，班氏“自明末直隶宛平徙濡上，迄今二百余年，聚族於州之西乡赵公桥”。“赵公桥”位于赫店镇二埠村境内，与清嘉庆《班氏宗谱》的说法一致。

千百年来，迁居开城的班氏家族铭记先祖班彪、班固、班昭撰写《汉书》的荣耀，教育子孙以读书为重。高传薪在《班氏宗谱》序中记述，班氏“率族务农为业，虽未有读书成名，而恪守礼法，谨遵家训”。这个时候，班氏在开城已经传了十四代。也就是说，班氏落户开城，到第十四代还没有子孙在科场取得功名。

读书不只是为了取得功名，还为了教育子孙。班氏重视耕读，是一种治家理念。《班氏宗谱》收录有《圣谕六条》：“孝敬父母，尊敬长上，和睦乡里，教训子孙，各安生理，毋作非为。”《班氏宗谱》“家规”有十项三十条，多条涉及教子弟、习文艺、尚义德、勤耕织的内容。他们始终把“教训子孙”作为家庭生活的主要内容，对现今家庭管理仍具有借鉴意义。

班氏新建宗祠有楹联：“壹骑班师平西域侯封定远，两代三人写春秋功成汉书。”下联讲的就是班彪、班固、班昭续写《汉书》的典故，说明他们始终把读书和尚文作为崇高目标去追求。

家族治理是社会管理的延伸。长期的重家本、规家范、慎家礼、务家业、旌家劝，使班氏家族渐渐兴盛起来。清同治十年，即公元1871年，班氏终于有青年才俊被选拔为太学生。

重视耕读的班氏涌现出许多青年才俊。欧洲核子中心CMS实验室探测项目、北京大学与日本高能加速器研究机构的计算机实验数据模拟和分析项目、北京正负电子对撞机国家实验室谱仪实验物理分析项目，目前都是国际最前沿科学研究项目。这三个项目研究的核心负责人，是开城镇旺盛村“定远堂”班氏的优秀子孙——班勇教授。班勇教授非常热爱家乡无为。2014年到德国、荷兰做访问学者前夕，得知家乡历史文化专著《无为史话》出版，特意让其妹妹购买两本，一本带到欧洲自己阅读，另一本寄给正在澳大利亚做访问学者的弟弟。赤子之心，让人感动！

“积善堂”汪氏守望牛头嘴

永安河龙太村一侧逶迤数公里的山形地脉，如矗立着的一个巨大的水牛，牛身是谢家山，牛头是高古山。高古山前的骆家圩、南边拐、大村和小村，合称“牛头嘴”。高古山也就是牛头山两侧对称的两口水塘，被称为“牛眼睛氹子”，现在已经被填；大村与小村之间的凹地，被人称为“牛颈”，现在被开凿成河；高古山前是一望无际的大熟圩，大熟圩以及对面的陶家咀，被称为“草山”；大熟圩前的大堰沟，是一根牵引水牛的绳索。

“积善堂”汪氏就居住在“牛头嘴”。

《汪氏宗谱》记载，“积善堂”汪氏原籍徽州婺源，明洪武年间迁居无为州西40里的“牛头嘴”，现在散居县内开城、十里、严桥、襄安和县外的南陵、宣城、繁昌、泾县、铜陵、青阳等地，已经20多代了。世易时移的变迁中，汪氏子孙一直秉承祖宗遗训，既世代守祭祖坟，又开枝散叶到远近田地肥沃的地方谋生，成为闻名乡里的积善之家。

当年汪氏迁居“牛头嘴”时，遇到一个风水先生。他说“牛头嘴”是燕窝地，不断有燕子飞进飞出，昭示子孙兴旺。但燕窝地前的大堰沟，恰似一条长长的白蛇，地象如“白蛇吞燕”，这是凶兆。建议汪氏在“牛头嘴”前建造祠堂，使白蛇无法吞燕。又有风水先生来看地脉，认为“牛头嘴”前的大堰沟不是白蛇，而是牛绳。牛绳牵着牛走向大熟圩，牛才有青草吃，这是吉兆。

一番商量之后，汪氏族人综合两种说法，既在“牛头嘴”和大堰沟之间建造祠堂，挡住白蛇吞燕之象，又在祠堂边修筑大路，直通大堰沟，方便水牛到大熟圩里吃草。从此，汪氏家族既消除受侵之象，又保有了面向未来的生机，渐渐兴旺发达起来。

说起大堰沟到底是吞燕的白蛇，还是牵牛的绳索，汪氏族人有自己的一番解释。

一是它牵引汪氏子孙外出谋生创业。千百年来，牛头山这条水牛没有局限于吃大熟圩的青草，它似乎被一条无形的绳索牵引着，不断走向更加广阔的天地。而居住在这里的汪氏子孙，被幸福生活召唤，不断有人迁居到外地谋生，许多人到天津、北京、上海创业，并取得成功。可以说，开城的“牛头嘴”已经吃遍全国的青草。

↑ 汪氏宗祠侧门的对联

二是牵引子孙回望祖居地。汪氏家族迁居无为州20多代，繁衍2800多人，在地方算不上大姓。2012年续修宗谱的时候，许多散居在外的宗亲主动回乡寻根祭祖，为家族续谱建祠出力。其家族续修宗谱时不舍弃一个子孙，譬如为了寻找一个名叫汪守相的人，他们请来老人回忆，终于弄清汪守相的父亲汪教善曾经在无城教书，居住在吴家塘埂；汪守相的哥哥汪守诚教过书，当过医生，日寇占领无城后，他曾经带着家人逃回"牛头嘴"居住；汪守相的儿子小名大安子、学名汪昌齐，女儿学名汪素萍。但是他们一直没有找到汪守相的子嗣。后来，汪氏族人查阅黄埔军校档案，发现汪守相与戴安澜在黄埔军校同期，他就读黄埔军校时与家人的联系地址是无城北门的"钱德丰"商行，毕业后曾在国民党军第三师、徐庭瑶装甲兵部队任职，后去了我国台湾地区。托人寻找，费尽周折，依然没有找到汪守相的后人，他们便根据已经掌握的资料，把汪守相录入《汪氏宗谱》，具体如下："守相，字发甲，生于光绪二十八年壬寅九月初一寅时，黄埔军校三期毕业，骑兵科连长，国民党军装甲兵装备处处长，少将军衔，生二子一女。公于一九四九年去台湾，无法联系。"

这是一根无形的牵引游子回望故土的绳索。有了它的牵引，失联的汪守相及其子孙，总有一天会找到回家的路。可以说，《汪氏宗谱》不仅起到"尊祖、敬宗"的道德教化作用，还有"收族"之效。

王家四代人的楹联情缘

石山村瓦屋自然村"三槐堂"王氏，几代人都喜欢研究楹联。他们这些看似普通平凡的喜好，传承着不平凡的家族文化现象。

明洪武年间，王家从徽州迁居开城乡新胜村神坛自然村，被称为"神坛前王"。因为连续遭遇两场大火，有一支迁居石山村的瓦屋自然村。云卷云舒中，他们在石山村繁衍生息，开枝散叶。秉承“耕读传家久，诗书济世长”家风的王氏家族，劳作之余十分重视子女的文化教育。

清光绪八年，即公元1882年，王景昭出生，后到私塾读书。光绪三十一年，即公元1905年，23岁的王景昭参加童试。据王家后人介绍，王景昭成绩优秀，但主考官考虑到同场考试的不少人已经头发全白，年轻的王景昭以后还有机会，便判王景昭落选。

落选的王景昭并不气馁，虽然之后清朝灭亡，国家取消了科举考试，他却以没有功名的身份在开城开设经馆，又被大户人家请上门课业舌耕。后来，王景昭到徐家新屋教书，徐正南、徐庭瑶都曾是他的学生。

舌耕之余，王景昭喜欢吟诗作对。在徐家新屋教书时，有人出上联“客栈三更多旅客”，要求对下联。当时已是四月，正是农忙时节，王景昭看到邻近的农家十分繁忙，随口对道：“乡村四月少闲人。”真是一副好联！王景昭还有描写家风的对联：“吾家无厚产，经史是良田。”平实，却透出自信。

王景昭所作的诗作和楹联，“文化大革命”中被毁。现在，王家只留有王景昭小楷抄写的中医古方，包括牙疼方、妇科方、脾寒方、跌打损伤方、平凉方、收吓方等。透过发黄宣纸上墨黑的小楷，可以见到王景昭的书法功力。

受家庭影响，王景昭的儿子王铸九也颇有文墨。他当过教师，侯咀的包遵光、包遵信都是他的学生。他喜欢吟诗作对，曾经为石山村做过两副嵌名联。一是“石内藏珍宝，山中隐圣贤”，二是“返朴还求石，怡情只爱山”。

因为随口吟出，不留底稿，王铸久的诗作和楹联大多没有留存。

王家第三代的王惠林已经年近九旬，他也十分喜欢古典诗词和楹联，并经常拟出上佳的对联，在乡间流传。王惠林为王氏宗祠拟联：“春露秋霜当思德业由先泽，云蒸霞蔚留得诗书与后人。”对仗工整，意趣不凡。

王家第四代王明志也喜欢古代诗词，他加入中华诗词协会、无为市诗词协会，经常在《友声吟集》和《无为文艺》上发表诗词。王明志拟出的楹联，也颇受方家好评。

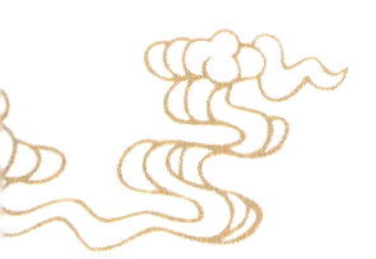

老字号的牌匾辉映于永安河的清波上，熟悉的方言固执地保存在私语里，铿锵的鱼灯锣鼓留存在游子的记忆中，鲜香的小吃摊隐在雨巷油纸伞下……

风，是甜的；水，是清的；云，是净的；土地，是原生态的；人，是纯朴的……古老的传承，体现人与自然和谐的关系。

卷八

地域名片

特产

小红稻米饭糯又香

世人形容好的稻米和米饭多用“雪白”二字，似乎最好的大米、最好的米饭都是白色的。其实，开城有一种传统的优质稻子——小红稻，它的米粒色泽红润；用小红稻米煮出的米饭呈浅红色，与人们常说的“雪白的米饭”迥然不同。

↑ 开城小红稻

小红稻又名“红稻米”“胭脂稻”，是一种稀有谷类。《国语》记载：“今吴既罢而大荒，荐饥市无赤米，而国鹿空虚。”说明春秋时期，已经有小红稻米。1400年前的北魏，著名农学家贾思勰在《齐民要术》中称小红稻为“赤甲稻”。唐朝白居易《自题小草亭》云“绿醅量酸饮，红稻约升炊”，说明那时小红稻已经颇有影响。

到了宋朝，小红稻的名气越来越大。北宋诗人王禹偁《送李著作》中说，“饭馈海陵红稻软，绘擎淮水白鱼肥”，形容小红稻米煮的饭十分软糯。北宋文学家苏辙《山村》中云“旋舂红稻始经镰，新煮黄鸡取次甜”，描写的是小红稻生长的情况。南宋诗人陆游《雨中夕食戏作》中云“粳粒微红愧食珍，籽芽初白喜尝新”，这微红的粳米就是小红稻，陆游认为它是“珍”品呢！

自隋唐时期开始，无为地域每年都向朝廷进贡小红稻米。明朝无为籍著名哲学家、诗人吴廷翰在山西做官，他曾让家人千里迢迢捎去开城小红稻米。吴廷翰用小红稻米招待原籍南方的同僚，食者赞不绝口。一碗小红稻米饭，既牵动吴廷翰的乡愁，后来又成为他结党的罪证。吴廷翰感到朝官难做，又因为思食开城的小红稻米饭，遂辞官回乡。

由于极具落粒性，再生能力强，野生的小红稻多生长在沟汊田角，开城人原来称它为“野稻”。专家认为，开城的小红稻是我国红米品种里特殊的原生态类型，是非常珍稀的农业遗产。它属于晚熟型粳稻品种，糙米呈浅红色，精米为微红色，无腹白和心白，较其他红米品种，口感绵软，香气清新。

因为亩产只有200多斤，易倒伏、易落粒，旧时开城栽种小红稻的人家很少，即使是大户人家，也只在大田附近辟出一小块栽种小红稻。平日里，大户人家也不舍得吃小红稻米饭，只有过年或者贵客临门，才煮食小红稻米饭。他们生产的小红稻米，常常作为礼品，一袋袋送往南京、北京等地。

开城小红稻没有人工改良的痕迹，保留了纯正的原始水稻基因，富含20多种人体所需的微量元素，其中钙含量是普通大米的12倍，硒含量是普通大米的30倍。用开城小红稻米煮出的米饭，具有和中益肾、除热解毒的功效，能够补虚损、开肠胃；小红稻米稀饭，有健脾止泻、滋阴润肺、除烦安神的作用，尤其适合老人、小孩和病人食用。2012年，以开城为代表的无为市小红稻品种被列入芜湖市地方农业种群资源保护项目。

开城小红稻的种质是农民自发保存下来的。当年他们育种时虽然缺乏选种和提纯复壮意识，但这恰恰确保了小红稻原有的优良种性。2013年，中国工程院院士袁隆平来到无为，给种植小红稻的开城小熊农场留下“安徽无为开城现代农业示范园”的题字。

山芋糖稀做米糖

用都督山岗垅上出产的山芋熬出的糖稀，加入西都圩出产的粳米加工出的炒米，再加上芝麻、花生，搅拌均匀后压实，做出又甜又香的米糖……这是从前开城人过年必备的糕点，现在成为开城地域有名的特产。

都督山的土质与众不同，出产的山芋有硬、粉、甜三大特点。硬，是说都督山的山芋硬如山石，咬在嘴里脆响有嚼头；粉，是说都督山的山芋干白如粉，嚼在嘴里甚是噎人；甜，是说都督山的山芋所含糖分高。因为口感独特，营养丰富，合肥、芜湖、铜陵等地经常有人专程来买都督山的山芋。

深秋，生长在都督山黄土岗里的山芋已经收浆，糖分和质地都到了最优的时候，西都圩里的人们知道这个时候应该到山里购买山芋了。山里人知道圩里人购买山芋的用处，他们已经选出能够做糖稀的山芋，拿着锹等在地头。双方讲好价格，便动手挖山芋。圩里人看到挖出的山芋，折断山芋上的细根，用手指拭拭浆汁，感觉一下黏稠度，点点头，再把山芋拉回家。

拉回圩里的山芋被他们堆放到阴凉处。小孩子看到这些山芋，急齁齁地问："怎么还不做糖稀呀？"

又过了些日子，堆放在墙角的山芋风干了一些。有一天，大人说今天做糖稀！孩子们高兴地叫起来，忙为大人打下手。

开城人用山芋做糖稀的方法十分古老。基本程序是先把山芋洗净，放到锅里烀熟捣碎。把捣碎的山芋装进白布口袋，再把布口袋放到一个大盆中；往白布口袋里倒热水，再把口袋里的水往外挤压。这样循环往复，直到口袋里的山芋渣只剩下一点点，才提起口袋。

接下来是熬制。先把倒入锅里的山芋水用大火烧开，再小火慢煮……等到锅里的山芋水耗去大半，渐渐变稠，色泽也由灰白变成酱红；等到锅里酱红的山芋水，稠得在锅铲上呈片状往下落的时候，山芋里含有的胶原成分和黏多糖渐渐凝结在一起，糖稀才算熬成。

圩里人到山里买山芋的时候，山里人要到圩里买米。籼米做出的米糖太硬，糯米做出的米糖太软，西都圩里出产的新粳做出的炒米不硬不软，恰到好处。山里人买得新粳，淘净，放到甑上蒸熟，再晒干。把晒干的粒状蒸米放到大火上伴着粗砂炒制，筛净，做成炒米。开城的炒米不同于爆米，它微黄，没有爆米花松软，但比爆米花脆硬。

开城的山里人和圩里人各取所需，家家户户都炼成糖稀、做好炒米，到了腊月，便可以做米糖了。开城地方有专门的做糖师傅，他们凭一把刀、两块板行走集镇和乡村，上门为人制作米糖。他们凭眼光拿捏火候、把握配料，把香脆的炒米搅和到山芋糖稀里，再加入花生或者芝麻，先压成块，再切成条，最后切成片。等到米糖凉下来，尝一片，脆香的口感无与伦比。

这是纯天然的山与水的结合，是胶原成分、黏多糖与人体必需的氨基酸等多种营养成分的结合，是让人兴奋的甜味体验与滋阴补肾、健脾暖肝、明目活血功效的结合。开城人不知道自己吃的炒米糖，是维持人体皮肤及结缔组织弹性的纯天然美容食物，只是那么自在地享受着。

开城小菜四品

山岭拱护，小河漫流；田野肥沃，四季分明。开城多样性的地域，出产多样性的美味，有野味山珍，也有家禽河鲜。食材不同，饮食习惯也有差异，开城集镇的人们早餐招待客人喝茶吃点心，六店社区的人们早餐招待客人必须置酒菜，西都圩的人们招待客人最好的早餐是捞饭……

这里介绍开城老奶奶、老妈妈手工制作的四样小菜。这些普通的小菜，经过她们的精心

↑清末的烫酒壶

制作，其美味让许多人难以忘记。

一、红辣椒屑——脆、鲜

中秋过后，昼夜温差大了起来，开城老奶奶的心思也动了起来。看到干重活的儿子吃饭不再狼吞虎咽，她们想方设法希望变幻菜品的花样，以期他们多吃饭、吃有味道的饭。

最简便的办法，就是制作红辣椒屑。

这个季节，白天温度高，红辣椒接受阳光的照射；夜晚温度低，利于红辣椒保存浆汁，皮质变厚。老奶奶摘下红辣椒，洗净，坐在门边，用剪刀把它剪成屑。

为什么不用菜刀剁呢？用刀剁，会使红辣椒的浆汁流失，影响口感呢！

红辣椒的芯是要的，包括附在芯上的一粒粒辣椒籽，但必须剪碎。

搭配辣椒屑的，是蒜片和姜片。老奶奶把汁水饱满的大蒜和生姜去皮，切成薄片，拌在红辣椒屑中间。再加入精盐拌匀，装进透明的玻璃瓶，浇麻油封口，之后一切都交给时间处理。

五天的时间里，红辣椒屑、蒜片、姜和食盐的气味相互融合，生成一种有机酶。这有机酶与人的味蕾一接触，便让人的味觉神经兴奋起来。

厚皮的红辣椒屑脆而爽口，辣中带咸，咸中带甜，甜而又鲜。蒜片呢？脆而平和，微微有点鲜辣。老奶奶搛一小碟放到桌上，红色的辣椒屑里间杂白色的蒜片，还有白色的辣椒籽，煞是好看。

看到家人因为有红辣椒屑佐餐，多吃了半碗饭，老奶奶笑了。

红辣椒屑有鲜辣的味道，有脆爽的口感，绵长悠远。它是老奶奶用剪刀剪出的味道，是她用爱腌制的味道，也是游子们永远思念的味道。

二、香菜——鲜、嫩

冬日，开城商家守在铺子里，泡一壶浓浓的都督山野茶，配一碟浇了麻油的小菜，他呷一口热茶，搛一撮小菜送到嘴里嘬嘬……从早晨到中午，不管生意如何，因为有那碟小菜的陪伴，他的生活总是有滋有味……这小菜，就是开城人说的香菜。

↑清末的铜水壶

时令到了大雪前后，园子里的白菜停止生长。这个时候，开城的家家户户都要做香菜。

人们选取叶小茎大的矮脚黄青菜，把菜梗斜刀切成一丝一丝的，再撒到箩里让太阳晒。大约晒两天的太阳吧，等到伸手一抓菜丝，感觉不到汁水，也就是开城人说的“皮把干”的时候，再把菜丝洗净、沥干。放入红辣椒丝、姜丝，用精盐腌制，根据喜好加入适量的五香粉。再把它装入玻璃瓶，压实，密封起来。

十天之后，香菜做成了。

搛一小碟香菜出来，白、红、青相间。洒上香醋，拌上麻油，这是经霜后蔬菜特有的鲜味，是白菜丝里沉睡的汁液被盐唤醒后酸酸的鲜味，是斜刀切断茎叶纤维形成的细嫩爽脆的口感，也是勤劳的开城人特有的味觉体验和对自己的犒劳。

从冬至到小寒，家家户户房前屋后晒着切好的菜丝，已经成为开城一景。从冬至到第二年的春节，把装有香菜的玻璃瓶放到客厅的茶几上，已经成为开城的风俗。邻里之间相互品味比较各自香菜的味道，这是开城邻里常有的交流方式。客人来访，搛一小碟香菜佐餐，这是最高的礼遇。捎一瓶香菜送给远方的亲友品尝，这是难得的亲情。

三、萝卜咕子——脆、嫩

口感是人类咀嚼食物产生的触觉感受，是独立于味觉之外的另一种饮食体验。咀嚼开城萝卜咕子的过程，能够享受到脆嫩的口感。

选择经霜的小萝卜，切成四瓣或者六瓣，直接放到太阳下晒。阳光既可以把萝卜的土腥气去除，又能够把萝卜瓣晒得干瘪。之后洗净、沥水，先用盐和姜丝腌制，再佐以五香粉，放到陶罐里压实密封。

大约两周的日月轮回里，沉寂的陶罐看似密封，却在低温下进行着营养和能量的转换。盐唤醒萝卜沉睡浆汁的鲜味，姜去除萝卜的腥味，五香粉的味道碰撞着萝卜的酸、甜、苦、辣……开城人说，我们腌制的萝卜咕子，营养赛过人参呢！

回头再说口感。面对浇了芝麻油和陈醋的萝卜咕子，伸出筷子搛一片放到嘴里，香味立即四散开来。嚼一下，没有萝卜的汁液刺激味觉，却听到“咕”地响一声，感觉脆生而鲜嫩；再嚼一下，又是“咕”地响一声，感觉鲜嫩而脆生。

奇妙的是，咀嚼萝卜咕子的过程中，这“咕咕”的响声随着人的咀嚼，由口腔传递到内耳，于是我们大脑借助耳膜，听到咀嚼萝卜咕子发出的清脆的声音。这咀嚼里的脆响、脆响里的回味，使单纯的味觉体验变成了触觉、听觉和味觉的三重奏。

↑ 民国初年开城人的老照片

四、煨蚕豆——糯、香

旧时开城普通人家烧大锅柴灶，家家户户都备有煨罐，这煨罐时常煨些肉汤、骨汤、鸡汤……而开城的小罐煨蚕豆，以其粉糯鲜香而远近闻名。

柴草烧大锅煮过晚饭，余下的炭火容不得浪费。女主人早有准备，她洗了夏收的蚕豆，放入煨罐，加入适量的水。香料不必太多，三五个八角，几片老姜、桂皮即可。用火钳把灶膛里的炭火往两边拨开，把陶罐直接放到火炭上，再把拨开的炭火覆到煨罐的四周。

一夜的文火，煨罐里的水和蚕豆连绵不断地翻江倒海。沸水侵蚀蚕豆，蚕豆融于沸水，八角、桂皮和姜片的香气在煨罐里窜来窜去，融自己的特质于蚕豆里。

不需要在意陶罐里热水与蚕豆的碰撞，煨蚕豆的秘诀就在于小火里热水和蚕豆长时间的热情相拥。

第二天早晨，女主人把温热的煨罐从灶膛里取出，打开盖，一股春夏之交太阳普照大地而散发出来的气息扑鼻而来，一股粉边黑心的蚕豆花与蜜蜂相戏、随春风摇曳的气息扑鼻而来。把煨蚕豆从罐子里倒入碟中，蚕豆皮已经涨开，蚕豆里的淀粉在长时间的煨焐中被稀释出来，成为糊状，粘在蚕豆皮的周围……

加上精盐，洒上香醋和芝麻油，有滋有味的一天开始啦。

吃一粒开城的煨蚕豆，粉而又糯，糯而又香；老少皆宜，四季不腻。

这是儿女奉献给牙齿不好的父母的早点，粉糯细密的口感可以让老人嘬出儿女的孝心与生活的幸福滋味；这是家乡留给远走天涯的儿女一份有记忆的茶点，让许多年后即使熟练使用刀叉的他们，也永远记得竖起筷子一粒一粒将蚕豆搛起，再送到嘴里的斯文；这是普通开城人享受慢生活的禅具，慢慢煨制、慢慢搛起、慢慢咀嚼的“慢”字，让他们多出几分神闲气定。

开城的小菜还有很多，如凉菜，夏天用菱角茎腌制而成；如糖醋姜片，用秋后的嫩姜切片制成……每个季节，开城人家做成的小菜都不相同。即使是最普通的植物，开城人也能够根据自己的味蕾需要，创造性地制成特色小菜。这看似普通的小菜，融入开城人传承了几千年的饮食方式，是开城人的味蕾最固执的守候，是开城无法拆除的旧城，也是浸入开城人血液的地域文化元素。

日月千年，风雨千年，开城千年……

猪头山过缸粉丝

都督山下的山芋棚、瓦屋垄一带出产洁净透明、滑溜爽口、口感筋道、久煮不断的“猪头山过缸粉丝”，它和“毛公孝茶”“开城小红稻”一起被称为“开城三珍”。

绿色无污染，是猪头山过缸粉丝最大的特点。猪头山一带的岗地富含硒、铁等微量元素；特有的水土和气候，使生长在这里的白心山芋蒸熟后十分硬实，粉干得“噎人”。粮食困难时期，这里的山芋是人们的主食。现在提倡养生，粗粮大受欢迎，它成为巢湖、合肥、无为广大市民的抢手货。

↑ 猪头山过缸粉丝

这里的山芋除了直接蒸煮食用，智慧的开城人还将它做成过缸粉丝。

具体做法是：选择白心山芋，在淀粉没有糖化前，利用特制的陶缸里的齿纹，用手工把它擦成山芋浆；再用白布过滤，把山芋浆里的渣和淀粉分离开来；把山芋粉调成稠度合适的粉浆，倒入蒸笼里用大火蒸煮，制成粉饼；从圆饼上刨下面条状丝丝，就做成了过缸粉丝。

数九寒冬，大雪封山。居家百姓支起火锅，用骨头汤、鸡汤、肉圆汤为底汤，放入猪头山过缸粉丝，配入蛋饺，点缀几根青菜、菠菜等，便成就滋养佳品。妇女坐月子需要调理身体，猪头山过缸粉丝是难得的滋补食物。

猪头山过缸粉丝还是抗日粉丝。新四军七师驻扎无为西乡时，都督山一带的老百姓经常挑着粉丝，慰问七师的伤病员。山芋棚自然村一位90多岁的老人说，他家当年制作了许多粉丝，自己却舍不得吃，全部送给新四军伤员吃了。有一次，家里住进新四军七师的重伤员，母亲杀了仅有的一只老母鸡，炖出汤，再加入猪头山过缸粉丝，慢慢喂那个伤员。许多年后，那个伤员成为北京的一个大领导，提起猪头山过缸粉丝，他泪如雨下。

猪头山过缸粉丝还可以做成时尚食品，它以碳水化合物的形式，把膳食纤维、蛋白质、烟酸组合到一起，能够吸收各种鲜美的汤料味道，再加上它柔润嫩滑的口感，许多高档餐馆，专门购买猪头山过缸粉丝做鲜虾粉丝煲、蒜蓉粉丝蒸鲍鱼、梭子蟹肉末煲，等等，被称为“人造鱼翅”。

因为猪头山过缸粉丝具有很强的吸附性，合肥、南京、芜湖的许多火锅店，专程到开城购买。把猪头山过缸粉丝下到麻辣烫或者火锅里，它遇汤即软，吸附了汤汁里特有的麻辣气味和营养，口感筋道，受许多年轻人喜欢。

非遗

侯咀鱼灯的古与今

丰富多彩的鱼灯舞出水乡的情怀，舞出千年不变的期待……

看过新胜村侯咀鱼灯的表演，了解到侯咀鱼灯传承的历史，我觉得文章这样的开头过于平实。侯咀鱼灯的文化元素吸引着我，吸引我用联想的方式对它进行延展性研究，跟随它的彩绘、它的舞蹈、它的鼓点、它的传说，走进开城的往事。

一、瞳孔：记录水陆的变迁

一组侯咀鱼灯只有一个鳌灯，一个鳌灯只有一双眼睛。虽然它是纸糊笔画，与它对视的却有无数双眼睛。与它对视的时候，有人看到了热闹，有人看到了喜庆，有人看到了民俗，有人看到了辟邪……

安徽工程大学孙玉芳教授对侯咀鱼灯颇有研究。她告诉我，制作侯咀鱼灯必须先用竹篾扎成鱼状骨架，外糊砂纸，用元粉、牛皮胶和颜料绘彩，再涂上桐油。表演前，舞灯人先嘴含水往鱼灯上喷洒，使砂纸沾水收缩，加上鱼腹里灯光的辉映，这样鱼灯色彩才会显得特别鲜艳饱满。

参观侯咀鱼灯，我被鳌灯的彩绘吸引。鳌灯的眼睛，能够让人想到女娲补天断鳌足、立四极的传说，想到“龙生九子鳌占头”的故事，而我在与鳌龙眼睛对视的一刹那，仿佛看到开城这片土地沧海桑田的变迁。

唐宋时期，开城镇龙太村、大同村一带是大面积的岗地。它们西、北广阔的低洼地，当年是一望无际的水面，就是宋人诗歌和民间传说中的“西湖”。就连“九里十山头”的六峰村一带，也是“西湖梢子”。

西湖水域宽阔，湖心有几个小岛。侯咀自然村坐落的凤凰山，距离龙太和大童岗约2.5公里。凤凰山与附近最低处稻田的落差约30米。当年，凤凰山附近的湖滩上有许多螺蛳，引得许多大雁前来觅食，于是得到“雁落湖地”的古地名。

种湖的人们日日撒网捕鱼，又在湖边开荒种地，他们自然敬畏水神。湖边的人们建龙王庙，祈求龙王保佑。祭神敬神，人们期待自己成为龙王的子孙，或者幻化成为龙王，于是逢年过节时他们总是舞动龙的化身——鱼灯。

鱼灯在舞动，时光在流逝。鳌灯的瞳孔聚焦唐朝开城县的繁华，聚焦宋、元时期开城乡的动荡，聚焦明、清时期开城人在湖滩上垒土为坎、筑土为堤的艰难……随着时间的流逝，西湖水面在缩小，西湖边的耕地在扩大。

渐渐地，凤凰山四周的湖泊消失，替代它的是大面积的稻田。西湖水深的地带，成为永安河及其支流花桥河的河道，在现今开城、襄安、泉塘3个乡镇的交界地带形成三汊河，汇聚原来西湖流域的来水。

震耳欲聋的侯咀鱼灯的锣鼓声，曾经激荡在西湖水面，现在却飘荡在绿油油的稻田上；昔日舞灯的是划船支舵的捕鱼人，现在是插秧割稻的庄稼汉；舞灯人过去用船载鱼灯去无为州城参加灯会，现在坐着小汽车到全县各地参加民俗表演……鳌灯的瞳孔记录了开城地域水陆的变迁。

二、锣鼓：引导舞步的腾挪

舞动侯咀鱼灯，需要音乐的引导。它一般由鼓开端，铜锣配合，唢呐助兴。一声号令，“咚咚”的鼓声响起，大锣和铙钹连续敲击出“哐锵哐锵哐锵哐锵”的节奏，唢呐适时吹响。喧天的锣鼓声里，鳌灯跃起……

侯咀鱼灯有专门的简谱和乐师，乐队分两班，每班乐器包括小点锣、大锣、大鼓、板鼓、堂鼓、大铙钹、小铙钹，再加一对唢呐。其中的打击乐器与京剧的打击乐器类似，它的节奏与无为地方锣鼓“咚咚锵咚咚锵”的节奏明显不同，却和京剧锣鼓节奏颇为相似。询问几个老人，他们都讲不出什么道道来。

专家告诉我，研究民间音乐风格的形成，应该适当延展性地研究当地家族迁徙、融合的历史。侯咀鱼灯的锣鼓节奏是民间形式，它的音乐怎么和京剧的锣鼓节奏攀上亲戚、结上姻缘呢？时间可以稀释记忆的黏稠度，但人们对家乡民间音乐的喜好会一代代赓续，执着地记录着他们的乡愁。当年侯咀鱼灯的锣鼓节奏，大概融入了舞灯人浓浓的乡愁吧。

明朝时期，徽州人大量迁居无为州。侯咀的孙氏先祖，明代景泰年间自徽州婺源经春谷、繁昌，北渡无为州，行至开城乡一图的饭萝山，即现在泉塘镇宝山村摇铃行商，视其山清水秀、土地肥沃，遂筑堤为坝，成就孙家圩。其后，孙氏的一支迁居侯咀，他们的后裔现在成为侯咀鱼灯锣鼓的掌门。王氏家族明万历年间自徽州迁居南陵，再迁居开城乡一图的神降坛，其中的一支再迁居侯咀。

发脉于徽州的孙氏和王氏，渡江来到无为州的开城乡，被他们带到开城乡来的，除了浓浓的乡愁，可能还有名闻天下的徽州锣鼓。于是，侯咀人舞鱼灯的时候，他们敲起徽州锣鼓的节奏，以慰思乡之情。而徽州锣鼓的节奏，清朝又随徽剧进京，融入京剧。这大概是侯咀鱼灯的锣鼓节奏，不同于江淮锣鼓，而与京剧锣鼓节奏相似的原因吧。

↑ 侯咀鱼灯锣鼓架

侯咀鱼灯锣鼓架已经有几百年的历史，有人认为它是明朝遗留下来的。锣鼓架左右立柱上雕刻着一副对联："一曲既成腔分南北，八音齐奏声辨东西。"这副对联告诉我们，侯咀鱼灯的锣鼓节奏汇聚和融合了多地音乐特点，形成了自己独特的风格。

鼓点是鱼灯的起点，而锣点代表步伐。手握鱼灯把手的舞灯人，跳着十字步前后腾挪。行进在路上，他们的舞蹈一般是长套，或者一三五七鱼左边、二四六八鱼右边。到了场地，鳌灯上下左右翻腾游动，随着锣点由慢到快，由打内圈到打外圈；随着鳌鱼灯穿梭的圈子越来越大，锣声越来越快，舞灯人十字步的节奏越来越紧，他们快速地腾挪跳跃，让人眼花缭乱。鼓声、锣声、钹声和唢呐声一齐助威，鳌灯把头一翘，高高立起。

观众惊叹之余，八盏小鱼灯鱼贯而出，在鳌灯的周围穿行，用平、侧、卧、翻、沉、浮等姿势，舞出鲤鱼跳龙门、金龙盘柱、鱼翻水等十八组造型。

看侯咀鱼灯表演，越是精彩处，我越希望舞灯人放慢自己的舞步，却总被弄得眼花缭乱。"哐锵哐锵哐锵哐锵"的节奏声里，舞灯人腾挪跳跃，鱼灯穿梭不停。似乎没有人在意锣鼓的节奏记录舞灯人对祖居地徽州的乡愁，似乎没有人关注腾挪的步伐记录他们祖先迁徙的足迹。其实，舞动的侯咀鱼灯已经出离物质，也不只是民俗表演那么简单……

三、探询：侯咀鱼灯的渊源

从典籍和史料里寻找无为鱼灯的渊源，最远的当数北宋词人杨元亨的《沁园春·无为灯夕上陆使君》：

一棹横江，问讯盟鸥，太守谓谁。道皇华使者，光风洒落。元宵三五，乐与民俱。宝榼金鞯，玉梅钗燕，斗鸭阑干花影嬉。人迎笑，似玉京春浅，长是灯时。

风流不减人知。算岳牧词人谁似之。把南楼风月，渚宫丘壑，竹西歌舞，行乐濡须。万斛金莲，满城开遍，朵朵留迎学士归。明年宴，看柑传天上，月在云西。

这首词描写了濡须即现在无为城正月十五灯会的盛况，灯上绘有梅花、燕子、莲花等图案。这首词告诉后人一个信息，即无为鱼灯宋代已有。

侯咀鱼灯四大家之包氏，原来居住在庐州，是包拯后代，于南宋末年迁居无为军；伍氏是元末从江南的乐平县迁居无为州的。包氏和伍氏，也为侯咀鱼灯的承继做出过许多贡献。

清嘉庆《无为州志》记载："州中元夕放灯，灯前必设大牌，绘一兽形，虎面麟足，雄势狞狰，振以金鼓，俗名虎头牌，实乃龙神可辟水怪。"又说："十三日至十五上元为元宵节，用黏米牢丸相馈遗，张灯为鱼龙及故事式，酺聚为乐，箫鼓烛爆达旦，凡四日不禁夜。"又说："十六夜……乡村舞烛龙。" 三段引述记载的都是舞鱼灯的风俗，可以说它们记录的都是侯咀鱼灯的源流。

配合侯咀鱼灯舞动的，还有民间说唱。譬如《送子歌》：

爆竹一放喜洋洋，关关雎鸠进洞房。
今年黄道天开运，天开老龙下凡来……
今年老龙来送子，来年抱子看鱼灯。
大儿子当朝官一品，二千金配得皇后命……

这段唱词，与无为民歌一脉相承。综合史料和传说，可以确定侯咀鱼灯融入徽州锣鼓、庐州鱼灯的文化元素，变得越来越丰富多彩。

四、制作：匠心传承千年

侯咀鱼灯是用传统手工工艺制作的。首先是扎骨架，即用麻绳把50根竹篾扎成鱼状骨架；然后在鱼状骨架外糊上砂纸；第三步用元粉、牛皮胶和颜料，描绘出鱼鳞的形状；最后在彩绘好的纸上涂桐油，使得鱼灯彩绘既色泽光鲜，又可防雨、防潮、防掉色。

旧时侯咀鱼灯的鱼腹里点有蜡烛。如何使点亮的蜡烛在鱼灯舞动时不会熄灭呢？这里有个技巧。他们在鱼腹中轴两侧，分别装一截钻有散热孔的两寸左右的竹筒，内插蜡烛；再用纸在内部封住鱼嘴，不让风从鱼嘴吹入；在鱼灯腹部，留有点蜡烛和通风的气孔。有了这样的设计，鱼灯内点燃的蜡烛才不会熄灭。近年来，侯咀鱼灯不用烛火，已改用电灯了。

鳌灯分头、腹和尾三截。头截大约占前半部，腹截和尾截较短。头截直径比腹截大，腹截直径比尾截大；三截依次套进，连接固定。每一截的下面装有一个短棍，当作把手。舞灯人手握把手举起鳌灯，马步下蹲，做到腰马合一；舞灯的双手和挪动的双脚协调配合，才能做出高难度的舞蹈动作。

除了鳌灯，还有8盏小鱼灯。小鱼灯包括头红（鲤鱼）、二绿（鲩子）、三皇（鳇鱼）、四黑（乌鱼）、五金（金鱼）、六鲢（鲢鱼）、七鲫（鲫鱼）、八鳜（鳜鱼）。一红二绿三黄四黑，象征“春夏秋冬”；五金六鲢七鲫八鳜，谐音“今年吉贵”。色彩斑斓的鳌灯和小鱼灯被舞动，如在水波荡漾的水面遨游，栩栩如生。

五、习俗：关于远古的记忆

在侯咀，人们没有“鱼灯”一说。无论老人还是小孩，大家都称鱼灯为“龙灯”，或者“老菩萨”。这不是口误，而是古老习俗的传承，大家觉得鳌灯和小鱼灯都是龙灯，都会为自己的村庄带来好运。他们用“鱼”的形态演绎“龙”的传奇，用舞动的鱼灯演绎自己与鱼、与龙、与神灵的关系，演绎自己精神上的寄托。

舞灯前，主持人选择一只红冠长尾的大公鸡，先用自己的嘴巴咬住公鸡的脖子，不让它出气，直至把它咬死。再把公鸡放到地上，用鞭炮压住它，点燃鞭炮。主持人拾起公鸡，用它的血分别在鱼灯的嘴巴上抹一下，意思是敬献给神灵。这公鸡做成的“牺牲”，应该是“牺牲”最原始的意思。

表演过程中，人们用八盏小鱼灯舞出字来祈福，包括“天下太平”“人口太平”和“六出太平”。“六出太平”的“出”应该为“畜”，因为“畜”字笔画太多，他们便用“出”代替。这是谐音的修辞手法，在侯咀鱼灯表演中的活学活用。

正月十六，是送神的日子。他们先占卜问诰，说年节已经过去，不久即将春耕，敬问龙神是否愿意启程返回？要是龙神愿意走，又分水送和火送两种方式。水送，就是正月十六下半夜，敲锣打鼓把鱼灯送到水边，陡然停下锣鼓；为防止弄出响声，大家把锣鼓槌放到衣服口袋里。先跪拜，再往鱼灯的嘴角沾一点水，然后撕下鱼灯上的纸烧掉。鱼灯篾骨架，则把它尾巴朝前拿回。

火送呢？即在正月十六下半夜，敲锣打鼓把鱼灯送到偏远处，陡然停下，收起锣鼓，再一把火点起鱼灯，把它烧成灰烬。

水送和火送其实都应该归入火送，它包含古人与自然、与神灵沟通的方式。旧时人们迷信，认为人类借助火媒可以与神灵沟通，譬如焚香祈告、烧纸钱，用火把某些实物化为一道清烟散去。侯咀人把鱼灯烧掉，烧掉的是有形的鱼灯，送走的是依附于鱼灯上的神灵。

现在，侯咀村的人们不再相信这些迷信，却用习俗把祖先曾经的迷信心理记录下来，并将一直保存下去。

↓ 侯咀鱼灯

徐家洼狮子灯有绝活

都督村的徐家洼、丁家洼和胡家洼连在一起。居住在这里的人们不是姐夫郎舅关系，就是表亲关系。这三个村联合起来舞起的狮子灯，不但威风，而且有绝活。

徐家洼狮子灯是团结的象征。徐氏原居严桥，胡氏原居巢县坝镇，丁氏原居蜀山花桥，三大姓聚在都督村；各家族并不相互斗狠，而是协力同心，一同舞狮灯。

据介绍，徐家洼狮子灯每年腊月扎灯，正月玩灯。要是不玩灯，那扎好的狮子灯半夜会嗷嗷叫的。灯形有两头狮子、五匹马，五匹马包括刘备、关羽、张飞、孙尚香和马僮，附加踩高跷、打铃花，还有玩绣球。当然，主要还是舞狮子灯。

徐家洼狮子灯的风格与山东狮子灯十分相似，据说其始是“山东乐安郡”。唐宋之后，世族不断向南迁徙，徐家从山东迁居徽州婺源，再从婺源迁居无为州开城乡的都督山下。

↓ 徐家洼狮子灯

徐家洼狮子灯又与都督山的岩台寺有关。明清时期，岩台寺的武僧参与舞狮子灯，他们曾经代表无为州，到庐州府和南京献艺，其独门绝技赢得许多人的称赞。

虽说舞狮子灯是两人上场，但因为需要替换，每只狮子一般准备五班人，有的甚至七班人。两头狮子，一般准备十班以上以供替换。大家自愿组合，轮流替换，各显神通。

徐家洼狮子灯最大的绝活是跳花。基本形式是在面积较大的空地上，摆七张农家吃饭用的八仙桌，或者摆出圆形，或者摆出“吉”字。锣鼓声响起，随着绣球的引导，舞狮人在七张桌子上腾挪跳跃。有人相继扔一长串点燃的鞭炮到舞狮人的脚下，舞狮人毫不畏惧，他们舞着狮子，一会儿在地上打滚，一会儿跃上方桌，一会儿两狮相嬉，一会儿各自争雄……时不时会有小男孩窜到狮子中间，跟着它们一起跳跃舞蹈呢！

每年正月，都督村徐家洼三大姓舞起狮子灯，村里的家家户户都在门前摆香案，点燃鞭炮相迎，再点燃鞭炮相送。那几天，六店街上鞭炮声响个不停，喜庆极了。

西九华庙会影响久远

每年农历二月十九日观音菩萨生日，还有农历九月十九日观音菩萨成佛纪念日，来自无为、巢县、庐江和铜陵、合肥甚至江苏、江西的几万名香客，齐聚都督山西九华寺给观音菩萨上香还愿，形成了闻名遐迩的西九华庙会。

↑ 西九华庙会的夜景

西九华庙会，原名猪头山庙会，大约起于唐宋时期。一千多年来，无数信教群众不远千里聚到此寺。大家在每年农闲时节二月十九日的前后三天，和农忙间隙九月十九日的前后三天，自发地来到西九华寺给观音菩萨上香，虽历经战火和自然灾害，依然延续不断。

庙会前三天，络绎不绝的香客来了，他们在都督山边住下。庙会前一天的晚上，是香客最多的时候，那时都督山下灯火通明，三里长街人山人海，香客摩肩接踵。这些远道而来的香客，在给观音菩萨上香前要会一会老朋友，他们或是相交半世的老相识，或是半年前结交的新道友，虽然电话经常联系，微信日日互动，总不如面对面交谈亲切。于是，他们要一壶都督山绿茶，说说上次见面后的佛事，或者相邀寻找共同的道友……

庙会前一天的晚上，都督老街是名副其实的不夜城，远近的香客无人睡觉，不只是因为与朋友相见而高兴，还为争夺明天敬给观音菩萨的头炷香。

零点的钟声敲响，徜徉在都督山下的观音信众，不约而同地奔向西九华寺的山门，香客们既团结友爱，又争先恐后；既有面子上的礼让，又有各自内心的争先……如果遇见年老体弱者，大家自发地让出通道。山门一开，大家就不再谦让了，都争着献上第一炷香，祈求观音的保佑。奋不顾身地奔跑，奋起直追地攀登台阶，于是观音殿里，燃起了第一炷香、第二炷香、第

↓ 西九华庙会的民俗表演

三炷香……

向观音菩萨敬香之后，香客们要撞响太平钟。那清悠的钟声在高山峡谷里飘荡，远远的西都圩、临湖圩、白湖圩和巢湖上的船家，隐隐听到西九华寺的钟声，默默感念和平安宁的美好。这期许，被香客带回大江南北，希望时时得到观音菩萨的保佑。

每当西九华庙会即将到来的日子，都督街上的旅店早已把客房打扫干净，并铺上干净的被褥；饭店早已备齐七天的菜品，等待香客的到来；不远处的农家主动让出菜园地，供香客停放车辆……

远近商家瞅准商机，他们到都督老街划地为铺，搭棚为店。面对来来往往的人流，卖服装的高声吆喝，卖鞋的并不示弱，声音高过卖服装的，卖锄头和铁锹的蹲在一角不吭声，等有人来看，他吆喝说："两锄铲出三秋月，一锹挖出二月花。我的铁匠铺呀，锄头和铁锹顶呱呱！"卖竹篮的已经被挤到庙会的边缘，可是他并不相让，看铁匠吆喝累了，他才不紧不慢地说："秋月红花真不差，可是没有竹篮兜进一日三餐，你们一个个会饿得眼睛发花。"

西九华庙会不只是信教群众和香客的节日，不只是商家的节日，它还是戏迷的节日和小孩子的节日。送戏下乡的来了，搭一个台，唱十天的戏，戏迷们扶着自己的老母亲或者老姐妹，在这里过足戏瘾；几户人家合伙搭建大戏台，邀请当红的戏班唱戏一周，免费提供茶水；又有香客捐款请来戏班，唱《观音出世》，算是还愿。

↑地方舞蹈——打莲箫

庙会期间，都督老街多出十多家游乐场，气球、塑料枪已经提不起小孩们的兴趣，碰碰车、旋转木马等游戏才吸引他们的目光，惊险刺激的过山车更是他们的最爱。逛过西九华庙会，许多家长还会把小孩子带到毛公山边，给他们讲一讲毛义"捧檄慰亲"的故事。

开城木匠的“说好歌”

旧时开城的木匠分为“大小方圆”四类。“大”即大木，指起屋造房的木匠；“小”即小木，指拿着凿锤雕花的木匠；“方”即方木，指为人家打家具的木匠；“圆”即圆木，即为人家箍桶做盆的木匠。

过去，老木匠做房子不只讲究手艺，还讲究说话，说得东家高兴，得到的赏钱就多，好酒好菜也会多一点。会说话，最突出的表现，就是上梁时“说好”。

河西老街西闸口外的老师傅王维福是“说好”的高手。据他介绍，在竖柱、做梁的木工活完成之后，木匠的“说好”分为六个步骤。

一是燃放鞭炮之后，木匠拿着斧子上前说唱：

爆竹一放喜洋洋，恭喜府上做新房。
起在龙头生贵子，起在凤尾出娘娘。

↑ 石雕八卦

之后，木匠拿着红绸被面披在屋梁上。主家听了木匠的“说好”，十分高兴，请他喝早茶。

第二次“说好”是早茶之后。木匠用红绸系着中梁，边系边说：

神听处士语，木听匠人言。
木匠虽小，鲁班传言。

这段话一方面是说木匠师出鲁班，用来抬高自己的身份，另一方面提醒主家，对木匠客气一点，赏钱多给一点，因为木头是听匠人话的。木匠边说边把木梁拉到适当的高度，好让主家用酒熏。

第三次“说好”，随着主家用酒熏梁而进行：

酒蒸龙头，子子代代出诸侯！

酒蒸龙尾，子子代代做官清如水！

酒蒸梁旗，子子代代穿朝衣！

酒蒸屋地土，天定今日发福向上来起梁！

这里说的“梁旗”，是铁匠打的，是钉在屋梁中间的铁花。

鞭炮声里，木匠沿着梯子上柱，他边攀边说：

脚踏楼梯步步高，手提花篮采仙桃。

仙桃采在花篮里，脱掉蓝衫换龙袍。

木匠顺着梯子，把装有喜糖的篮子拎着，爬到屋柱的最高处。他骑在大枋上，先把篮子挂在柱子上，再把屋梁往上拉，边拉边说：

手拿金丝绕三弦，我把大梁往上请。

我问子龙哪里去？

子龙要归老窝边，老龙窝里宝贝多。

拉上大梁，木匠用斧子团榫，即把大梁按预先设好的榫眼团起来。他边敲打边说唱：

小小斧子四方方，鲁班师傅请我来上梁。

今天喜逢黄道日，恰迎紫微金星在天上。

团好榫，木匠把披到屋梁上的红绸被面整理一下，算是上梁结束。这时，等在梁下的许多小孩闹腾腾的，他们等着抢喜糖呢！于是，木匠把篮子里的喜糖往下扔，说道：

小泡糖团纠纠，抛撒五湖并九州。

老年人吃得添福添寿，中年人吃得添子添孙！

这个时候，主家再放一挂鞭炮。木匠下柱，上梁才算完工。

除了起屋“说好”，过去木匠团凉床、做婴儿床、做棺材、做大船都是要“说好”的。“说好”没有固定文本，必须随机应变。

河西老街西闸口外的老师傅王维礼，现在已经80多岁了，他的父亲兄弟七人都是木匠，大小方圆，所有的木工活他家都能包工。王维礼老人告诉我，旧时为老人做棺材，木匠应该说寿材。木匠先把木料做成一个长方形的无底木桶。上底那天，木匠把无底桶架到板凳上，请主家抱来最稀罕的小孩，把他从上面放进去，再从下面接下来。然后“说好”：

小小童子到关前，他到关前求寿延。
童子要活八百岁，果老有寿一千年。

说得主家高兴，添酒添菜，还给赏钱。

过去，开城的许多木匠会做船。木匠做船，上龙头板也要“说好”。要是主家克扣，或者酒菜比较差，木匠会通过“说好”来对付他：

神听处士语，木听匠人言。
船到江里打一滚，以后再赚钱。

木船到江里打个滚，当然是指翻船；船都翻了，还能赚到什么钱呢！虽然不一定真的能伤害主家，但会让主家感到心里膈应。所以，主家对木匠一般会好酒好菜招待。

说起开城老木匠的故事，还有很多很多。譬如圆木的技巧、腰子盆的箍法，譬如公榫母榫阴阳榫，譬如小凿子泛出大水花……随着房屋建筑样式和家具构造样式的改变，随着建筑材料的变化，开城桥、孙桥木材市场消失了，许多老匠人已经满足不了时代的需求，但他们“说好歌”里的人文情怀不会消失，并将永远流传。

唱着歌儿闹洞房

旧时开城人家办婚礼，为了增加洞房里的喜庆气氛，要请能说会道的邻居前来“说好”。作为民间说唱的一种形式，开城《结婚说好歌》既反映民俗特点，又记录时代文化特征，是一种非物质文化遗产。

传统的开城《结婚说好歌》，有说有白，十分有趣。具体如下：

唱：爆竹一放喜洋洋，带班朋友闹新房。
大门前边用目望，一片稻场好宽广。
门前能栽千棵柳，门后能栽万棵槐。
千棵柳上拴驴马，万棵槐上栖凤凰。
凤凰不落无宝地，单落龙头凤尾上。
落在龙头生贵子，落在凤尾出娘娘。

赞过门外风景，“说好”人进了新郎家的大门，要对门内的陈设进行描述和赞美。

唱：进了大门对上望，八仙古画挂堂上。
铁拐李来道行深，汉钟离坐磐石把扇摇。
吕洞宾身背青锋剑，韩湘子云头吹玉箫。
曹国舅手提阴阳板，何仙姑花篮献蟠桃。
蓝采和手拿兰花宝，张果老骑驴过仙桥。
堂下摆了一席酒，十位客人坐四方。
边上坐的是三千岁，太白一旁品酒香。
中间要问哪一位？中间坐的是小唐王。
东阁坐的是福星老，西阁禄星坐一旁。
中间坐的是寿星老，福禄寿三星坐上方。
一席坐的汉刘备，二席坐的关云长，

三席坐的张翼德，四席子龙坐一旁。
客堂酒席无心看，去到房中看新娘。
白：松树房门河木闩，不知哪位把门关。
老者开门添福添寿，书生开门榜上有名。
姑娘开门挑花绣朵，嫂子开门多子多孙。
唱：进得房来用目望，房中架起红罗床。
黑漆柜子红漆箱，樟木皮匾泛红光；
黑漆柜里装财宝，红漆箱里放衣裳。
七块银砖垫地板，四块金砖垫罗床。
大红帐子床上挂，红穗银钩分两旁。
扛帐小哥东边摆，好比仁贵去征东；
他把帐子挂到西，郭暖扶马和金枝；
扛帐小哥挂到南，好比吕布戏貂蝉；
他把帐子挂到北，少年罗通去扫北。
床前装扮无心看，再看新娘坐床前。

这段《结婚说好歌》的内容，与开城传统石雕、木雕、砖雕的内容呼应，应该是明清时期留下的。请继续看：

白：小小秤杆红油油，我帮新人挑盖头。
头上戴枝大红花，眼睛就像萝卜花。
耳朵像个扁豆花，鼻子就像龙草花。
嘴巴像个小荷花，牙齿像个木莲花。

这一段主要是奚落新娘的长相，故意拿新娘开玩笑，使她不自在。这样主家才会手足无措，忙来递香烟、散喜糖。

唱：玩笑开了大半天，没见老板拿喜烟。
吃你家烟来谢你家烟，一口香烟吹上天。

八大神仙云中坐，早生贵子在府前。
新娘今晚吃块鸡，养个儿子笑嘻嘻；
新娘马上吃块肉，养个儿子能豆豆。
吃过茶来谢过茶，茶中现出枣子花；
枣子开花早结果，早生贵子在你家。

一般来说，每两句唱白之后，边上的朋友要齐声赞一次“好呀”，烘托气氛。

新的时代，有新的特征。现在开城流行的《闹洞房词》虽然沿用旧的形式，但它顺应时代变化，唱出了新内容。请看：

鞭炮一放喜洋洋，贵府今日接新娘。
来在贵府门前望，贵府居住好地方。
现代洋房造得好，楼上房来楼下堂。
电子设备是名牌，水电卫生多便当。
家主办事有条理，请来厨师做酒浆。
家里布置好气派，双喜红字贴上方。
忽然一声鞭炮响，轿车停在大门旁。
搀新奶奶把人接，祖先面前拜花堂。
一拜天地日月久，二拜祖宗万年长，
三拜父母心欢喜，四拜夫妻多顺当，
五拜五子登科早，六拜六亲常来往，
七拜有吃也有穿，八拜夫妻八字强，
九拜九九是长寿，十拜子孙是满堂。
拜过花堂众欢喜，搀扶新娘入洞房。

“楼房”“轿车”进入《闹洞房词》，说明随着时代变化，“说好”也有创新。下面的内容更有时代特征，请看：

房门一开心欢畅，进入洞房看现场。
古言三天无大小，文明二字记心上。
这边嫁妆摆得好，彩电正把歌曲放。
子孙柜子改痰盂，有衣橱来有冰箱。

不但“冰箱”“彩电”进了《闹洞房词》，新的生活理念、生活内容也被强调，真是与时俱进。下面的内容是对新娘的提醒，帮助她对美好生活进行展望：

美好日子有得过，遇事夫妻要洽商。
对待老人要敬孝，叔姑面前别占强。
左右邻居要团结，该帮忙时就帮忙。
今日洞房花烛夜，好似金榜把名扬。
弹指一挥日子快，来年生个小儿郎。
祝儿茁壮来成长，天真活泼人夸讲。
启蒙去上幼儿园，学歌学舞学话讲。
进了小学来识字，进了中学知识广。
大学四年毕了业，跨出国门去留洋。
恭喜府上出才子，一代更比一代强。

开城方言里的古词汇

开城是千年古镇，其方言里保存了不少古词汇。这个非物质文化遗产，颇有一些嚼头。

开城方言里关于“火”字的一个意思，《康熙字典》没有收录。旧时开城人卖东西过秤，往往用箩筐或者口袋装着，包括箩筐或者口袋重量的，叫“连火”；减去箩筐或者口袋重量的，叫“去火”。《元史・刑法志三》记载："剋除火耗，为民害者，从监察御史廉访司纠之。" 明高攀龙《中严宪约责成州县疏》记载："徵银不加火耗，即颂声徧地。" 清顾炎武《钱粮论下》记载："火耗之所由名，其起于徵银之代乎？" 现在许多人把"火耗"作为一个词，说它起于明万历年间，指碎银熔化重铸为银锭时的折耗。其实"火耗"起于元朝，是两个词，"火"是指碎银熔化重铸时银子上的火，包括附在银子上的铅锈等附着物；耗，是损耗。开城方言里的"火"，是拿碎银熔化重铸时的损耗作比喻，有附着物的意思。

雨滴自上而下坠落，且颇有力，开城人称为"沰"，读"dē"，譬如"身上被雨沰湿了"。现代汉语词典关于"沰"的解释，还有"浇、滴"的意思。由自上而下颇为有力的坠落，引申为借用本体的力量往下击打，如"一屁股沰下去，把他沰个半死"。

"衖"字普通话读"xiàng"，同"巷"；读"lòng"，同"弄"。《康熙字典》关于"衖"，只有这两种注音。粤语里，"衖"字有"hòng"音。开城方言读"衖"为"hòng"，意思是"杂乱的东西里面、中间"，如"草衖里""人衖里"。

"鹘突"古人用来形容人糊涂，宋人笔记小说里常常可以见到。现在人们常常用"糊涂"代替"鹘突"，其实并不准确。开城人现在依然用"鹘突"一词，譬如"你真鹘突！"

"袔"，指衣服的夹层，音为"hè"。《通志・六书略》解为"夹衣也"，也就是衣服里面缝了个夹层。开城人说的"袔包"，是指衣服夹层里面缝的包。现在人们写"袔包"为"荷包"，其实错了。

人或者东西非常好看、有意思，开城人称为"鄼"，读作"zán"，譬如"他人非常鄼""那个东西好鄼"。现在，人们往往用"赞"代替"鄼"。

"膪"，本为猪胸腹部肥而松的肉，它在肌肉功能上是低下的，在肉质口感上是低档次的，开城人用它来形容人的头脑笨和行动不利索。现在有人称蓬松的现象为"泡"，其实应为"奅"，读作"pào"，譬如"这个米做的饭很奅""把土锄奅一点"；因为内有空隙，引申为说大话、不靠谱，譬如

“他的话很奅”，并为说大话的人取绰号为“大奅”。

把衣被或者草类，旋转着扭成条状，开城人用的古字为“紾”，读作“zhěn”。把潮湿的衣物扭干，开城人叫作“紾干”或者“紾衣裳”；旋转着把一根根稻草续织成长长的草绳，开城人叫作“紾草绕子”。

“勩”的读音为“yì”，有“稍稍有点磨损”的意思，1964年简化为“勚”，开城人异读成“nì”。譬如“螺丝扣勚了”，是指螺纹磨损了点。

俗语里，开城人请客斟酒叫作“泻酒”。其实，“泻”当为“酾”，古音可能为“sěi”。这是相当文雅的筵席上的用词。

开城方言称碗橱为“盖廊”，有人写作“盖栏”“开廊”。其实，古代的碗橱名为“庎”。“庎”，音为“jiè”，是放置食物等的搁板或架子；“庎”通“楔”，是用来支放食物的架子。“栏”当为护栏，即三面或者四面围起来。

开城方言有“奓胳膊弄胯的”一语，是“恣意伸展胳膊、张开双腿”的意思。《康熙字典》说“奓”的意思是“张也，开也”。有人认为应该写作“䏧”，还有人认为应该写作“拃”。走路、办事快一点，开城人用“速”表示，譬如“走速一毫”。有人认为“速”当为“趮”，读音为“sào”。

开城人习惯用“八”形容妇女疯癫泼辣、言行粗俗，称这样的妇女为“八奶奶”。有人说“八”为“跋”，其实不准确。沈括《梦溪笔谈》记载：“北都有妓女，美色而举止生梗，土人谓之‘生张八’。”“生”为“举止生梗”，“张”是她的姓，“八”是她的排行。戏谑地形容像“生张八”一样举止失当的妇女为“八”，开城人继承了这个方法，“八”成为形容词。又有人说“八”字的一撇一捺，有生而相背的意思。说女人“八”，是形容她与男人反着来。

异闻

“李义和”药店的两帖膏药

提起“李义和”药店，不但六店村、六峰村和六店社区的人们知道，连当年巢县南、无为西、庐江县东的许多人都知道。民国时期，“李义和”药店治疗连疮腿和朝天漏的两帖膏药，可以说“名闻三县，义接百里”。

“李义和”药店的李氏原籍巢县。清朝末年，巢县的学子到庐州府考秀才，因为有人作弊，取消了整个巢县学子的成绩，一心读书的李氏儿郎受牵连而名落孙山。无法取得功名，只得开设私塾，李家两代课业舌耕，又兼种农田。第三代的李馥林迁居开城，他觉得行医是积善之事，便努力研习中医药理，15岁时在六峰村蒋家山口街开药店，17岁时把药店迁到六店老街。

李馥林制作的两帖膏药远近闻名。

一是治疗连疮腿的膏药。连疮腿，又称“老烂腿”“老黑腿”，是西医所说的下肢静脉曲张造成的溃疡。连疮腿病人的小腿溃疡处常年有水往外淌，不能收口；发作时，肌肉溃烂，流脓流血。在没有或者缺少青霉素的年代，连疮腿是一个难治的“肿毒”。在无为城乡，即使现在提起连疮腿，许多老人还是心有余悸。

了解到乡亲们的疾苦，李馥林刻苦钻研药科知识，在《医宗金鉴》等古方中寻找验方。通过反复实践，李馥林终于研制出治疗连疮腿的膏药。这膏药是用多味草药研磨制成，一帖止血，二帖止水，三帖收口，花费不大，成效明显，成为无为西乡著名的中医验方。直到21世纪初，还有患连疮腿病的老人找到“李义和”药店后人——康泰药店的工作人员，寻求治疗连疮腿的膏药。

“李义和”制作的另一验方膏药，治疗的是“朝天漏”。“朝天漏”，即小孩头顶心害的“肿毒”，俗称“头顶心的疖子”。红肿严重时，它像鸟雀的窝一样，大过小孩脚掌，流血流脓。因为生在头顶心，不敢动手术。许多小孩因为生有“朝天漏”发烧而影响智力，甚至丧失生命；又因为“朝天漏”即使治好，人的头顶心会遗留一块大疤，影响人的相貌，许多家长闻之色变。

李馥林针对这种疑难杂症，向古书询方，向名家询方，研制成独特的中医药方，并不断完善，终于制成治疗“朝天漏”的验方。据介绍，用“李义和”膏药外敷在“朝天漏”上，立即有一股凉气散出。几天后，“朝天漏”即消肿止血。连续换上几帖，“朝天漏”上的皮肤慢慢收水收口，最终治愈。

随着青霉素等消炎药物的广泛使用，“李义和”治疗连疮腿和“朝天漏”的膏药渐渐走出人们的视野。现在，“四代书香，三代郎中”的李家不再制作中医膏药，他们在六店社区街道经营的药店转以销售西药为主，但“李义和”药店的两帖膏药验方还是值得人们研究的。

六峰村有块土地很神奇

六峰村山头自然村南边山脚下，有一片软得像豆腐渣一样的耕地，名为“排上”。“排上”长约200米，宽约150米，它的北边是一座无名的条状黄土山，东边和南边是西都圩广阔的田野，西边隔稻田是花桥河。这块土地很神奇，当地村民有的说它是地陷形成的，有的说它是火山喷发形成的……

2019年8月，在朋友的陪同下，我们对这块神奇的土地进行了考察。

一、泥土松软，似乎没有“底子”

紧临“排上”住家的一个农户向我们介绍“排上”的种种神奇：这块地很松软，似乎没有底子。如果你拿一根一丈多长的竹竿往土里插，不费什么力气就可以全部插到泥土里；如果你站在耕地中间跺跺脚，整块地都颤抖；如果你陷进泥淖里，只有抓着别人递的竹竿才能爬上来。

为了验证自己的说法，他还说这里的田地从来不用牛犁地。耕牛在田里走几步，就会陷到烂泥里出不来。人也不能在烂泥田里行走。所以这里不能种植水稻，只能种植旱粮；种旱粮，也要等地表干硬以后才能下种。

我站在山脚四处眺望，秋后的“排上”到处是秋玉米收获后留下的干枯叶片，而它的四周是绿油油的稻田，对比非常鲜明。有朋友进了“排上”，站在田埂上跳几下，他说这里的耕地果然如粥糊，随着他的跳动，地面竟然微微漾动。

那个热情的农户还告诉我，传说这个地方叫西湖梢子，有陷西湖的传说，可能真的发生过地陷或者火山喷发。他说因为曾经发生地陷，流淌来的泥土不断淤积，这里的泥土才松软无底子。

查阅史料，发现这附近有陷巢湖的传说；又传说巢湖水曾经在天井山喷出，随同巢湖水喷出来的，还有巢湖里的一条船。

二、四季温泉，无法探知水源

另一个农民告诉我们，“排上”的冬天不结霜。其他地方白雪皑皑的时候，“排上”的雪却全部融化了。不仅白雪融化了，这块地上还总是笼起一团雾气。清风吹走雾气，又一团雾气从泥土里飘起来，再把它笼罩起来。

他说冬天“排上”似乎有个热气筒，这热气筒从地上一直矗立到天上；冰天雪地的时候，他曾经光着身子跳进“排上”的水里，一点也不觉得冷。

顺着他的介绍，我想象冰雪覆盖的田野，唯有这里30来亩的耕地水汽氤氲的情景。我推测“排上”的地下可能有温泉。

细细考察，在紧临山脚的地方我发现一口泉眼，他们称为“小井凼”。半亩见方的小井凼里，不断有气泡冒出。当地人告诉我，“排上”的杂草丛中还有两处这样的泉眼。很显然，他们说的冬天“排上”冰雪消融、雾气笼罩，是因为这里有三眼泉水——温泉的缘故。

查看当地农民家的暖水瓶，发现残留有白色的垢渍，说明泉水是碱性的。后来有人给我发来微信，说“小井凼”的泉水，是他们全村一百多人的生活用水。因为吃泉水，他们村没有人患过肝病。

我四周查看，想探究泉水的来源。“小井凼”北边的无名小山超出地面不过30来米，山上多为黄土，它的渗水无法保证泉水的来源。西边的花桥河上游海拔和“排上”差不多，时常断流，它无法向这里的泉眼供水。东边和南边的西都圩，也无法向这里提供水源。

三、埋着骨头和树木，不知来历

走进“排上”，发现这里的泥土全部呈黑色，与北侧咫尺之遥的无名小山的黄土完全不同。翻起一锹黑土，发现黑土里夹杂着一些螺蛳壳，说明这一带原来肯定是水面。

一个农民说，他们曾经在黑土里挖出过大骨头，有点像牛骨头。

我问，你肯定那是牛骨头吗？

他愣了愣，说不知道，只是觉得它又大又粗，有人的颈子那么粗，已经“粉”了，不晓得它到底是什么动物的骨头。

现场想找一块这样的骨头看看，一时也无法找到。

从“排上”回到山脚，这个农民告诉我，他们村里有好几户人家在“排上”挖出过树木，人们用它开板做房门、做饭桌、做棺材等。

我觉得不可思议，忙请他带我们去看看。遗憾的是棺材已经入土，做了房门的那家人外出打工了……有户人家拿出一块木板，说它就是用“排上”泥土里埋着的树木开出的木板。这块木板的材质呈褐色，不知经过了多少年，它的质地依然坚硬，纹理依然细密。虽然已经干燥，扔到地上“哐”的一声响，却没有开裂。那户人家介绍，说当年那棵树有根，树干似乎被火烧掉一半。根据这个，他推测“排上”发生过火山喷发。又说“排上”还埋着一棵树木，大约有两丈多长，埋在半锹深的泥土里。

我问，你怎么知道它的呢？

他说，用锹探一探，硬硬的，就晓得了。

我问，你为什么不把它挖出来带回家呢？

他说，那要毁了那块地的庄稼呢！

……

回家后和朋友聊起六峰村这块土地的神奇之处，他说这块地的土质是炭泥，能够点燃，适合做花卉的肥料；那温泉，是地下岩缝里热气上升的结果；土层里有螺蛳壳，说明这里曾经是水面；泥土里为什么埋着大骨头、大树？他也解释不清。为什么只是这一长条状地带与其他地方不同呢？这需要进一步调查。大骨头是犀牛的骨头吗？那些树是什么品种？来自何处？只有请专家探究了。

开城老地名的故事

老地名不仅是地理信息的标志，并且是历史人文的记录。开城的老地名，记录了开城农耕文化和发达的商贸经济，记录了开城人崇文尚礼的价值取向，凝聚着开城人的精神寄托……这些老地名，能够让开城的游子体味到温情的乡愁，能够让后来者看到历史的沧海桑田。

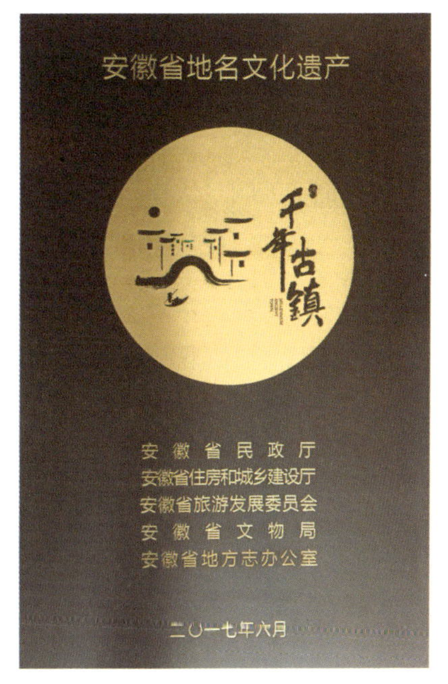

↑ 安徽省地名文化遗产

一、“伙巷口”

元末明初，童氏家族自江西迁居开城乡一图，在坞里即现在泉塘镇的宝山村一带安家落户。后有兄弟四人迁居羊山西南，居住在缪阴山、骆家塘、犁头耙一带，后来那里被人称为“童家山”。为了生活便利，童家兄弟在岗地上打下四口井，其中的一口井到现在还在使用。

童家的南边，住着李家。李家也是大家族，拥有的土地平整无垠，据说他们一锹放水，能够灌溉82亩秧田。拥有这样的好田，说明李家势力不容小觑。

清乾隆年间，童、李两家在官道南北分别建起青砖小瓦的房子，中间的大路是尚礼到开城街、羊山、无为州城的马道，不远处的羊山上有报烽火的烟墩，有报国寺……这里渐渐成为一个小集市。

矛盾出在集市的取名上。童家说，这巷子在我家南边，应该叫“童家巷”；李家说，这巷子在我家屋后，应该叫“李家巷”。童、李两家先争到开城乡，再争到无为州。开城地方乡贤看不过眼，出面调停。

他们故意问童家：“你家住巷南吧？”

童家说自己住在巷北。

他们故意问李家：“你家住巷北吧？”

李家说自己住在巷南。

开城地方乡贤哈哈一笑，说：“童家住北边，李家住南边，不能在巷子中间砌一道墙把它分开吧？两家‘伙着用’，才是一条整巷。为了邻里和谐，就叫‘伙巷口’吧。”

童、李两家心里并不乐意，却不得不接受。

清末“长毛”经过伙巷口，一把火烧掉两边的房子。大难来临，童家和李家相互帮衬，不分巷南、巷北，重新搭起茅草房，赋予“伙巷口”地名新的含义。

二、练墩、练灯

开城古代地名用语习惯，“墩”的意思是土墩，即高出附近地基的高地。上面如果住着某姓人家，便称它为“某家墩子”。其二是土台，面积比较小，可以在上面燃放烽火报信，也就是烽火台，如“烟墩”“三十里墩”等。“练墩”之名，用的应该是第一种。

“练墩”之名最早见于明朝初年。“三桂堂”《王氏宗谱》记载，宋太师王之道的子孙元时避乱吴越，后“归里省墓轩车山，兵靖后卜居练墩”。

明清时期，开城地域围湖造田向深处推进，练墩一带居住的人口越来越多。随着练墩上的房屋越来越多，如同一座城池，清朝时人们改称“练墩”为“练城”。据说当年练城有四个门楼。为了建练城，王家在横塘河对岸建了九孔窑，专门烧制砖瓦。

为什么又改回来叫“练墩”呢？清朝末年，“长毛”也就是太平军西来，向练城管事王大化借路攻打无为州城。借吧，就是与朝廷为敌；不借吧，得罪了“长毛”，日子也不好过。王大化思前想后，还是不借。

怀恨在心的“长毛”绕道攻打无为州城。回来的路上，他们一把火烧了练城。房屋全部化为灰烬，练城便成了练墩。

民国时期，练墩属于羊山乡。1949年后，练墩先后属于羊山乡、羊山公社。现在，练墩是开城镇的一个行政村。

开城区地图上曾有地方名为“练灯”，现在“练灯小学”的校名被人用大理石刻在那里。其实那是写错了。现在，开城镇政府规范地名，已经纠正过来。

“练墩”和“练城”这两个地名，记录了王氏家族的迁徙历程，记录了太平军在开城的所作所为，记录了开城、红庙、严桥一带道路的变迁。

三、汪圣殿与旺盛村

开城镇371个自然村的老地名，一半以上用姓氏命名，如曹村、上朱、孙大、耿湾、鸭程等；用建筑物命名的也不少，如山芋棚、包祠、黄门堂、魏井、开城桥、瓦屋李等；用地理位置命名的比较少，如塘头、塘埂、中洼、神坛、山头等；用植物命名的更少，如黄果树、皂角树、野麻、竹园等。1949年后，出现一种特别的命名形式，即用谐音的方式“改造”老地名。

旺盛村境内有一座明朝遗留下来的寺庙，名为“汪圣殿”。汪圣，原名汪华，传说他集儒释道于一身，拥有非凡卓越的军事才能和政治谋略。隋末天下大乱之际，汪华起兵统领歙州、宣州、杭州、饶州、睦州、婺州等六州，建立吴国，自称“吴王”。唐武德四年，即公元621年，他主动放弃王位，率土归唐。人们拜汪华为“汪公大帝”，建汪圣殿朝拜。清末和民国时期，开城人把汪圣殿附近地域称为“汪圣殿”。1949年后，为了既破除迷信，又在读音上使用老地名，开城人采用谐音的方式，改“汪圣”为“旺盛”。

类似的还有：大童岗，本来是童姓人家居住的山岗，后来“大童”成为自然村的名字；1949后用谐音的方式改“大童”为“大同”，希冀世界大同，成为村名；改寺庙“先锋殿”为“先锋村”，既保留部分老地名的读音和写法，使老地名得到传承，又赋予新的时代含义。

四、凉亭

开城集镇北，无六路和襄开路交叉地带，有一个地方名为“凉亭”。凉亭是来往商旅歇脚的地方，后来成为地名。

《缪氏宗谱》记载，凉亭坐落在缪家山头的最高峰，东面是缪家大村，南面是先锋殿、缪家楼、黄鳝冲，西面是凉亭自然村，北面是羊山。明朝的凉亭由六根木柱落地，顶上盖着灰色的小瓦，四面通风；柱与柱之间，有大约二尺来高的砖墙固柱，上面铺上木板，供行人落座休息。

明朝中期，缪氏迁居凉亭自然村一带，渐渐兴旺起来。这个时候，他们就先建宗祠还是先建凉亭产生争议。有人认为，宗祠是祖先灵魂休息的地方，是祭祀先人教育后人的场所，是重中之重；有人认为，建宗祠固然重要，但缪氏家族一向以睦邻为家训，以乐善好施为根本，夏天总是为过往的路人准备一桶凉水，冬天总是为过往的路人准备一顶斗笠……建凉亭是遂行先人的教诲，应该摆在第一位。

经过慎重考虑，缪氏一族决意先建凉亭，再建宗祠。建好的凉亭，不仅为路人提供了休息的场所，还为乞丐提供了遮风挡雨的地方，起到了积德行善的作用。不久，缪氏族人又建起宗祠。

从前，开城的游子自无为州城回开城，远远看到缪家山上的凉亭，常常会感叹一声：“终于到家啦！”他们在凉亭下休息片刻，喝一瓢家乡水，下缪家山，不远处就是开城桥啦。

五、阮家井与“远景”

阮家井共有三口井。前井位于旺盛村的花姚自然村，中井位于幸福村的大庄自然村，后井位于红庙镇马扎村的大花地。当年，这一带的几千亩耕地归阮姓人家所有。

↑ 千年阮家井

阮家井一带地势平坦，是江水和河水淹没不了的畈田，即使1954年无为大堤溃破，也未将其淹没。这里的耕地都是香灰土，即油沙土。拥有大面积这样的良田，建造的房屋数都数不清，阮姓人家当然觉得颇有成就感。

这天，清风拂过田野，吹到躺在椅子上的阮财主身上，让他感到惬意无比，他自言自语哼道："骡拖钥匙马拖锁，何年何月穷到我！"意思是我家的房屋多，门锁和钥匙多到需要用骡马拉，我永远不会与贫穷沾边的。

一只鸟从他家门前飞过。那鸟接过他的话说道："一条人命三把火，倾家荡产不如我。"

时隔不久，阮家遇上人命官司，又遭遇三次火灾。从此，家大业大的阮家家财散尽，穷困潦倒，不得不迁居他乡。现在，阮家留存在幸福村、旺盛村和红庙镇马扎村的，只剩下三口水井，还有"阮家井"这个老地名。

为了方便书写，"阮家井"被人写成"阮井"。1949年后，人们用谐音的方式，赋予美好的愿望，改"阮井"为"远景"，作为地名。

六、"三百头"

羊山村北的宇圣自然村，位于龙骨山的最北边，那里有个地方名为"三百头"。传说在"三百头"，当年李家和张家曾经被斩下三百个人头。

宋朝时期，"三百头"一带居住着李家。李家是大户人家，其子李觉官居丞相。"三百头"北边的徐岗，居住着张家，这张家有子张和仲在朝廷官居尚书。李家和张家既是同乡，共同拥有新塘圩肥沃的田地，又同为朝廷重臣，一代两代联姻之后，李家和张家成为通家之好。

这年，李觉犯了朝规，要被满门抄斩。张和仲急了，因为李觉的儿子就是张和仲的外甥，李觉的妻子就是张和仲的姐姐，李觉的婶婶就是张和仲的姑妈。为了救下李觉家人，张和仲连夜把李家人接到自己家里，等钦差来查，便说他们是自己家的人。张和仲因此犯了朝规，也要被满门抄斩。

钦差派人把李家和张家三百人押到龙骨山砍下首级，从此这里被人称为“三百头”。千年之后，人们依然觉得“三百头”叫着瘆人，把它改称为“三把头”。

有人说“三百头”当为“山北头”，即龙骨山的北头。

后记

《千年古镇襄安》出版后，我想休息一段时间，再写一部关于工匠精神的长篇小说。我觉得《无为史话》和《千年古镇襄安》之后，自己已经无力超越了。

开城镇的再三邀请，让我觉得自己面前横亘着一座高山。

为了有所突破，我以国史为依据，把自己阅读过的历史典籍再通览一遍，寻找重大历史事件对开城的影响，寻找重要历史人物与开城的联系；以方志为导向，通过《江南通志》《庐州府志》《无为州志》《巢县志》《庐江县志》等志书和资料，寻找开城与南京、合肥、芜湖、无锡、巢县、舒城、庐江的经济和文化联系……有所得的喜悦，无所得的沮丧，时时伴随在我的左右。

为了综合运用已经掌握的素材，我借用以事证史、以文证史的方法，通过查阅开城几百本家族谱牒，发现东汉毛义家族自开城移居江西、湖南，明时有分支回迁无为；原籍陕西的焦尧，唐时赴开城县为官，其子孙焦蹈北宋时中了状元；原籍开城的王之道家族，元时为躲避战乱迁居吴越，兵靖后回迁开城练墩；“青选堂”张氏自涿州随朱棣南征，迁居无为州，因为田产在羊山，落户开城……有了系列发现，再统筹相关的史料、诗文、传说，我终于有所突破。

为了超越自己，不断思考和探索，这一年多来我不看电视，一直置身“苦心孤诣”的状态；为了查阅历史典籍和资料，周末我从不休息，所做的文字索引纸片夹在堆放如山的书里，数不胜数；为了把田间和徐庭瑶的故事写出新意，我研读他们的人物传记和评论文章，拜访大学教授和专家，从几千万字的著述中寻找线索，再实地采访，编写的文章终于“有所不同”……

搜集资料和撰写过程中，我想到过放弃。朋友说，这是疲劳后正常的心理反应。好在开城镇领导及时给我解压，好在田野调查过程中开城美丽的山水时时疏缓我的身心，好在善良的开城朋友给我许多帮助和鼓励，让我坚持了下来。

本书的编写工作，得到著名法学家朱勇教授的指导。朱勇教授是开城镇独山村人，曾任中国政法大学副校长。关心家乡发展的他听说无为撤县设市，非常高兴；听说家乡准备编写地方历史文化书籍，他全力支持，并提出具体指导意见。我们到北京拜访朱教授时，他向别人介绍说，“开城是我的家乡”，称我们是“家乡来的客人”，赤子之心，令人感动！

搜集材料的过程中，得到开城文化站童有兵站长的大力支持。童站长熟悉开城人文，在群众中拥有很好的声誉。一年多时间的田野调查，他开车接我送我，陪我走遍开城的山山水水。他还联络方方面面的朋友建起“开城文史专著编撰工作微信群”，大家既提供材料线索，又相互鼓励支持，让我觉得并不孤单。我们的材料搜集工作还得到邹喜庆、童天银、汤激、丁双、童朝余、李陇等朋友的帮助，得到开城无数普通工匠、店员、村民的支持，大家都说开城镇编辑出版历史文化专著很有必要，认为这是开城的一大盛事！

初稿形成后，本书的编委会组织专家进行讨论，要求我为每一卷添加卷首语，作为导读。在此基础上，赵世宏、曹成杰、王金陵等专家和领导进行审阅，安徽师范大学、合肥学院、滁州学院的教授提出修改意见；开城镇童天银、周勇、骆先宏、陈荣权等学人，对书稿里的人名、区划等作了校订。书法家周鉴明，应邀题写书名；安徽工程大学教授孙玉芳提供了许多帮助……在此表示感谢！限于篇幅，本书借鉴的一些史料没有一一标明出处，谨致歉意！

堪舆家说，无为州地脉起于西北，逶迤东南，开城是龙兴之地；地理角度看，开城山环西北，水聚东南，是鱼米之乡；方志家说，开城多簪缨世族、阀阅之家，曾为丞相后院；文化学者认为，开城出诗人和兵家，既是进士之乡，又是将军故里；商家说，开城交通便利，物产丰富，有国家级旅游风景区，是投资热土；开城人说，开城是开放之城，有开拓之举，多开明之士……期待大家看过《千年古镇　山水开城》后，来开城看看，给开城一个恰当的评价。

戴启文

2021年3月10日

图书在版编目（CIP）数据

千年古镇　山水开城/无为市开城镇人民政府编；戴启文执笔. —北京：中国政法大学出版社，2021.8
ISBN 978-7-5620-9948-2

Ⅰ. ①千… Ⅱ. ①无… ②戴… Ⅲ. ①乡镇—概况—无为市 Ⅳ. ①K925.45

中国版本图书馆CIP数据核字(2021)第075985号

书　名　千年古镇　山水开城
QIANNIAN GUZHEN SHANSHUI KAICHENG
出版者　中国政法大学出版社
地　址　北京市海淀区西土城路 25 号
邮　箱　fadapress@163.com
网　址　http://www.cuplpress.com（网络实名：中国政法大学出版社）
电　话　010-58908466(第七编辑部）010-58908334(邮购部）
承　印　北京中科印刷有限公司
开　本　720mm×960mm　1/16
印　张　23.75
字　数　338 千字
版　次　2021 年 8 月第 1 版
印　次　2021 年 8 月第 1 次印刷
定　价　120.00 元